"十三五"国家重点出版物出版规划项目

国家出版基金项目
NATIONAL PUBLICATION FOUNDATION

文|化|建|设|卷

中国文化产业发展之路

DEVELOPMENT COURSE OF CHINESE CULTURAL INDUSTRY

陈 波 著

中国财经出版传媒集团
经济科学出版社
Economic Science Press

图书在版编目（CIP）数据

中国文化产业发展之路/陈波著．—北京：经济
科学出版社，2020.5
（中国道路·文化建设卷）
ISBN 978 - 7 - 5218 - 1559 - 7

Ⅰ.①中… Ⅱ.①陈… Ⅲ.①文化产业 - 产业
发展 - 研究 - 中国 Ⅳ.①G124

中国版本图书馆 CIP 数据核字（2020）第 077022 号

责任编辑：孙丽丽　胡蔚婷
责任校对：靳玉环
责任印制：李　鹏　范　艳

中国文化产业发展之路

陈　波　著

经济科学出版社出版、发行　新华书店经销
社址：北京市海淀区阜成路甲 28 号　邮编：100142
总编部电话：010 - 88191217　发行部电话：010 - 88191522
网址：www. esp. com. cn
电子邮件：esp@ esp. com. cn
天猫网店：经济科学出版社旗舰店
网址：http://jjkxcbs. tmall. com
北京季蜂印刷有限公司印装
710 × 1000　16 开　15.5 印张　210000 字
2020 年 6 月第 1 版　2020 年 6 月第 1 次印刷
ISBN 978 - 7 - 5218 - 1559 - 7　定价：62.00 元

《中国道路》丛书审读委员会

总　序

中国道路就是中国特色社会主义道路。习近平总书记指出，中国特色社会主义这条道路来之不易，它是在改革开放三十多年的伟大实践中走出来的，是在中华人民共和国成立六十多年的持续探索中走出来的，是在对近代以来一百七十多年中华民族发展历程的深刻总结中走出来的，是在对中华民族五千多年悠久文明的传承中走出来的，具有深厚的历史渊源和广泛的现实基础。

道路决定命运。中国道路是发展中国、富强中国之路，是一条实现中华民族伟大复兴中国梦的人间正道、康庄大道。要增强中国道路自信、理论自信、制度自信、文化自信，确保中国特色社会主义道路沿着正确方向胜利前进。《中国道路》丛书，就是以此为主旨，对中国道路的实践、成就和经验，以及历史、现实与未来，分卷分册做出全景式展示。

丛书按主题分作十卷百册。十卷的主题分别为：经济建设、政治建设、文化建设、社会建设、生态文明建设、国防与军队建设、外交与国际战略、党的领导和建设、马克思主义中国化、世界对中国道路评价。每卷按分卷主题的具体内容分为若干册，各册对实践探索、改革历程、发展成效、经验总结、理论创新等方面问题做出阐释。在阐释中，以改革开放四十多年伟大实践为主要内容，结合新中国成立七十年的持续探索，对中华民族近代以来发展历程以及悠久文明传承的总结，既有强烈的时代感，又有深刻的历史感召力和面向未来的震撼力。

丛书整体策划，分卷作业。在写作风格上，注重历史和现实相贯通、国际和国内相关联、理论和实际相结合，对中国道路的重大理论和实践问题做出探索；注重对中国道路的实践经验、理论创新做出求实、求真的阐释；注重对中国道路做出富有特色的、令人信服的国际表达；注重对中国道路为发展中国家走向现代化的途径、为解决人类问题所贡献的中国智慧和中国方案的阐释。

在新中国成立特别是改革开放以来我国发展取得的重大成就基础上，近代以来久经磨难的中华民族实现了从站起来、富起来到强起来的历史性飞跃，焕发出强大生机活力，迈进中国特色社会主义道路发展的新时代。在新时代建设社会主义现代化强国的新的历史征程中，中国财经出版传媒集团经济科学出版社、中国特色社会主义经济建设协同创新中心精心策划、组织编写《中国道路》丛书有着更为显著的、重要的理论意义和现实意义。

《中国道路》丛书 2015 年策划启动，2017 年开始陆续推出。丛书 2016 年列入"十三五"国家重点出版物出版规划项目、主题出版规划项目。丛书第一批，2017 年列入国家"90 种迎接党的十九大精品出版选题"；2018 年获国家出版基金资助，作为馆藏图书被大英图书馆收藏；2019 年被中宣部遴选为"书影中的70 年·新中国图书版本展"参展图书，并入选国家社科基金中华学术外译项目推荐选题目录。丛书第二批于 2019 年陆续推出。

《中国道路》丛书编委会
2019 年 9 月

目 录

第一章　中国文化产业的形成与发展 ····················· 1

第一节　文化与文化产业 / 2

第二节　中国古代的文化产业形态 / 10

第三节　中国近现代文化产业 / 18

第四节　新中国成立至改革开放时期的文化产业 / 24

第二章　中国文化产业起步与探索

（1978～1992 年） ····················· 33

第一节　思想解放下文化商品意识萌芽

（1978～1985 年） / 34

第二节　文化市场形成与发展（1985～1992 年） / 38

第三节　文化产业主要形态与规模 / 46

第四节　重要事件案例 / 56

第三章　中国文化产业茁壮成长

（1993～2002 年） ····················· 68

第一节　文化产品生产日渐繁荣 / 68

第二节　居民文化消费渐成时尚 / 76

第三节　文化市场主体显现 / 87

第四节　主要文化产业业态介绍 / 98

第四章　中国文化产业日臻成熟
（2003～2011 年） ················ 116

第一节　事业产业二分下文化产业主要功能定位 / 116

第二节　文化体制改革与文化产业发展 / 124

第三节　文化产业投融资逐步发展 / 131

第四节　文化企业成长成熟 / 144

第五章　中国文化产业竞争力稳步提升
（2012～2018 年） ················ 153

第一节　文化产业总量稳步提高 / 153

第二节　文化贸易日趋活跃 / 156

第三节　"文化＋科技"发展迅速 / 161

第四节　特色文化产业蓬勃发展 / 170

第五节　文化市场结构逐步优化 / 176

第六章　中国文化产业对社会转型发展的影响 ········ 193

第一节　文化产业与居民生活 / 193

第二节　文化产业与中国文化空间 / 200

第三节　文化产业与中国经济增长 / 203

第四节　文化产业与中国对外交流 / 208

参考文献 / 211

第一章

中国文化产业的
形成与发展

文化指的是人类在社会历史发展过程中所创造的物质财富和精神财富的总和，它包括物质文化、制度文化和心理文化三个方面①。物质文化指的是人类在社会生产和生活中创造的种种物质文明，其中包括生产工具、服饰、生活用品等，是一种可见的显性文化；制度文化和心理文化分别指生活制度、家族制度、社会制度以及思维方式、宗教信仰、艺术审美等，它们属于不可见的隐性文化，包括文学、政治和哲学等方面内容。文化渗透在人们日常生活的方方面面，是一个民族的血脉。

文化产业（culture industries）指的是对文化资源进行开发、生产和销售，是专门从事文化产品生产和提供文化服务的经营性行业。文化产业是生产者以市场为基础，以专业分工为条件，以资本为动力，通过创意复制将文化资源转变为文化产品传播给消费者，为消费者提供意义和快感，以满足其审美、求知、群体认可等文化需求的过程。

中国对文化产业这个概念的认识经历了一个从无到有的过程，在长久的古代至近现代历史发展过程中，中国并无明确规范化的文化产业，多年来，中国一直用文化事业来对文化进行概

———————

① 欧阳友权主编：《文化产业概论》，湖南人民出版社 2007 年版。

括，人们多谈或只谈文化艺术在满足群众精神文化需求和促进社会主义精神文明建设方面的作用，一般不会提及它在促进社会经济发展方面的作用。文化艺术看上去似乎只有社会效益，而不存在经济效益。但是随着改革开放，尤其中国社会主义市场经济被逐步确立，文化的产业性和市场性才逐渐得到大众的认可，中国文化产业才算是真正走上发展的轨道。

不可否认，不同的历史文化和地理气候背景对不同国家的文化产业发展有重要影响。中国拥有强大的历史根脉和深厚的民族民间文化土壤，文化资源异常丰富。因此，中国文化产业的发展道路也应当走出一条融合自身历史文化背景与现状，并有效借鉴国际文化产业强国发展经验的中国特色社会主义文化发展道路。

第一节　文化与文化产业

"文化"一词，在中国早已有之，但却难有统一的定义，正如伯明翰学派代表人物雷蒙·威廉斯所说，culture 也是英语中最为复杂的两三个词语之一。[①] 总的来说，可从狭义和广义两个角度去理解"文化"。而"文化产业"研究，则最早始于法兰克福学派的文化工业批判理论。中国对"文化产业"这个概念的认识，相对西方较晚，经历了一个从无到有的过程。改革开放以后，随着市场经济的发展以及对文化艺术所产生的经济效益的重视，中国文化产业才逐渐步入正轨。

一、"文化"的定义

"文"和"化"两字一起出现，初见于《易·贲卦》的《象

---

① ［英］雷蒙·威廉斯著，刘建基译：《关键词：文化与社会的词汇》，生活·读书·新知三联书店 2005 年版，第 101 页。

传》说："（刚柔交错），天文也。文明以止，人文也，观乎天文，以查时变；观乎人文，以化成天下。""文化"一词的首次使用，则见于西汉刘向的《说苑·指武》——"圣人之治天下也，先文德而后武力。凡武之兴，为不服也。文化不改，然后加诛。"但文化作为一门科学研究，兴起于西方。culture一词，最早是种植、培育之义，在18世纪时，多指加工、修养、教育程度、礼貌等，后引申为训练人的心智、思想、趣味的状态，① 而后也可形容一个受过教育的人的实际成就、良好的风度、文学艺术的修养等。至19世纪下半叶，随着人类学和社会学的兴起，文化学也作为一门专门研究出现。

　　"文化"的定义，至今已有成百上千种。英国人类学家爱德华·泰勒在其《原始文化》一书中，将"文化"定义为："一个复杂的总体，是包括全部的知识、信仰、艺术、道德、法律、风俗，以及作为社会成员的人所掌握和接受的任何其他的才能和习惯的复合体。"② 此处的"文化"，指的是狭义的文化。广义的"文化"，则从人之所以为人的角度出发，将"文化"视作人与动物的区别，正如梁漱溟所言，"文化，就是吾人生活所依靠之一切。文化之本义，应在经济、政治，乃至一切无所不包。"③ 冯天瑜在《中华文化史》中也从广义角度阐释"文化"："文化的实质性含义是'人类化'，是人类价值观念在社会实践过程中的对象化，是人们创造的文化价值，经由符号这一介质在传播中的实现过程，而这种实现过程包括外在的文化产品的创制和人自身心智的塑造。"④ 简而言之，广义的"文化"指的是人类在社

　　① ［英］雷蒙·威廉斯著，刘建基译：《关键词：文化与社会的词汇》，生活·读书·新知三联书店2005年版，第102页。
　　② ［英］爱德华·泰勒著，连树生译：《原始文化（重译本）》，广西师范大学出版社2005年版，第1页。
　　③ 梁漱溟：《中国文化要义》，上海世纪出版集团2005年版。
　　④ 冯天瑜、何晓明、周积明：《中华文化史》，上海人民出版社1990年版，第26页。

会历史发展过程中所创造的物质财富和精神财富的总和，它包括物质文化、制度文化和心理文化三个方面。① 物质文化指的是生产工具、服饰、生活用品等人类在社会生产和生活中创造的种种物质文明；制度文化指的是人类在物质生产过程中所结成的各种社会关系的总和，包括生活制度、家族制度、社会制度等；心理文化则指思维方式、宗教信仰、艺术审美等，与制度文化同属它不可见的隐性文化，包括文学、政治和哲学等方面内容。

二、"文化产业"概念的发展

"文化产业"（culture industries）这一概念由来已久，它是西方工业革命的产物，它意在彰显从法兰克福学派尤其是阿多诺学派到伯明翰当代研究中心的学术渊源，这一西方"文化工业"的批判理论，为后来文化产业的理论研究和市场化、产业化实践奠定了基础。而"文化产业"这一概念在中国的提出，则比西方国家相对较晚。在此之前的很多年间，由于受传统认识的影响，文化一直被视为国家政治的一部分，是完全为意识形态服务的行业，因此中国一直用文化事业来概括文化。改革开放之后，文化艺术的经济效益被日渐重视，文化产业才逐渐走上发展之路。

（一）"文化工业"批判理论

以阿多诺（Theodor Adorno）和霍克海默（M. Horkheimer）为代表的法兰克福学派提出了"文化工业"批判理论，这是西方文化产业萌芽阶段的主要文化产业理论。在 1947 年出版的《文化工业：作为大众欺骗的启蒙》一书中，霍克海默首次使用了单数的"industry"，而非复数代表产业"industries"一词，在中文中被翻译为"工业"。阿多诺则在《启蒙辩证法》一书中猛烈抨击了垄断资本主义时期以美国为首的大众文化，他认为，文化工业下的文化并不是真正意义上的文化，"文化工业就是商品

---

① 欧阳友权主编：《文化产业概论》，湖南人民出版社 2007 年版。

拜物教的结果，其产品从一开始就是为了交换和销售而产生，并不考虑真正的精神需要"。① 他们都对文化工业持彻底批判的态度，认为文化工业的工业性消解了文化的艺术性，反而以千篇一律的工业化产品取而代之，文化产业沦为文化工业垄断商对人们进行掠夺的工具。马尔库塞也在《单向度的人：发达工业社会意识形态研究》中指出，"文化工业"在其宣称丰富性、娱乐性、创造性的背后，'起着思想灌输和操纵的作用'，它们所进行的思想灌输不再是宣传,而是变成了一种生活方式"。②

而同为法兰克福学派的著名德国学者瓦尔特·本雅明（Waker Benjamin）则认为工业制造对艺术品的复制有利于将艺术从古老的宗教仪式和传统中解放出来，并曾在《机械复制时代的艺术》一书中指出："艺术和技术的进步为民主和解放提供了机会。"③ 然而，在这一时期，本雅明的观点被视为另类，学术界的中心话语权在阿多诺和霍克海默。阿多诺和霍克海默对文化工业的批判和本雅明所强调的技术进步所带来的机会，这两种观点所存在的差异与矛盾促进了文化产业理论的发展，并为后来文化产业的理论发展奠定了坚实的基础。

法兰克福学派的文化工业批判理论是对资本主义文化工业的彻底批判和反思，在加深了人们对资本主义文化工业的认识与思考的同时，也反映了当时社会文化产业发展的现状，为后来人们研究文化产业的理论与实践奠定了坚实的基础。到了 20 世纪中叶，法兰克福学派所持的两种观点的学术地位和实践地位发生了根本性的变化，本雅明提出的观点开始逐步从认识与实践的边缘走向了认识与实践的中心。而随之而来的 1964 年英国伯明翰大学的当代文化研究中心（Centre for Contemporary Culture Studies,

---

① 陆杨、王毅：《文化研究导论》，复旦大学出版社 2006 年版。
② 赫伯特·马尔库塞：《单向度的人：发达工业社会意识形态研究》，上海译文出版社 2008 年版，第 11 页。
③ 汤莉萍、殷瑜、殷俊：《世界文化产业案例精选》，四川大学出版社 2006 年版。

CCCS）的成立，则逐渐奠定了伯明翰学派对大众文化的乐观基调，英国文化学派逐步取代法兰克福学派成为文化理论研究的中心。

（二）"文化产业"概念的发展

至 20 世纪 60 年代末，文化、商业和社会之间的联系更加紧密，跨国公司所投资的电视、电影与唱片产业在社会、经济和政治层面上的重要性也日渐凸显。法国社会学家们察觉到这一变化，对阿多诺和霍克海默所采用的单数形式"文化工业"（cultural industry）进行转化，提出了复数形式的"文化产业"（cultural industries），尤以伯纳德·米亚基（Bernard Miège）为代表。正如米亚基所言，近年来在"文化产业"研究领域已发生了不少转变。[①]

相较于阿多诺和霍克海默的文化悲观主义而言，法国社会学家们持更乐观的态度。米亚基在其 *The Capitalization of Cultural Production* 的英译本前言中提出了他对阿多诺和默克海默的反对意见。首先，他摒弃了阿多诺和霍克海默对前工业时期文化生产的怀旧和依恋。在接下来对法兰克福学派的批判当中，米亚基认为工业化和新技术在文化生产当中带来商业化趋势的同时，也带来了可喜的新趋势与创新。"文化产业"的运作方式已经走向多元，并非单一形态。[②] 其次，文化商品化的进程必不是一帆风顺，文化商品化进程中虽矛盾重重，但总体在不断发展、完善。[③]

虽然在霍克海默和阿多诺看来，用经济来解释文化过程无异于一场灾难，但自 20 世纪 70 年代以来，由于"文化产业"可以

---

① Bernard Miège, The Logics at Work in the New Cultural Industries, Media, Culture & Society, 1987 (9), p. 274, First Published Jul. 1, 1987.

② 陈立生编著：《文化创意产业：内涵、测量与评估》，大连理工大学出版社 2013 年版，第 3 页。

③ 大卫·赫斯蒙德夫著，张菲娜译：《文化产业》，中国人民大学出版社 2016 年版，第 19 页。

创造产出、就业、收入和满足消费者的需求,①自威廉·鲍莫尔 (William Baumol) 和威廉·鲍恩 (William Bowen) 合著的《表演艺术:经济学的困境》一书于1966年出版后,越来越多的经济学家进入到文化产业的研究之列。

戴维·索罗斯比 (David Throsby) 在其《经济学与文化》一书中,提出了"文化资本"——"一种资产,除了可能拥有的全部经济价值以外,文化资本还体现、贮存并提供文化价值"②——这一概念,作为"物质资本""人力资本""自然资本"之后的第四种类型的资本。此外,他还认为"文化产业"对经济活动具有无穷的潜力,但创造经济价值绝不是"文化产业"的唯一目标。③大卫·赫斯蒙德夫 (David Hesmondhalgh) 的"文化产业"研究的入门级读物《文化产业》一书从以下三个角度阐述了现代社会"文化产业"的重要性:"文化产业"拥有创造和流通那些影响我们知识、理解和经验的产品(文本)的能力;"文化产业"承担着创意和知识系统管理者的角色;"文化产业"是一种促进经济、社会及文化变迁的机制。④理查德·凯夫斯 (Richard Earl Caves) 作为经济学家,观察到了创意产业中的艺术创作行为,在《创意产业经济学:艺术的商品性》一书中,他运用经济分析法来深入研究创意产业中的组织架构、艺术家与雇主间的合同特点以及艺术产品价值实现所涉及的经营性行为,随后在创意产业的大框架内着重研究了娱乐和文化业,如影视业、音像业、演艺业、出版业和游戏产业等。布鲁诺·弗

---

① 戴维·索罗斯比著,王志标、张峥嵘译:《经济学与文化》,中国人民大学出版社2015年版,第121页。

② 戴维·索罗斯比著,王志标、张峥嵘译:《经济学与文化》,中国人民大学出版社2015年版,第49页。

③ 戴维·索罗斯比著,王志标、张峥嵘译:《经济学与文化》,中国人民大学出版社2015年版,第145页。

④ 大卫·赫斯蒙德夫著,张菲娜译:《文化产业》,中国人民大学出版社2016年版,第3页。

雷（Bruno S. Frey）的《艺术与经济学：分析与文化政策》从经济角度分析艺术活动的相关现象，提供了从另一个视角看待艺术史的社会研究方法。本书主要探讨两个问题：经济和政治对艺术有何影响以及制度如何塑造文化。除了对节日与"超级明星"博物馆的建构、支持艺术的各种形式等内容的讨论，还研究了作为一种投资和文化物品评估的艺术研究的不同方法，并通过比较阐释了公民直接参与文化政策的制定等内容。

　　20 世纪 70 年代以来，越来越多的经济学家关注到"文化产业"领域，他们运用经济学理论、各种统计工具，以实证研究的方式对"文化产业"做出了自己的解释，也使得文化逐渐走出自身的边界，与经济、政治等产生联姻。

　　（三）"文化产业"概念进入中国

　　若从法兰克福学派的代表作《批判理论》和《启蒙辩证法：哲学片段》被首次译成中文算起，cultural industry 这个词被译成"文化工业"进入中国，已近 30 年了。随着时代环境的改变，国内学者对"文化工业"和"文化产业"的认识也经历了一定变化。"文化工业"与"文化产业"在汉语体系中，虽只有一字之差，但分属于完全不同的价值观与理论范畴。① "文化工业"一词属于法兰克福的文化工业批判理论范畴，"文化产业"则属于经济学视野下的产业理论。

　　自 20 世纪 80 年代末，"大众文化"一扫之前被动挨打的局面，其生产与消费已在很大程度上获得了合法性。② "大众文化"滥觞的同时，相关理论却较为匮乏，唯有法兰克福学派一家独领风骚。且因其对中国的适用性，文化工业批判理论很快在中国落地生根。金元浦的《试论当代的"文化工

---

　　① 宗祖盼、李凤亮：《论中国文化产业观念的发生》，载于《学术研究》2009年第 1 期。

　　② 赵勇：《未结硕果的思想之花——文化工业理论在中国的兴盛与衰落》，载于《文艺争鸣》2009 年第 11 期。

业"》和陶东风的《欲望与沉沦——当代大众文化批判》，都大量引援《启蒙辩证法》的相关论述来对中国的"大众文化"进行批判。

至 20 世纪 90 年代中期，中国学界开始对文化工业批判理论进行反思，徐贲认为，阿多诺等人提出的文化工业批判理论是在欧洲特定的社会环境下形成的，与中国的情况不同，[①] 且将阿多诺理论当成一个适用于不同时代、不同社会的普适性理论来用，具有盲目性。[②]

至于"文化产业"一词最早何时进入中国，学界尚无定论，但可以肯定的是经济学意义上的"文化产业"一词是在 20 世纪 80 年代有关"第三产业"的讨论中逐渐形成的。[③] 李军在《试论文化艺术的商品性质及其调节机制》一文中使用了"文化产业"一词，并认为需要引入市场机制和行政机制对"文化产业"进行调节。[④] 1992 年中共中央国务院《关于加快第三产业的决定》中先是将"文化卫生事业"纳入"加快发展第三产业的重点"。同年由国务院办公厅综合司编著的《重大战略决策——加快发展第三产业》一书出版，"文化产业"这一概念被首次使用，1998 年原文化部文化产业司成立。而文化产业合法性地位得到认可则是在 2000 年十五届五中全会通过的《中共中央关于制定国民经济和社会发展第十个五年计划的建议》中。随着改革开放，中国的社会主义市场经济被逐步确立，文化的产业性和市场性才逐渐得到大众的认可，中国的文化产业才算是真正走上发展的轨道。

----

① 徐贲：《走向后现代与后殖民》，中国社会科学出版社 1996 年版，第 249 ~ 250 页。
② 徐贲：《走向后现代与后殖民》，中国社会科学出版社 1996 年版，第 295 页。
③ 宗祖盼、李凤亮：《论中国文化产业观念的发生》，载于《学术研究》2009 年第 1 期。
④ 李军：《试论文化艺术的商品性质及其调节机制》，载于《求索》1987 年第 6 期。

第二节　中国古代的文化产业形态

中国古代始于四千多年前传说中的黄帝、尧、舜时期的原始社会（170 万年前～公元前 2070 年），历经夏、商、周直至战国的奴隶社会（公元前 2070 年～公元前 476 年），终于战国至清朝第二次鸦片战争的封建社会（公元前 476 年～公元 1840 年）。在同一时期内，西方国家则经历了欧洲文艺复兴运动（14 世纪～16 世纪）以及第一次工业革命（18 世纪 60 年代～19 世纪中期）等与文化产业密切相关的历史实践，为日后文化产业的蓬勃发展奠定了坚实的产品、市场及理论基础。这一时期中国服务于王室的艺术消费和民间文艺市场皆得到了不同程度的进步与发展，中国的文化产业形态在古代便开始逐渐萌芽。

一、中国古代文化产业业态的起源

物质和实用主义是上古时期人类的首要追求，旧石器时代原始人使用的是自然界原有的工具，新石器时代原始人通过人工制造和使用工具从而实现他们的物质生存需求，这些都是对人类生存本能最基本的满足；精神和审美主义则是在物质和实用主义的基础之上派生的，在使用石块制造生活和生产工具的同时，他们也使用石块来创造装饰品，在狩猎与农耕的同时，他们开始图腾记录和崇拜自然。正是在这一时期，中国最早的具有文化艺术特征的物品开始出现，如北京周口店山顶洞人的扇贝、石珠、骨牙串珠，运用吃剩动物骨骼加工而成的骨笛和"寓人于鱼"的人面鱼纹彩陶盆等。这就说明精神文化是派生于物质生产之中的，二者并不相悖，相反它们亲密无间并且可以互相成就。

在原始社会后期，社会生产的发展使得私有财产开始出现。具有艺术性的物品作为人类最早的个人财富之一，也位于交换物品的行列之中，人们在交换普通物质产品的同时，体积小、易保存、价值高的艺术装饰品也具有不可比拟的优势。例如，贝壳做成的装饰品作为早期艺术产品，较之猪、牛等其他产品更易于携带和保存，并且这些艺术品往往由远方交换而来，所以具有不可比拟的价值。但是这种交换还不能被冠以"商品交换"之说，直到氏族社会开始产生，氏族内外部之间物品逐渐频繁的交换，人们的所有权意识和财产意识才逐渐被唤醒。

夏商周时期则是一个充满了传说与物质精神崇拜的时期，随着人口与资源矛盾逐渐增大，人们开始探索更多的生产方式来提高物质生产能力。由于农业文明社会对自然的巨大依赖，悦神的祭祀活动开始逐渐兴盛，这种虚幻的活动总是能引领着人们进行无限探索，从与神共享牲畜等劳动所得，还创造出青铜器、玉器、歌舞绘画等新的更具人的主体性、艺术性的物品和活动来取悦于神。艺术对人的意义愈发凸显，这些通神尊礼且具有艺术性的青铜器、玉器和歌舞绘画也成为国家王权统治的象征。在王权和国家的支持之下，艺术品、装饰品的价值一览无遗，人们没有所谓的说法将艺术品归于商品贸易之中，但人们的活动，例如国家雇用大批工人专门从事青铜器生产、国内外玉器交换以及乐舞奴隶和西周采诗者等文化产业业态的出现，都是艺术品参与商业交换的直接表现。

春秋战国时期之后，中国由奴隶社会逐渐过渡到封建社会，秦王朝的建立标志着我国第一个封建制国家正式产生。相对统一、稳定的社会背景，以及生产力、创造力的显著提高为文化产业形态的发展提供了物质和制度基础，建筑雕塑业、工艺业、书画业、演艺业，乃至服务于这些产业的文化产业服务业逐渐兴起。中国的文化产业不再仅仅是原始社会无意识的物物交换和奴隶社会时期悦于神明的祭祀品或王权的象征，它从王室蔓延到民间，成为民间商业贸易的重要组成部分，甚至蔓延到国外，成为国家之间政治、商业往来的重要产品。尽管在当时文化产业这一说法仍未被归类与提出，但实际上文化产业的形态已经浸润到人们生活的方方面面，成为人们生产和生活不可或缺的重要部分。

二、古代中国宫廷文化产业形态

在文化产业形态逐渐形成过程中，国家王权集中的特征也越来越明显，普天之下，莫非王土，天子不仅拥有至高无上的权力和地位，并且享受着国家最顶尖的物质和精神产品，因此宫廷王室成为古代中国最发达、最有体系性的文化产业集散之地。从国家对青铜礼器的消费与管理，专设机构管理宫廷文化事业，到庞大的宫廷艺术资金开支，再到覆盖广泛、集精湛技艺之大成的文化产业各大行业分类，古代中国文化产业形态的最高成就都能在宫廷王室中一览无遗。

（一）宫廷文艺管理机构

王室宫廷作为文化事业和文化产业都极其昌盛集中的地方，同军事和经济一样需要成立专门的机构来进行管理。这个机构的职能和体系在不同的朝代和历史时期会有不同，主要以商周时期的国家集中青铜冶炼、秦汉时期的"少府"、唐朝的"翰林院"和宋朝的"宣和画院"为代表，这些机构都是为服务王室文化事业和文化产业而产生的。

青铜器和玉器最初都是作为通神尊礼的工具才具有了价值，之后随着王权的逐渐加强其价值又不断渗透到国家王权之中。"青铜器并不是纯粹为艺术而艺术的产物，但作为国家重器，却是当时艺匠用心所为，为商周艺术的主流，这是我国青铜礼器的特质之一。"① 但一方面，冶炼青铜的矿石运输不便，冶炼通常都是在矿山进行的，并且冶炼的规模极大，非一般个人所能做到；另一方面，青铜器的生产并不能直接为人们提供日常生活中

---

① 陈芳妹：《家国重器——商周贵族的青铜艺术》，引自郭继生《中国艺术之特质》，黄山书社 2012 年版。

衣食住行的功利性服务。因此商周时期产生了大批彻底脱离农业生产，致力于青铜礼器制造的人们，国家通过建立专门的青铜器冶铸工厂、任命司空负责青铜器冶铸、对青铜器冶炼加赠赋税等方法来对青铜礼器的冶铸和消费进行比较系统化的从上至下的管理。直至周代后期，中央集权的逐渐削弱，一些个人或家族才开始自主冶铸青铜器，只是这些冶炼所用的矿石原料在名义上仍是属于周天子的，即"天子赐金（铜锡）铸器"。

　　秦汉时期宫廷内负责文艺活动开支、供养艺人的主要机构都与"少府"有关。从负责绘画的"黄门署长""玉堂署长""画室署长"，负责雕塑的"考工室""东园匠""尚方"，负责乐府百戏的"乐府""太乐署""黄门鼓吹署"到负责文学辞赋的"郎官"等无不归少府统领，连负责建筑的将作大臣，在汉代以前也只是少府的一个署官，名"将作"①。例如，汉武帝时期，曾专门派人去各地搜集民歌，并且这批人员的俸禄、盘缠和其他杂费皆由"少府"负担。"少府"除了需要支付皇室巨大的文艺开支外，还具有相应的财政税收职能，这时期的少府俨然成为宫廷艺术的财务总监。

　　唐朝是中国经济和文化发展的鼎盛时期，在最高统治者的倡导和支持下，宫廷艺术达到了前所未有的繁荣。例如翰林院是唐代设立的宫廷文学技艺之士供职的机构，自唐玄宗之后，翰林分为两种：一种是翰林学士，担当起草诏书的职责并供职于翰林学士院，著名的翰林学士包括李白、杜甫、白居易等人；另一种是供职于翰林院但并无实权的翰林供奉。到了宋朝时期，最有名的当属宣和画院，不过宣和并不是画院的名字而是宋徽宗的年号，宣和画院指的其实也是宋代宣和年间的翰林图画院。由于宋徽宗赵佶极其喜好书画艺术，所以当时的宫廷画院制度相当周密，艺

---

　　① ［日］加藤繁著，吴杰译：《汉代国家财政和帝室财政的区别以及帝室财政的一斑》，引自《中国经济史考证》（第一卷），商务印书馆 1959 年版。

术作品丰富且优秀，极具代表性。

（二）宫廷艺术行业发展

宫廷艺术行业具有门类齐全、艺术投入大、工匠数量多等特点。从建筑雕塑到书法绘画，再到歌舞演艺皆属于宫廷艺术的一部分，这些艺术行业会因国家经济政治发展情况以及统治者的个人偏好等原因在不同时期呈现不同的特点，同时也反映着古代中国的文化产业在王室即国家政治决策阶层的发展历程，它们不仅仅作用于宫廷王室的文化消费，也对民间的文化消费造成影响。

对于不同的用途来说，同样的活动具有完全不同的意义。如果是为了建造一个防御工事，那是军事需要；如果是盖一猪圈，那就属于畜牧业；如果是开凿一个人住的窑洞，那也是一种生活消费；但如果是王宫贵族盖的雕梁画栋的宫殿和园林，则显然是一种奢侈的文化诉求①。因此作为我国古代实用艺术的代表，宫殿建筑是我国成就最高的艺术类型。建筑艺术本身就是一项消耗巨大的工程，人力、财力、物力样样不可缺少，加之皇室对建筑的极高要求不同于民间，巍峨尊贵的王宫显然要消耗举国之巨资。因此宫殿建筑艺术消费成为宫廷王室艺术消费的主要代表。中国古代宫廷建筑的几个高峰时期分别出现在秦汉、隋唐和清朝。例如实现大一统的秦朝阿房宫、唐朝的大明宫以及清朝的圆明园。当然期间也出现例如魏晋南北朝时期，佛塔建筑的数量和规格皆引人注目的建筑代表。这些建筑当中留存至今的宫殿建筑如今已有多处被列为世界文化遗产。

秦始皇陵兵马俑和魏晋南北朝的四大石窟是宫廷雕塑业的主要代表。首先兵马俑作为皇帝的陪葬品是当时雕刻技艺的集中展现，只有在王室才能看到这样壮观的场景。随着厚葬之风的发展，到汉代雕塑产业才蔓延到了民间。而魏晋南北朝时期佛教盛行的社会现象则直接导致了佛教雕塑的盛行。同时，中国最著名

---

① 李向民：《中国文化产业史》，湖南文艺出版社 2006 年版。

的四大石窟皆产生于这一时期，成为中国雕塑艺术的一个重要里程碑。

由于宋朝统治者对于绘画艺术的极度偏好，绘画业在宋代进入了黄金时代。翰林画院的画家在宫廷的政治地位和经济地位，都在诸多行业的艺人中位居前列。除此之外，宋代统治者还大力征举大批画家入宫供奉，这些画家在皇室的赞助之下，创作出数量惊人、内容规范的优良画作，同时由于宋代帝王对花鸟珍禽情有独钟，宋代宫廷的工笔重彩花鸟画显示了古代中国绘画的最高成就，并形成了著名的"院体"。

极耳目之娱自古以来都是帝王的特权，任何朝代无论政治风云如何变换，宫廷乐舞都始终没有真正停止过，只是在社会动荡不安的时期，宫廷乐舞艺人的数量和经济需求会有所参差。清朝是我国古代戏剧发展的一大高峰时期，具有演出规模大、频率高、戏班大、道具丰富等特点的清朝戏剧远非过去历代所能匹比。这除了与歌舞、戏剧自身的发展有关外，同时还与清朝皇室的巨额经济资助有很大的关系。

中国宫廷工艺业在明朝达到了顶峰，在手工技艺自身的发展成熟以及统治者日益奢豪的生活享乐需要的基础之上，明朝建立了规模庞大、技艺高超的官营手工业。在明太祖朱元璋称帝的第二年，就曾在景德镇设立御窑厂，垄断生产青花的最优质青料与瓷土，生产的瓷器专供宫廷和上层人物，民窑青花的品种与样式也被进行了限制。此外明朝役使手工匠的方式还发生了变化，长期以来中国官营手工业靠的是大量的无偿劳动力包括囚犯和世袭匠户。但是随着民间市场的繁荣和白银的大量使用，明王朝不得不进行从赋役折银向以银代役的转变。

三、古代中国民间文化产业形态

与古代中国王室文化产业形态发展不同，古代中国民间的文化产业形态的发展没有来自某一机构的固定大额资金支持，也不设专门的管理机构。古代中国民间的文化产业形态多是在受到王室审美及追求的背景下而产生的相对落后而又自由变相发展的文化产业形态。随着民间的市场化越来越明显，古代中国的文化产业形态才逐渐发挥越来越大的经济和文化效用。

（一）民间文化产品市场化

商周时期，工艺品要么属于礼器，要么属于伪饰，实际上是无法进入市场进行交易的。但这也不是完全绝对的，一些未经过加工的珠玉还是可以入市的。《周礼·地官·肆长》郑众注云，"谓若珠玉之属，俱名为珠，俱名为玉，而贾或百万，或数万，恐农夫愚民见欺，固别异令相远，使贾人不得杂乱以欺人"。这就说明了当时民间市场允许存在的只有金玉的原材料。

第一批平民艺人正是出现于西周时期，他们在劳作之余开始以歌舞获取馈赠甚至完全以此为生，于是出现了采诗制度，这种制度虽然不是明显的诗文与货币的交换，但却是国家财政支持下的一种间接表现，是一种变相的诗文市场，它为西周时期民间的说唱和文学市场的萌芽提供了一些条件。但由于古代中国农业社会重农抑商思想的深刻影响，即使越来越多的人通过出卖自己的技艺来谋生已经较为普遍，但这种谋生手段依旧在很长一段历史时期内只是人们在无法以农业为生、迫于生存压力之下的无奈之选。

魏晋南北朝时期是古代中国文化产业市场发生大变动的时期，这一时期的艺术市场发展迅速，一些比较初级的佣工艺术市场开始逐渐过渡为艺术产品市场，并且孕育出多种新的市场形式。到了国风开放、经济鼎盛的唐朝，文化产业市场随着经商致富之风的发展而逐渐稳定成型。即使这一时期依旧采取着抑商政策，且有世人"一入商籍，便不得为仕"之说，但国家所制定的政策到了民间基层往往会发生不同程度的变样，甚至根本不起作用，一大批中下级官吏为了贪恋商人的财富，不仅不抑商，反而官商勾结，为其大开方便之门。随着商业经济的不断发展，民间文化市场到清代已取得了很大发展。以家庭或个体为单位的私营经济日趋活跃，同时官营工艺的衰落和西方工业文明的影响也在客观上为民间私营市场的发展提供了更多的机会。在此背景下，清代的工艺业甚至开始产生质的变化，商品化和产业化特征越来越明显。一部分如造纸业、纺织业等，开始大规模使用机械进行生产，作坊内也开始越来越多地实行雇佣制并以计时、计价的方式来计算工资。但另一部分艺术性较强、人工依赖性较高的行业，例如刺绣和雕刻等，并无很大变革。

（二）民间艺术行业发展

中国民间私营手工业的萌芽始于秦汉，这时候的民间手工艺品虽不如皇室精致，但是由于张骞出使西域所带来的国际手工艺品贸易市场和汉代政府对民间工艺品的国际贸易政策支持，汉代的工艺品市场十分兴旺，甚至形成了很大的贸易顺差。这些民间手工艺品主要包括陶器、丝织品、漆器和装饰品等。到了隋唐时期除了工艺品制造业的提高之外，大批西域商人的涌入也对民间工艺品市场的发展产生了积极的促进作用。

秦汉时期的书画市场还处于比较初级的市场阶段，主要以"佣书"和"佣画"为主。佣书之所以为一种初级的书法市场形式，主要是因为在印刷术被发明之前，读书需要借阅或抄写，于是便产生了佣书取酬的初级书法市场形式，这种形式的本质还是一种精力和体力的消耗，而非真正的艺术创作。直到书法购买对象对文字的追求由文字的内容转向文字本身的艺术形式和审美时，纯粹的书法市场才算真正形成。佣画市场的发达则主要在唐宋时期，由于经济和政治的发达开放，上至皇室贵族，下至平民百姓皆对绘画有很大的需求。这时候绘画的数量、内容和画家的社会地位及经济收入都得到了极大的发展，绘画市场愈发成熟。此外，宋朝绘画市场的发展还产生了一批书画中介人——牙侩，他们活跃在书画市场上，作为买卖双方的桥梁，联系买方和卖方、协调书画价格，并因此收取一部分佣金。宋代书画行业的发展也带动了包括纸墨笔砚制作业、乐器制作业、裱褙业等在内的相关文化产品制作业的发展。

民间歌舞市场的发展是唐代社会繁荣的重要表现之一，这一时期个体卖艺的现象逐渐减少，取而代之的是逐渐兴起的歌舞表演团体和创新的收取门票的营销模式。曲艺市场的繁荣是宋代民间文化产业兴起的重要标志，一方面表现在从事曲艺表演人员大量增加；另一方面表现在表演的场所及设施的建造。与如今城市中商业区、休闲区的划分一样，宋代产生了一种新型的属于市民自己的商业娱乐区，极大地促进了宋代市民文化的兴起和发展。到了明清时期，戏剧越发向平民化、世俗化的方向发展，并逐渐成为当时民间最主要的娱乐方式之一。

古代中国诗歌市场的繁荣时期则主要在隋唐，该时期的民间文化产业市场十分成熟，大批伟大的诗人如李白、杜甫、白居易等都在这一时期涌现。此时创作出好的诗歌是全社会的共同追求，除了考取功名需要满腹诗书之外，人们还热衷于欣赏诗书，诗歌作者和买家之间几乎完全是一种商业利益关系，这主要体现在诗歌创作按时取酬的交易方式上。

第三节　中国近现代文化产业

中国近现代是一个动荡的年代，在政治经济上经历了由封建社会向半殖民地半封建社会的社会性质转变，国家处在一片风雨飘摇之中，因而在这一时期，在思想文化上，一方面没有一个稳定的社会为其提供一片发展的沃土；另一方面中国传统的文化自信和文化生产力也受到了极大的冲击。在这样一个政治动荡、经济萎靡、人人自危的年代，人们难有余力再进行文化创作和生产，更别说孕育一个健康完善的文化产业市场了，中国的文化产业在此时期处于艰难探索阶段。

一、近现代文化产业的发展背景

鸦片战争后，中国的社会性质发生了根本性变化，由封建社会沦为半殖民地半封建社会。在西方外来势力的强势干扰下，中国步入了近代，文化产业发展的经济、政治和社会背景也发生了巨大的变化，社会对文化产业的需求也受到周遭环境的严重影响。在这样一个急剧变动的历史背景之下，中国的文化产业开始了其由古代向近代的转变。总体而言，近现代中国文化产业的发展背景则可以概括为以下两个方面：

第一，近代以来中国文化产业发展的政治和经济背景发生了巨大的变革，这对中国文化产业产生了深远影响。首先，鸦片战争改变了中国的社会性质，中国的政治制度、经济体制和社会阶级结构方面发生了一系列重大改变。西方国家的一系列侵华战争打破了中国故步自封、自给自足的传统农业社会形态，近代中国腐败的封建政治制度被严重瓦解，而新的资本主义制度又一时难以立足。随着西方资本主义市场对中国的入侵，以小农经济和家庭手工作坊为代表的中国原有封建传统文化生产方式受到严重打击，新的工业生产和商业化经营迫使中国的资本主义逐渐发展起来，传统的重农抑商思想也被逐渐消解。因此，近代中国的经济体制也发生了剧变，这也正是近代中国文化生产方式变革的根源。

原有的经济体制在中国不得不进行变革，文化产业的生产方式也不得不随之变革。首先，是文化生产主体的变更，在原有的农民阶级、地主阶级、民族资产阶级和无产阶级的基础上，又诞生了新兴的民族资产阶级。这一新兴阶级开始在中国探寻一系列政治、经济变革的新主张，并勇于付诸实践。其次，是文化产品内容形式变更，传统的文化产品内容受到西方工业革命的影响开始呈现出越来越明显的工业化和近代化特征，这一点随着西方的势力在中国影响的扩大在后期尤为明显。中国传统的社会文化生产也正是在这样的政治制度、经济体制变革中发生了新的变化，为资产阶级所倡导的新文化日益成为当时文化发展的重要力量。

第二，西方资本主义文化对中国传统的文化生产方式造成了强势的冲击。以自给自足的自然经济为基础，建立在血缘关系为纽带的宗法制度之上的传统文化生产方式，已经逐渐失去了生命的活力和前进的动力①。近代中国原有的封建落后的文化生产方式开始逐渐学习和借鉴西方资本主义的文化生产方式。从中国的文化发展史来看，无论是面对落后于自身的周边少数民族游牧文化的冲击，还是汉唐时期面对与自身水平相近的佛学西来，抑或是明末时期面对先进于自身的欧洲文化的西学东渐，以儒家为核心的中国传统文化总能整合吸收这些外来文化的有益成分，对其进行"中国化"的改造，使其融入中华文化之中②。这既是由于中国文化具有的强大包容力所带来的，也正是中国成为四大文明古国中唯一没有中断历史的国家的原因之一。此外，历代中国人对中华文化在世界文明中的先进性笃信不疑，因为有"当少数民族入主中原时，汉民族产生了强烈的民族危机感，但是并没有因此而产生文化危机感"③之说。然而鸦片战争之后，闭关锁国的状态被打破，在西方列强的强势入侵下，人们在清晰看到西方先进工业文化形态的同时，也受到西方不同的文化价值观念的影响。这与中国以往所受到的文化影响截然不同，正是这种从生产到市场再到观念的不同，加上中国在西方侵略战争中节节败退的历史现实，敲响了国人的警钟。"天朝上国"的文化优越感受到沉重打击，人们开始学习和借鉴先进的西方文化。鸦片战争之后严复翻译的英国生物学家赫胥黎的《天演论》得到了出版，它宣传了"物竞天择，适者生存"的观点，此外还有魏源详细介绍了西方国家科学技术和世界历史文明，提出以"师夷长技以制

①② 高宁：《中国特色社会主义文化生产方式》，暨南大学出版社2016年版。
③ 张岱年、方克立：《中国文化概论》，北京师范大学出版社2004年版。

夷"为中心思想的《海国图志》等。

新文化运动是中国学习西方文化的突出表现之一，是一次"反传统、反孔教、反文言"的思想文化革新和文学革命运动。以1915年，陈独秀在其主编的《新青年》（原名《青年杂志》）刊载文章，提倡民主与科学为开端，此后李大钊、胡适、鲁迅、蔡元培等一批受过西方教育的人纷纷加入这次运动中来。新文化运动不仅动摇了封建思想的统治地位，对统治中国2000多年的封建礼教进行了沉重打击，使得民主和科学思想得到弘扬，为马克思主义后来在中国的传播、彻底反对封建主义和帝国主义的五四爱国运动的爆发以及文化的普及和繁荣奠定了基础。由资产阶级民主主义者发动的新民主主义革命具有传播受众不广泛、传播内容不彻底等局限性。在救亡图存的时代大背景下，文学、音乐、影像、图画等诸多中国近代文化创作都受到了影响，其中包括抗日战争时期创作展现了朱德司令和八路军坚决抗战的英雄形象的纪录片《八路军平型关大捷》，以及解放战争时期鲁迅的《狂人日记》《阿Q正传》，郭沫若的《女神》，巴金的《家》，老舍的《骆驼祥子》等文学作品，徐悲鸿的画作《愚公移山》《田横五百士》，以及聂耳的《义勇军进行曲》，冼星海的《黄河大合唱》等大批优秀艺术作品。

近代中国半殖民地半封建社会的基本国情以及资本主义经济的畸形发展，决定了中国文化生产方式既不能走传统儒学"圣经贤传"的老路，又不可能沿袭西方资本主义文化发展之路①。所幸的是俄国十月革命胜利之后，马克思主义被传播到中国，并很快在全中国社会中传播开来，为中国文化产业的发展带来了新的发展思路。在马克思主义思想的指导之下，中国无产阶级也形成了自己的组织机构——中国共产党。随后中国共产党便开始积极带领中国探索属于自己的文化发展道路，先后成立了中央出版

---

① 高宁：《中国特色社会主义文化生产方式》，暨南大学出版社2016年版。

社、长江书店等出版单位，文化产业的发展形态越发明显。"20世纪 20 年代左右的《申报》馆就实行了层级管理模式……这是文化生产组织由作坊形态转向大型企业形态的具体表现。"① 在中国共产党的领导下，社会主义生产方式越发明显。社会主义文化生产方式，是中国共产党领导广大人民群众在社会主义设计阶段进行文化创作的生产力与文化生产关系的统一。然而，这种社会文化生产方式并不是一帆风顺的，在 1966～1976 年的"文革十年"期间，过度强烈的思想意识朝向和专制的文化生产控制，给中国的文化产业造成了一定程度的禁锢。直至 1976 年"文化大革命"结束后，中国才又开始在探索具有中国特色的社会主义文化生产方式的道路上继续探索前行。

通过以上分析，可以看到，由于中国历史的特殊性，近现代中国文化产业的发展背景极其复杂。首先，是社会性质的变化，中国经历了由封建社会向半殖民地半封建社会，向新民主主义社会再向社会主义社会的转变，还经历了"十年文革"这一特殊的社会时期。其次，在经济发展方面，中国的民族经济在受到了西方列强打击的同时，以自身的实力实在难以"站立"起来。最后，在政治和经济的双重影响之下中国传统的文化观念、文化自信以及文化生产方式也受到了严重打击。在政治动荡、经济萎靡、人人自危的情况下，人们很难有余力来进行文化创作。

二、近现代文化产业的发展形态

中国近现代文化产业发展的主要形态除了中国传统历史上发展而来的书画业、演艺业和手工业之外，还包括受到西方工业革命和第四次工业革命影响而形成的印刷出版业、音乐影视业、旅游业等，他们共同构成了中国近现代文化产业的发展形态，极大

---

① 刘素华、胡惠林：《新文化生产方式：近代中国文化产业等发展范式》，载于《上海交通大学学报》（哲学社会科学版）2013 年第 6 期。

地丰富了我国的文化产业市场，为中国的经济发展注入了活力，提高了人民的生活质量和生活水平。

民国时期是中国文化产业在继承以往历史传统的基础上，又受到西方影响产生新的文化产业发展形态的主要时期，这一时期中国的文化产业形态转变相当显著。民国时期中国的绘画市场总的来说还比较活跃，既继承了长期以来的中国传统绘画，又受到西方绘画影响产生了"中西合并"的新式绘画。中国传统文人画的主要代表人物有齐白石、张大千、黄宾虹等，而"中西合并"的新式画家主要有徐悲鸿、刘海粟、汪亚尘等，这些画家极大地丰富了中国近代以来的绘画作品，为中国绘画市场注入新鲜活力。与中国绘画市场发展形态相似的还有中国的演艺市场，在继承了前清遗风又受到西方影响等演艺业也在这一时期开始了新篇章。这一时期的经营模式主要以聘请名角、戏班、剧团或出售门票，内部再分配为主，不同于中国古代主要以王室贵族蓄养演艺人员从而获得娱乐享受；演艺内容方面也有了很大的改变，除了传统的京剧以外，人们也开始热衷于尝试一些独具西洋特色的歌剧和音乐会。

进入 20 世纪，中国人逐渐告别了几千年以来的封建帝制，逐渐远离了传统的农业、手工业生产方式，生活方式发生了很大的改变。"新文化运动"之后，居住在中国城市里的人们逐渐热衷于模仿西方人的生活方式，那些西方色彩浓厚的"洋玩意儿"越来越受到追捧，人们在大都市的"十里洋场"里娱乐消费、纸醉金迷。音乐唱片、电影、无线电广播是这一时期代表性极强的新式文化产品。1914 年，中国第一家本土生产粗纹唱片的企业在上海徐家汇建立，这家企业便是后来的三大唱片企业的其中一家——东方百代公司，其他两家唱片公司分别是"胜利"和"大中华"。这三大唱片公司和国内其他十几家小型的唱片公司的戏曲、曲艺和歌曲唱片，销往全国各地。1927 年，新新公司建立了中国第一家自建自营的无线广播电台，电台不仅播放京剧、滩簧、申曲、滑稽戏、文明戏等节目，还向人们提供播送时事新闻的服务。到了 1934 年，仅上海便已经有了 41 家广播电台，这些电台的经营主体除了有中外合营的外还包括民营、官办和宗教团体自办的。无线广播除了使人们收听的内容空前丰富以外，欣赏的成本也被大大降低，这时候的音乐开始成为"免费的午餐"，成为人们文化生活的一部分。广播事业的发展，带动了 20 世纪 30 年代流行音乐行业的发展，也进一步改变了人们的娱乐方式。这一时期产生了一批著名的歌星，包括周璇、蝴蝶、李香兰和王人美等，给中国音乐市场带来了一片欣欣向荣的气象。

电影作为近代科技文明发展的产物，也是受到西方影响而产生的新式文化产业形态的典型代表。电影和中国早期民间流行的"皮影戏""走马灯"具有相似的图像动画表达效果，他们都是善于创新发明的人们对娱乐效果的积极探索。不难看出近代以来人们对于娱乐消费的需求越来越高，也正是因为如此，当 1896 年电影初次传入中国之时便迅速得到了欢迎，人们还为当时的电影取了一个具有中西文化特色的名字——影戏。电影从诞生后不久，其商业特征便十分显著，从投资制作到发行，最后产生强大的文化影响力，可以称其为近代工业文明与商业文明完美结合的文化产品。在民国早期，中国的电影产业还主要由欧美主导，好莱坞在中国投资设立的电影公司和拍摄的电影数量远超中国人自己创办的电影公司，该时期中国的电影院几乎成了好莱坞的天下。

第四节　新中国成立至改革开放时期的文化产业

自毛泽东在 1942 年延安文艺座谈会上提出："文艺是从属于政治的，但又反转来给予伟大的影响于政治"的观点，强调

"文艺为无产阶级政治服务，为工农兵服务"。这一方针虽然推动了革命文艺的发展，但却由于过度强调文艺的政治属性。新中国成立之后我国的国家文化政策基本延续了这一文化为政治服务的基本脉络。新中国成立以后，中国共产党掌握了国家政权，在文化管理领域，其也大体上延续了在 1942 年延安文艺座谈会上的精神，文化成为新政府在国家建设和意识形态领域建设的重要工具，新中国成立到改革开放之前中国的文化政策均是这一基本思想在政府政策实行领域的体现。

1949 年的第一次中华全国文学艺术工作者代表大会（简称"文代会"）将毛泽东的文化管理的思想作为大会以及未来文化界工作的主要指导思想，例如周扬所作的《新的人民的文艺》的报告不仅断言"一个文艺工作者，只有站在正确的政策观点上，才能从反映各个人物的相互关系、他们的生活行为和思想动态、他们的命运，反映出整个社会各阶级的关系和斗争、各个阶级的生活行为和思想动态、各个阶级的命运"，而且认为"必须着重反映各地各部门领导干部执行政策的各种不同情况，各阶层群众对于政策的各种不同反映，群众接受我们党和政府的政策变为他们自己的政策的整个曲折复杂的过程，只有这样，文艺才能真实地反映情况，发现问题"。[①] 由于政治成为这一阶段文化发展的主导性因素，因而随着各个时期政治焦点和社会具体的政治环境有所不同，各个具体时段的文化及文化产业发展也会呈现出了不同的特点。从 1949 年到 1978 年，中国文化政策大致可以分为三个阶段：第一阶段是 1949 年新中国成立到 1956 年社会主义改造基本完成；第二阶段是 1956 年到"文化大革命"开始之前；第三阶段便是"文化大革命"期间。

---

① 柴永柏编著：《建国 60 年中国文艺发展研究》，四川大学出版社 2009 年版，第 133～134 页。

一、社会主义改造时期的文化产业

1949～1953 年是新中国进行社会主义建设的时期，这一时期新中国从新民主主义社会转变到社会主义社会，伴随着社会政治经济环境的改变，文化亦与之相适应。关于什么是社会主义文化，毛泽东早就指出："以社会主义为内容的国民文化必须是反映社会主义政治和经济的。"① 1949 年，毛泽东对参加中华全国文学艺术工作者代表大会的代表们说："你们都是人民所需要的人，你们是人民的文学家、人民的艺术家，或者是人民的文学艺术工作的组织者。你们对于革命有好处，对于人民有好处。"② 与毛泽东对文化与政治、社会的关系思想相适应，国家的文化政策也是以服务于政治需求和社会主义建设为目的的，众多的文艺政策都是要求文化工作者和文化产业服务于工人阶级，服务于社会主义政治和经济建设。

由于大的政策环境，文化产业也呈现出了在这一社会主义转型时期的特征。在新中国成立初期，由于经验不足和文化艺术的意识形态特征被过于强调等原因，中国文化产业的生产价值和市场性受到了一定程度的削弱。在这时期，一方面，由于对中国工商业社会的改造，文化产业的产权和管理制度发生了极大的变化，国家文化产业赞助作为唯一的资助方式，取代了原本自由的私人赞助和文化市场；另一方面，中国的文化艺术家被纳入体制，并对其实行工薪制，不再面向市场，中国的文化产业被文化事业所取代。1951 年，政务院发布了《关于戏曲改革工作的指示》（五·五指示），强调"应以发扬人民新的爱国主义精神，鼓舞人民在革命斗争和生产劳动中的英雄主义为首要任务"，要

---

① 《新民主主义论》，引自《毛泽东选集》（第一卷），人民出版社 1951 年版。
② 《毛泽东论文艺》，人民文学出版社 1992 年版，第 84 页。

"改革旧戏班中某些不合理制度"，并在"企业化原则下，采取公营、公私合营、私营公助的方式，建立示范性剧团、剧场，有计划地、经常地演出新剧目，改进剧场管理，作为推进当地戏曲改革工作的据点"①。在这种观念的影响下，剧团演出的商业性逐渐受到了忽视，从民国初期逐渐建立起来的剧团盈利模式也受到了破坏，中国的演艺界和戏剧市场形势越发严峻。文化部门很快意识到了这种状况，并在 1956~1957 年连续两年召开全国戏曲剧目工作会议，但是由于这时期的文艺具有事业性和政治服务性，之前那种自由的文艺市场环境受到了破坏，因此戏曲还是其他文化产业形式都很大程度上受到了政治的影响。

二、社会主义建设时期的文化产业

1956 年随着社会主义改造的基本完成，生产资料所有制的问题已经基本解决，随着政权的完全巩固和社会主义建设迎来新局面，党和国家的文化政策也迎来了新的局面，尤其是 1956 年所提出的"双百方针"为文化及文化产业的发展带来了新的政策动力，艺术问题上的"百花齐放"为我国文化向多样化发展注入了新的活力，在短时间内促进了文化艺术的极大发展。但与此同时毛泽东在 1957 年作了《关于正确处理人民内部矛盾的问题》的讲话，指出辨别"香花"和"毒草"的六条政治标准：（1）有利于团结全国各族人民，而不是分裂人民；（2）有利于社会主义改造和社会主义建设，而不是不利于社会主义改造和社会主义建设；（3）有利于巩固人民民主专政，而不是破坏或者削弱这个专政；（4）有利于巩固民主集中制，而不是破坏或者削弱这个制度；（5）有利于巩固共产党的领导，而不是摆脱或者削弱这种领导；（6）有利于社会主义的国际团结和全世界爱

---

① 政务院发布了《关于戏曲改革工作的指示》，1951 年 5 月 5 日。

好和平人民的国际团结，而不是有损于这些团结。① 可见，虽然在这一时期我国文化政策上执行了"百花齐放"的政策方针，但是文化艺术为政治服务的基本思路仍然没有改变，文化艺术的创作生产依然是维护政治的手段之一。同时，这一时期在政治上的一个明显特征便是"左"倾思潮较为严重，这与此时的"大跃进"风潮是相一致的，这也在很大程度上阻碍了优秀文化作品的创作和生产。

由于双百方针的提出，以及"大跃进"的影响，文化生产和创作领域也出现了一种"大跃进"的现象，在1956年到1960年期间，文化创作数量众多，不过虽然数量较多，但是其中的精品由于政治与社会环境的影响却不是非常多。在诗歌领域，作家们多追随党和政策的号召，过于追求形式而忽略其自身的创作个性与风格，例如此时的民歌成为很多创作的形式便是由于政策号召所导致的。诗歌的一个重要特点便是能够抒发作者的真情实感，或者真切地反映社会现实，但由于此时的作家们过分追求形式而忽略自我个性与社会实际，因此其作品大多呈现出的是浮夸、虚假的特点，公式化、概念化、与政治接轨成为很多作品的目标。即使如此，在此期间还是有很多的优秀作品涌现，像《新结识的伙伴》《三年早知道》这样的优秀作品极少，像《锻炼锻炼》那样敢于正视现实矛盾之作更为难见。在戏剧领域产生过像《红色风暴》《关汉卿》这样的优秀之作，但反映现实的戏剧却大都因缺乏生命力而早被人们遗忘。散文领域是有成就的部门，出现了像《依依惜别的深情》《夜走灵官峡》等一些好的报告文学作品，老干部参加革命回忆录的写作，更为我们的文学宝库增添了财富。但散文创作的不良倾向也是相当严重的，大部分作品

---

① 《毛泽东文集》（第七卷），人民出版社1999年版，第234页。

浮华不实，长于揭示现实矛盾的杂文又几乎绝迹。① 在戏剧和电影领域，随着国家经济逐渐恢复以及新文艺创作多年的探索，也出现了一些较为优秀的作品，尤其是1959年新中国成立十周年更是催生了众多的与国庆相关的优秀作品，这期间产生的作品，如电影《林则徐》《老兵新传》等，话剧《蔡文姬》《东进序曲》等都以其鲜明的特色受到了市场和大众的喜爱。

直到20世纪60年代初，中国开始纠正"左"倾错误，文化政策领域才开始出现了较为明显的变化。1961年6月，周恩来发表了《在文艺工作座谈会和故事片创作会议上的讲话》，就物质生产和精神生产问题、阶级斗争与统一战线问题、为谁服务的问题、文艺规律问题、遗产与创造问题、领导问题等详细阐述了党的文艺政策，阐述了发扬社会主义民主和尊重艺术规律，有力地纠正了文艺工作的"左"的倾向。1962年2月17日，周恩来对在京的话剧、京剧、儿童剧作家发表讲话，重点讲了文艺界要解放思想，文艺作品要体现时代精神，要写典型人物，要写人民内部矛盾，文艺创作要把握生活的真实、历史的真实与艺术的真实和我们党如何领导戏剧电影工作。认为不能片面地认为今、古都好或者都坏，中国、外国的都好或都坏，文艺要体现时代精神，我们必须从广义方面去理解。不能单纯地把时代精神完全解释为党的政策、党的决议。体现时代精神要写时代、写历史、写理想。理想要有科学根据，又要艺术化。②

随着政策的逐渐放开，文化创作与生产也呈现了不同的面貌，许多文化艺术创作和生产者开始褪去过去的虚假和浮夸，开始寻回自己创作的个性和特征，再加上新中国成立后社会主义建设丰富的实践、过去三年困难时期等现实题材，使得文化创作在

---

① 柴永柏编著：《建国60年中国文艺发展研究》，四川大学出版社2009年版，第126页。

② 《周恩来文化文选》，中央文献出版社1998年版，第249页。

这一时期得到了空前的发展。在文学创作上，散文、小说、诗歌都重新焕发了活力。散文创作上，人民在社会主义建设和自然灾害期间的不断奋斗为散文创作提供了丰富的创作素材，这一时期的散文创作选材十分广泛、叙述更加贴近现实，对现实的刻画更加深入，产生了众多脍炙人口的精品，如《雪浪花》《长江三日》《土地》等。在小说创作上，此时的作家们也打破了部分政治藩篱，敢于批判现实，深刻分析现实中的矛盾，广泛选题、多样刻画，将笔下的各种形象刻画得十分具有现实活力，此时的优秀作品有《赖大嫂》《"老坚决"外传》等十分具有现实主义精神的作品。在诗歌创作上，诗人们都逐渐摆脱过去浮夸和虚伪的抒情风格，敢于在作品中抒发自己的真情实感，尤其是政治抒情诗在这个时期得到了较大的发展，优秀作品有诸如《甘蔗林—青纱帐》《雷锋之歌》等。

除了文学创作外，戏剧电影创作在此时期也有了明显的发展。这期间诞生的《甲午风云》《李双双》《早春二月》等影片，标志着我国电影创作水平达到了新的高度。但许多优秀影片正因生不逢时，上映不久就遭到被批判的厄运。戏剧创作是在1961年后进入高潮期的。开始是新编历史剧出现繁荣。1961年间诞生的京剧《谢瑶环》《海瑞罢官》、昆曲《李慧娘》等，都因其以强烈的时代精神体现了人民的要求和愿望而深受群众欢迎。1962年后一些话剧优秀剧本陆续出现，话剧创作也出现了高潮。待到1963年后，由于毛泽东、周恩来同志的提倡，戏曲现代戏的编演很快出现繁荣局面。这几年间诞生的话剧《霓虹灯下的哨兵》《兵临城下》，现代京剧《红灯记》《芦荡火种》等都是优秀之作。[①]

---

① 柴永柏编著：《建国60年中国文艺发展研究》，四川大学出版社2009年版，第128页。

三、"文化大革命"时期的文化产业

早在"文化大革命"之前，1964 年 6 月 27 日，毛泽东在中宣部《关于全国文联和所属各协会整风情况报告》中作了批示："这些协会和他们所掌握的刊物的大多数（据说有少数几个是好的），十五年来，基本上（不是一切人）不执行党的政策，做官当老爷，不去接近工农兵，不去反映社会主义的革命和建设。最近几年，竟然跌到了修正主义的边缘。如不认真改造，势必在将来的某一天，要变成像匈牙利裴多菲俱乐部那样的团体。"① 这就带来了对文化问题的政治和阶级斗争性批判。随着 1966 年"文化大革命"的正式开始，文化领域的"大革命"也随即展开，对文化艺术的批判成为这个时期的政治和社会主流，给文化产业带去了巨大的负面影响。

到了 1966～1976 年，"文化大革命"对中国的经济造成了严重影响，文化市场的发展也在一定程度上被扭曲。"文化大革命"初期，中国由原有的书画、艺术品市场便受到了致命打击。在"破四旧"，即破除旧思想、旧文化、旧风俗、旧习惯的意识形态的无声指引下，全国上下开始了对传统生成的书画、艺术品及其市场的破坏。中国的戏曲业也出现了在此之前从未有过的奇特现象。一种被称为"革命样板戏"的仅包含八九个剧目的戏剧，取代了全国所有的戏曲剧种，在全国的一切大小剧团上演，革命样板戏成为这个最具产业化性质的产物。"八亿人民八场戏""革命样板戏"的产业化特征除了体现在其通过简单粗暴的复制独霸了中国演艺舞台之外，还体现在当时的人们将这几部仅有的"样板戏"制成了彩色电影电视、广播剧、唱片、连环画、中小学语文课本等多种形式，这些"革命样板戏"甚至还有各

---

① 黄曼君主编：《中国近百年文学理论批评史》，湖北教育出版社 1997 年版，第 1143～1144 页。

种无偿的特许经营权，例如其各类相关标志和人物形象都曾出现在当时的薄本、面盆、瓷器、烟标、玩偶、年历片，甚至家具上。即使"革命样板戏"并没有营利动机，但如此完善且垄断性极强的产业链即使放在当代也绝不亚于迪士尼的影响力。

"文化大革命"给文化事业带来了"大萧条"，而文化产业几乎绝迹。此时中国的文化产业发挥着比较强烈的功利和崇拜功能，而娱乐和商业功能却极度萎缩，只能算作一种社会活动，"文化大革命"可以称作中国文化产业的"空窗期"。直到1976年"文化大革命"结束，中国的政治、经济逐渐回到轨道上来，文化产业才又开始逐渐复苏。其中，中国文化市场复苏的代表性事件是20世纪70年代末电影产业的极速扩张，看腻了"革命样板戏"的中国观众极度渴望其他内容的文化电影，即使是刚刚解禁的老影片也供不应求，这给当时中国的电影市场带来了极高的利润回报。除此之外，随着经济的逐渐复苏和国家政策的逐步放宽，中国的图书出版业也得到了复苏，1980年10月中国在北京举办了第一届全国书市，此次书市历时15天，集中展示了全国各出版社近几年来出版的图书13 310种，销售图书426.7万多册，销售总额也达到377万多元①。此后中国文化产业的发展也逐步走向正轨，文化产业政策法规逐步完善，文化市场又开始再次活跃起来。

---

① 《附录 全国书市精彩回放》，载于《中国出版年鉴》2006年。

第二章

中国文化产业起步与探索
（1978～1992 年）

文化产业的发展与历史的兴衰息息相关，在经历了近现代以来中国政治、经济和社会文化的剧烈变动之后，中国迎来了一个相对稳定的历史时期。20 世纪后期，中国逐渐步入了改革开放和社会主义现代化建设的新时期，与此同时，世界范围内的科技革命也逐渐兴起，国家之间政治、经济、文化的交流越来越频繁，全球化趋势席卷各国。在此背景下，1978 年党中央召开的第十一届三中全会实现了党和国家工作重心的重大转折，由"以阶级斗争为纲领"转变为"以经济建设为中心"。由于思想意识的解放，中国文化产业的商品意识逐渐萌芽，随后，在持续推进改革开放的过程中，中国逐步探索孕育出符合中国特色社会主义发展道路的社会主义文化生产方式。

从 1978 年党的十一届三中全会召开至 1992 年邓小平南方谈话、党的十四大召开，是中国改革开放和中国特色社会主义建设的初步探索期。此期间是中国共产党带领广大人民群众逐渐恢复社会经济生产、生活秩序的时期，同时也是中国文化产业发展的起步探索阶段。中国在对传统社会主义文化生产方式进行变革调整的同时，还提出了一系列新的文化生产理念和理论，开展了丰富多样的文化建设实践活动，中国的文化产业形态与规模初步形成，文化产业在市场经济和文化发展等方面取得了丰硕成果。

第一节　思想解放下文化商品意识萌芽
（1978～1985年）

1978～1985年是中国文化产业发展的思想解放期，"文化大革命"之后，随着社会思想的不断活跃，人们越来越意识到必须采取新行动——解放思想。于是，1978年5月，以《实践是检验真理的唯一标准》一文的发表为标志，全党全社会开始了一场关于真理标准问题的大讨论。文章阐明了实践是检验真理的唯一标准，以及理论与实践的统一是马克思主义的一个最基本的原则。这场讨论得到了邓小平、叶剑英、李先念、陈云、胡耀邦等的支持，冲破了以往"两个凡是"，既"凡是毛主席做出的决策，我们都坚决维护；凡是毛主席的指示，我们都始终不渝地遵循"的严重束缚，推动了全国性的马克思主义思想解放运动，为中国共产党重新确立马克思主义思想路线、政治路线和组织路线，做了重要的理论准备①。这场讨论很快从思想理论界扩大到了党政军及社会各界，并在党内外和广大群众中引起了强烈的反响，人们坚信任何理论都要不断接受实践的检验。

1978年12月党的十一届三中全会召开，会议不仅认真讨论了"文化大革命"期间发生的一些重大政治事件，还讨论了在"文化大革命"之前遗留下来的一些历史问题，会议对全党作出了解放思想、实事求是的要求，从而彻底改变了长期以来形成的思想僵化、迷信盛行的局面，打破了严重的"左"倾枷锁。此外，邓小平还第一次比较完整地对解放思想做出了阐释，并在会上发表了题目为《解放思想，实事求是，团结一致向前看》的讲话，说明了民主是解放思想的重要条件，明确地用"解放思

---

① 《实践是检验真理的唯一标准》，载于《光明日报》2018年11月9日。

想，实事求是"这句话来对党的思想路线进行了概括，这一思想路线表明，党和人民已经摆脱了"两个凡是"的束缚，并且为改革开放新时期的文化发展扫清了思想障碍。

党的十一届三中全会还对极左思想进行了全面而彻底的拨乱反正，将"以经济建设为中心"确定为今后党和国家的工作重心。在此之前很长一段时间里，党和国家的工作重心都是以阶级斗争为纲，这对我国的政治、经济、文化发展造成了极大的破坏，在经历了"文化大革命"之后，中国共产党痛定思痛，吸取历史的沉痛教训，逐渐将工作重心转移到经济建设上来。为了实现我国文化生产力的恢复和解放，中国共产党着力调整落实了对待知识分子的政策，先后出台《关于落实党的知识分子政策的几点意见》等系列文件，不仅确立了"知识分子是工人阶级一部分"的思想，拿掉"右"派帽子并把这一思想写进宪法，明确了包括知识分子在内的工人阶级，始终是推动我国先进生产力发展的根本力量，还提出了"科学技术是第一生产力"的科学命题，明确了新时期党的知识分子政策就是"尊重知识，尊重人才"，"政治上一视同仁，工作上放手使用，生活上关心照顾"。实践证明这是完全正确的，这一系列政策改善了文化科技人才的工作生活条件，有利于打造德才兼备的各类人才队伍，激发文化人才的创作生产热情。这个时期成为我党历史上知识分子政策落实得最好的时期之一，也是知识分子积极性和创造性发挥最好的时期之一[①]。除落实调整了对待知识分子的政策之外，中国共产党还修复了在"文化大革命"时期遭受到破坏的各类文化生产设施，恢复了各类文化体制机制。在文化体制机制的恢复和文化生产的组织管理上，全国上下具有事业编性质的各类文艺院团、出版单位得以恢复和组建，印刷出版、广播电视、电影等文化生

---

① 吴敏先、张永新：《建国以来知识分子政策及政策调整研究评述》，载于《东北师范大学学报》（哲学社会科学版）2008 年第 2 期。

产组织得以恢复正常运行，从而迅速实现了文化生产力的恢复和解放。

在党的十一届三中全会上，中国共产党明确把自己领导的社会主义建设，定位为中国特色社会主义建设。而中国文化产业的建设也属于中国特色社会主义事业建设的重要组成部分。就文化产业建设来说，十一届三中全会之后最重要的转变是将以往"以阶级斗争为纲"的文化范式，转变成"以经济建设为中心"的文化范式。"以经济建设为中心"的新的文化范式，在为文化产业的发展提供物质基础的同时，也要求文化产业的发展需要与经济的发展想适应，树立有利于生产力发展的新的发展观念。"以经济建设为中心"的文化范式是中国文化产业建设的基石，也是时代主题、历史潮流和人民愿望的体现。

1979年，改革开放的新气象进一步影响到了文艺创作领域，邓小平在中国文学艺术者第四次代表大会上再次强调了这一观点，既"我们要在建设高度物质文明的同时，提高全民族的科学文化水平，发展高尚的丰富多彩的文化生活，建设高度的社会主义精神文明。"[1] 这一讲话为改革开放30多年中国文化产业的发展确立了正确的理论基础和行动指南，同时，发展思想的解放也带来了文化商品意识的萌芽。在1976～1983年的8年间，反特片和惊险片受到欢迎，传记片、史诗片、历史革命片、伤痕片和生活片也如雨后春笋般涌现，滋润人们干涸已久的心灵。光是1979年，我国就排出了65部故事片，其中广受好评的30多部[2]。以上海为例，1978年上海第三产业的总产出为71.97亿元，仅相当于第二产业总产出的13.6%；其增加值为50.76亿

---

[1] 《邓小平文选》（第二卷），人民出版社1994年版，第208页。
[2] 伊北、苏合：《风尚六十年：中国流行热潮1949～2009》，中国经济出版社2010年版。

元，增加值率为70.5%，高于第二产业30.5个百分点①。

在对外开放的政策和世界范围内科技革命的影响下，中国的政治、经济和文化同世界上其他国家之间的交流往来渐趋频繁，全球化趋势开始逐渐席卷整个中国，尤其对深圳、珠海、广州、厦门等对外开放的城市影响巨大。在对国外先进的文化科技、文化资源及思想文化的引进下，中国人的价值观念、消费文化受到极大影响。以人们的文化休闲方式的转变为例，以往文化的事业性绝对强于文化的产业性的思想观念受到极大冲击，人们不再仅仅依赖于政府提供的文化享受，而是渐渐地更倾向于选择自主性更强的文化休闲消费，这些文化消费的中西结合特点也越来越明显，这为文化产业的发展提供了极其重要的群众思想和消费基础。1979年广州东方宾馆开设了国内首家音乐茶座，被视为"我国文化产业发展的起点"。② 这一文化经营"创举"在当时的社会上引起了强烈的反响，一时之间，人们的赞同、反对和怀疑交织在一起，众说纷纭，褒贬不一。在改革开放这场思想解放的春风里，文化领域也开始解冻，文化市场应运而生。但是由于长期以来"左"的思想束缚，在文化管理层面的解冻和觉醒还是有些滞后，文化创业者们还在这个乍暖还寒的新兴文化市场里步履蹒跚。

1982～1985年是探索中国特色社会主义文化生产方式的起步期。随着我国改革开放全球化进程在各个领域和地区的深化和展开，物质生活条件不断改善，社会的思想观念进一步解放，人们的精神文化需求也得到了进一步增长。1982年党的十二大报告对建设社会主义精神文明进行了详细的阐述，并将其作为社会主义精神文明的重要特征。精神文明的建设包括文化建设和思想

---

① 张严：《改革开放以来上海第三产业发展的剖析》，载于《上海经济研究》2004年第2期。

② 祁述裕：《中国文化产业国际竞争力报告》，社会文献出版社2004年版。

建设两个方面，其目的是培养"有理想、有道德、有文化、守纪律的劳动者"，之后这一目标逐渐演化为培养"有理想、有道德、有文化、有纪律"的"四有"新人。1983 年，时任原文化部部长的朱穆之发表的"元旦讲话"中谈及了文化体制改革的一些核心问题，他提出了农业改革的原则和基本精神也可以运用于文化艺术事业改革。此后，全国各地便展开了一系列以承包经营责任制为主要形式的艺术院团改革。到了 1986 年，包括文化事业单位和文化生产经营个体在内的各类文化生产都已经进入到了创作生产的正常轨道。据统计，1986 年全国的博物馆、图书馆、文化馆已分别达 711 个、2 344 个、2 965 个①。

自 1978 年十一届三中全会至 1984 年十二届三中全会经济体制改革阶段是中国文化产业发展的思想解放期，这一时期中国文化产业的商品意识萌芽，经历了由发展社会主义文化向发展中国特色社会主义文化的转变。这一时期的变革包括"破"和"立"两个方面，"破"的一面是结束了"集权—计划模式"，"立"的一面是发挥价值法则和市场经济的功能。由此可见，中国的文化产业尽管在经历了近代时期的曲折和动荡之后，并未同 1990 年的俄罗斯那样采取消极的"休克疗法"，而是积极地探寻文化产业的计划与市场的辩证统一之路，为中国文化产业的发展奠定了坚实的理论和制度基础。

第二节　文化市场形成与发展 (1985～1992 年)

1985～1992 年是中国文化市场的形成与发展期，具有中国特色的社会主义文化生产方式正是在这一时期逐渐孕育成型。

---

① 张书政:《要为"三馆"鼓与呼》，载于《人民日报》1986 年 9 月 3 日第 3 版。

1984 年 10 月 2 日中共十二届三中全会召开，会上在分析了我国当前的政治、经济形势，总结了我国社会主义建设正反两方面经验的基础上。一致认为必须将照马克思主义基本原理同中国实际相结合，建设有中国特色的社会主义，进一步贯彻执行对内搞活经济、对外实行开放的方针，加快以城市为重点的整个经济体制改革的步伐，以利于更好地开创社会主义现代化建设的新局面①。随着国家经济体制改革的逐步探索深入，中国文化产业领域的调整和改革也相应展开。

在文化事业改革方面，国有事业单位继续实行"以文补文、多业助文"的改革方案，同时允许文化事业单位开展经营性活动来缓解财政投入压力。1985 年中央办公厅、国务院办公厅批转了原文化部《关于艺术表演团体的改革意见》（以下简称《意见》），《意见》要求对全国大中城市文艺事业单位的数量和规模进行精简压缩，并就文艺团队的布局进行调整。与此同时，《意见》还借鉴了经济领域的相关改革经验，对包含文化管理部门允许进行文艺演出和新闻出版等部分文化事业单位在内的内部运行管理进行承包责任制的探索，力图克制原有体制内的"吃大锅饭"和管得太多太"死"等弊端。同年，邓小平同志针对当时在文化体制改革中出现的问题和错误思想在全国党员代表大会上对文化生产必须注重社会效益进行了强调。他指出："思想文化教育卫生部门，都要以社会效益为一切活动的唯一准则，它们所属的企业也要以社会效益为最高准则。"② 1986 年 9 月，党的十二届六中全会召开，会议通过的《中共中央关于社会主义精神文明建设指导方针的决议》（以下简称《决议》）就社会主义精神文明建设的成就和不足进行了实事求是的总结，进一步明确了建

---

① 1984 年 10 月 20 日中共十二届三中全会举行会议通过《中共中央关于经济体制改革的决定》，人民网，2018 年 11 月 21 日，http：//www. people. com. cn/GB/historic/1020/3502. html/。

② 《邓小平文选》（第三卷），人民出版社 1993 年版，第 145 页。

设社会主义精神文明的指导方针和政策举措。《决议》确定了社会主义精神文明建设的战略地位，精神文明建设要努力提高精神产品质量以满足群众的广泛需要，并且进行文化管理体制的改革，改善经营管理，促进文化事业的蓬勃发展①。国家在对文化事业单位进行改革的同时也积极投入经费发展国家文化事业，提高人们精神文化水平。1988 年，国务院批转了原文化部《关于加快和深化艺术表演团体体制改革的意见》，进一步确定了若干国家文化艺术表演团体的事项。1991 年，全国用以文补文收入发展文化事业的资金达 8.9 亿元，占全国文化事业经费总支出的31%②。

另外，中国文化产业的产业属性越发明显，全国性的市场性文化产业活动更加普遍。1987 年，党的十三大提出发展有计划的商品经济，文化艺术行业展开了对文化产品商品化的探索，许多文化艺术产品开始进入市场，文化行业在中国开始迈入产业化和市场化进程。同年，原文化部、公安部、国家工商局等部门联合下发了《关于改进营业性舞会管理的通知》，通知不仅解除了对营业性舞会的禁令，还给予了营业性文化娱乐业的合法地位正式的确认。文化市场在此契机之下迅猛地发展起来，并且带动了更为全面的文化产业的逐步兴起。之后，我国政府明确提出要发展文化产业。1988 年 2 月，原文化部、国家工商局联合发布了《关于加强文化市场管理工作的通知》，这是"文化市场"概念第一次在政府官方文件中的明确使用，该通知还指出："文化市场作为社会主义精神产品的生产和消费的中介，对繁荣我国文化事业、丰富人民群众的文化生活有着积极的作用，必须在坚持改

---

① 1986 年 12 月 28 日中共十二届六中全会通过《中共中央关于社会主义精神文明建设指导方针的决议》，人民网，2018 年 11 月 21 日，http://cpc.people.com.cn/GB/64184/64186/66695/4494872.html/。

② 刘积斌：《解放思想　抓住机遇　促进以文补文活动更快更好地发展》，载于《财政》1992 年第 10 期。

革开放、促进文化市场活跃繁荣的同时，加强管理使其健康发展。"这不仅对文化市场的范围、管理原则和任务等做了界定，结束了文化市场管理无法可循的局面，还是文化市场在中国发展得到官方认可的标志，在中国文化市场发展进程中具有十分重要的里程碑意义。此后，原文化部先后设置了文化产业司和文化市场管理局来对全国文化市场进行规范和统一。同年8月24日至8月29日，原国家文化部又联合其他单位举办了第一届全国文化市场理论研讨会，对"文化市场的内涵、文化市场的管理体制、文化市场的立法原则以及如何繁荣文化市场以不断满足人民群众日益增长的文化生活需求"等相关问题进行了认真的讨论。《中国文化报》也组织了关于"文化市场"的讨论，这既是这时期文化市场实质性的理论研究的进展，也标志着人们对文化市场的认识开始逐渐深化。1989年2月，经国务院批准，原文化部设立了文化市场管理局，这也是全国文化市场管理体系开始建立的标志。同年，《关于进一步繁荣文艺的若干意见》出台，文件提出了对文艺单位实行"双轨制"方针，即在保留少数代表国家水平或民族特色的全民所有制文艺单位并由政府扶持的同时，在大多数文艺院团中施行多种所有制形式并由社会主办。此后，中国的文化市场进一步开放，民营文化企业应运而生，文艺院团也开始实行聘任制。得到解放的文化市场一派生机，卡拉OK、台球、电子游戏机等一系列新型娱乐形式不远万里来到中国，迅速在大街小巷落户生根，卷起了一阵又一阵文化热潮①。总体看来，20世纪80年代中国文化市场的研究具有鲜明的实践和理论意识，文化体制改革步入了"事业体制、政府行为"与"产业运作、市场行为"并行不悖的双轨制阶段。

1990年，原文化部先后发布的《文化科技工作管理办法》和《文化科技成果鉴定办法》等鼓励、规范文化产业发展的政

---

① 曲海润、郑琅：《改革开放中的文化艺术》，学习出版社2000年版。

策性规定，这是对邓小平在把握和判断世界发展趋势的基础上提出的"科学技术是第一生产力"的号召的响应。党和政府把文化与科技更加紧密地结合起来，从而推动文化设施、艺术创作、印刷出版、影视拍摄、图书保护、舞台表演等多个领域的创新发展。同年，李瑞环同志在全国文化艺术工作情况交流座谈会发表的《关于弘扬民族优秀文化的若干问题》的讲话，提出了"有中国特色的社会主义的文化"的概念，强调要实现治理整顿、深化改革的任务，一是要保持社会的稳定，二是要振奋精神。在稳定和鼓劲这两个方面，文艺都有其不可替代的作用①。在科学技术的影响下，我国的文化生产力得到了进一步解放，一方面，国家社会科学基金的设立为重大社科理论的研究提供了必要的资金支持；另一方面，随着文化理论研究的不断深入，各种具体的文化形态和概念逐步形成和提出。将科技与文化紧密结合，极大地丰富了我国文化创作的成果，国家统计局的资料显示到1990年末，全国共有艺术表演团体2 819个，文化馆3 000个，公共图书馆2 527个，博物馆1 012个，档案馆3 630个，广播电台640座，广播发射台和转播台673座，电视台510座，一千瓦以上电视发射台和转播台938座，各类电影放映单位14.5万个②。1990年生产电影故事片100部，发行各种新片（长片）199.5部，有18部（次）影片在国际电影节上获奖。全国性和省级报纸全年出版158.7亿份，各类杂志出版19.1亿册，图书出版55.8亿册（张）。除此之外我国的国际旅游业也开始逐步回升。1990年到我国游览、访问以及从事各项活动的国际旅游者达2 746万人次，比上年增长12.1%；旅游外汇收入22.2亿美元，增长

① 字秀春：《中国共产党大事记·1990年》，人民网，2018年11月25日，http：//theory. people. com. cn/GB/40557/67082/67088/4526530. html/。
② 《中华人民共和国国家统计局关于1990年国民经济和社会发展的统计公报》，1991年。

19.2%[①]。

1991 年，国务院批转原文化部《关于文化事业若干经济政策意见的报告》在肯定"以文补文"的同时，正式提出了"文化经济政策"的概念[②]。1992 年，江泽民在十四大报告中进一步明确了要完善文化经济政策。同年 6 月，《中共中央　国务院关于加快发展第三产业的决定》将"文化卫生事业"确定为"加快发展第三产业的重点"。1991 年 6 月，国务院同意并批转原文化部《关于文化事业若干经济政策意见的报告》，提出要"逐年增加文化事业经费的投入；适当增加文化事业基本建设投资；继续加大对艺术表演团体、影剧院和公共图书馆建设的财政扶持力度"[③]。与此同时，1991 年出版的由国务院办公厅综合司编著的《重大战略决策——加快发展第三产业》一书，明确起用了"文化产业"这一说法，这是我国政府部门首次使用"文化产业"的概念。1992 年 10 月 12 日，江泽民在党的十四大报告中明确提出"积极推进文化体制改革，完善文化事业的有关经济政策，繁荣社会主义文化"[④]，极大地破除了传统计划经济体制对人们思想和行为的桎梏。这一系列的政策和举措标志着传统文化事业一统天下的局面正在被打破，新的文化产业和文化经济正被逐步纳入政府文化管理的范围之内，与此同时，文化人才的思想继续解放，在文化产业理论探索、文化创作和生产创新等方面持续发挥着重要作用。

1992 年邓小平同志南方谈话和中共十四大的召开，开辟了我国改革开放和社会主义现代化建设的新阶段，标志着我国文化生产方式的调整进入了一个新的历史时期。在"建立和完善社会

---

① 《1990 年国民经济和社会发展统计公报》，2018 年 11 月 25 日，http://www.stats.gov.cn/tjsj/tjgb/ndtjgb/qgndtjgb/200203/t20020331_30003.html/。
② 《中华人民共和国国务院公报》，1991 年第 24 期。
③ 《关于文化事业若干经济政策意见的报告》，http://www.chinalawedu.com/falvfagui/fg22598/23449.shtml。
④ 《江泽民文选》（第一卷），人民出版社 2006 年版，第 238 页。

主义市场经济体制"改革目标的要求和指引下，中国共产党带领
全国人民深化改革、加大开放，将文化生产和服务划入了社会第
三产业，发展社会主义市场经济，在为文化产业奠定基础、注入
活力的同时，也对文化生产力的解放和文化生产关系的变革具有
促进作用。1993 年，党的十四届三中全会在《中共中央关于建
立社会主义市场经济体制若干问题的决定》中提出要"深化文
化体制改革，完善文化经济政策，依法加强文化市场管理"。①
此外，"完善文化事业有关经济政策"课题组的成立，提出了
"完善文化经济政策要着眼于调整文化的产业结构和布局，改革
文化管理体制和文化运行机制，使文化产业在政策的扶持下，在
市场经济的竞争中赢得自身的发展"的基本原则，对文化经济政
策进行了较为系统的初步探究。可以说，1992 年之后社会主义
市场经济体制目标的确立，打破了传统思维中社会主义与市场经
济对立的局面，开辟了发展中国特色社会主义文化的道路，为社
会主义文化的理论建设和产品生产提供了坚实的思想基础和经济
基础。

　　中国文化市场形成和发展于 1985 ~ 1992 年，这一时期的中
国文化产业的市场化和产业化得以继续进行深入研究和探讨。首
先是伴随着文化事业改革而愈发明显的文化产业化属性和愈渐频
繁的市场性文化活动，我国的文化体制改革步入了"双轨制"
阶段。其次是将文化产业发展与科技发展相结合，使得文化生产
力得到了进一步解放，"文化市场"概念的明确和发展，不仅是
文化产业领域思想解放的重大成果，同时也打破了人们固有的思
想认知。"文化市场"和"文化经济"的概念被政府正式起用，
极大地破除了传统计划经济社会中文化产业的桎梏，传统文化事
业一统天下的局面被逐步打破。最后是建立和完善社会主义市场

---

　　① 《中共中央关于建立社会主义市场经济体制若干问题的决定》，载于《人民
日报》1993 年 11 月 14 日第 2 版。

经济体制的改革目标在发展和解放生产力的同时，也为文化产业在中国的发展注入了新鲜的活力，提供了坚实的基础，推动了文化产业生产关系的变革。此时的中国扬弃了 20 世纪 50～70 年代效仿过的苏联计划经济与中央集权政治模式，积极顺应市场法则这只"看不见的手"的力量，并适度发挥国家统制及计划的调节作用。这一系列的艰难探索最终取得了一定的成果，不仅为中国的政治、经济及社会文化注入了有序的活力，加速了第一次的现代化进程，同时也为第二次现代化的开展奠定了坚实的理论制度基础和经济基础。

在这一时期，人们对文化产业的理论和实践进行着坚持不懈的探索和深入，不可否认，文化产业的产业化是社会在物质和精神上发展的必然要求，是社会化大生产和市场开放扩张的最终归宿。为顺应经济文化时代即将来临这一时势，我们要树立崭新的大文化观念，制定正确的产业政策①。然而，由于文化与生俱来的独特性，中国的文化产业的发展还是存在很多困难与挑战。首先，如何在文化产业市场化和产业化发展的过程中保证中国优秀的文化不受到破坏，建立和健全文化保护机制保证市场条件下文化全面均衡的发展，解决好"文化产业的产业性和文化性之间的矛盾"，以及面对复杂的国际、国内经济及社会形势，政府如何在经济宏观指导及服务的同时，退出微观经济运作仍在探寻之中，行进中如履冰临渊，并非轻车熟路②。中国文化产业道路仍需要政府和人民进行坚持不懈的探索和实践。

---

① 马健：《中国文化产业理论研究：回顾与展望》，载于《改革与战略》2017 年第 2 期。

② 冯天瑜：《中国文化生成史（上册）》，武汉大学出版社 2013 年版。

第三节　文化产业主要形态与规模

从 1978 年改革开放到 1992 年的十几年间，可以说是一个多变的时代，各种文化流行热潮与大众的联系又日益紧密起来。以电影、电视、音乐、文学为主要代表的文化产业形态逐渐变得轻松且大众化，此外，中国的文化产业也开始逐渐坚定地大踏步朝着产业化和市场化的方向走去，数量和规模日益扩大，品质也逐渐得到了提高。

文化领域的经营性活动是从 20 世纪 70 年代末又重新开始并逐渐发展起来的，尤其以影视音像为代表的大众娱乐业，从无到有，极大地刺激了社会文化消费的增长①。可以说，改革开放使得中国文化产业的发展进入了新中国成立以来历史上最好的时期之一，这期间文化艺术的表现对象、文艺工作者的思想观念和文化市场的环境皆进行了很大的改变，一方面，文艺不再是阶级斗争的工具，而更多地面向大众，艺术家有了更大的创作空间；另一方面，文化艺术逐渐由一项事业发展成为社会上的一项不可或缺的产业，成为我国经济发展的新增长点，并通过与西方的交流逐渐探索出具有中国特色的文化产业发展之路。这一时期，中国文化产业领域内精品迭出，人才辈出，群众性文艺活动空前活跃，以影视、音乐和印刷出版业为代表的文化产业形态空前繁荣，形成了中国历史上少有的百花竞放的繁荣局面。

一、影视产业

20 世纪 70 年代末以来是中国历史上经济和文化建设的一个高潮，活跃的社会形态给文化艺术的创作提供了丰富的主题、素

---

① 王文锋、何春雨：《中国文化产业政策研究》，云南人民出版社 2015 年版。

材和原型人物。包括特区建设、国际市场、开放化大都市等一大批新生的事物涌现，成为文艺创作者笔下的最佳题材，令人目不暇接。虽然与现实社会的发展相比，文艺界的发展相对滞后，但是，中国的文化产业仍然在社会发展的大背景下，以自身的优势不断发展着。中国的文化产业在这一时期在内的发展路径以影视产业形态表现得尤为明显。

（一）影视带动旅游业

1976～1983年，是中国影视产业的恢复和再发展阶段，这阶段的中国人刚经历过"文革"时期的紧张，在开始从无目的地铺排渲染的样板戏中逐渐解放出来，新类型的影片开始逐渐吸引大众的眼球。1980年，深圳、珠海、汕头、厦门四个经济特区的设立，意味着中国的经济社会发展将要迎来一个新局面，而文艺发展也将逐渐走向繁荣。这一年，中断了17年的大众电影"百花奖"恢复举办，《吉鸿昌》《泪痕》《小花》《庐山恋》等优秀电影纷纷上映。其中作为"文革"后的第一部爱情电影，《庐山恋》更是别树一帜、开创先河，片中男女主角的吻戏成为新中国银幕第一吻，唤醒了中国年轻人的梦。影片中的男女主角一个是我军高级将领的儿子，一个是旅居海外的国民党将军的女儿，他们之间的相遇、相恋、相离到最后的终成眷属所代表的不仅仅是两个年轻人的感情经历，更是对中国建设在即、国家统一的局面的象征。当然，影片中大胆浪漫的爱情表达，才是当时最吸引年轻观众的，在《庐山恋》上映之前，庐山只是供领导们疗养的地方，影片上映之后，许多人慕名来到庐山，使其一夜之间成了旅游胜地。庐山上的一个小型电影院从早到晚不断播放《庐山恋》到1999年，已经连续放映了6 300多场，创造了单片播放次数的吉尼斯世界纪录。这就是在那个年代影视文化产业多业态之间互相联动的突出表现。同年，首部由香港传入内地的港剧《上海滩》也在内地取得了非常不错的传播效果。继《上海滩》之后，展现了中国式英雄的香港电影《霍元甲》，也大受欢迎。《霍元甲》和《上海滩》讲述的都是具有武侠风味的传奇人物，宣扬的也都是中国传统的"家国天下"的价值观点，这表明在经历了"文革"之后我国的文化产业又逐渐回归于中国优秀的传统文化并不断衍生出新鲜的优秀文化。因此，优秀的文化是大众喜闻乐见的文化，优秀的文化具有"野火烧不尽，春风吹又生"的强大生命力。

中国功夫是中国文化在世界舞台上的显著标记之一，李小龙、成龙、李连杰、甄子丹、杨紫琼等中国武打演员，已经成为活跃在国际舞台上的大明星。1982 年《少林寺》的上映，掀起了武侠电影在中国内地的热潮。即使在当时电影票仅售价一毛一张，《少林寺》的票房依旧达到了亿元①。《少林寺》是一部集合了中国优秀传统武术大成的电影，片中几乎所有角色都是由专业的武术人员来出演的，中国传统武术的力与美、柔与刚、动与静都在这部影片中得到了淋漓尽致的展现。《少林寺》的男主角李连杰更是多次获得过全国武术冠军，同时他也凭借这部影片一炮走红，成为华语电影里继李小龙和成龙之后的第三个功夫巨星。而这部电影的取景地河南嵩山少林寺，也因此而更加发扬光大，吸引了不少中外武术爱好者前往少林寺学习武功。

（二）影视铸就经典与传奇

作为中国四大名著之一的《西游记》，在 1982 年被改编成电视剧之前便早已在中国家喻户晓。《西游记》的拍摄体现了中国影视制作的"工匠精神"，拍摄时间长达六年，取景地点遍及中国近 30 个省份和泰国，在演员的选取上也是精益求精，配角和群众演员都是科班出身，几位主演更是千挑万选。在当时资金和技术都非常艰难情况下，《西游记》正是凭借这种"工匠精神"在 1986 年春节期间播出之时，便引起全国上下的轰动，达到了

---

① 邹菁、蒋波：《〈少林寺 2〉启动　热血传承"少林精神"》，人民网，2019 年 1 月 19 日，http：//ent. people. com. cn/n1/2018/0625/c1012 - 30083991. html。

89.4%的收视率，成为后来者难以超越的经典之作。如今，《西游记》已经被改编成多个版本，不仅《西游记》的拍摄地点被开发成了旅游景点，《西游记》的音乐和演员也成为伴随好几代中国人成长起来的经典旋律和形象。在中国影视历史上，很少有影视作品能够超越《西游记》在中国人心中的地位和情感。在当时，中国的影视也开始逐步走向国际舞台，并取得了很大的反响。1989年，由王好为导演的《哦，香雪》成功迈出国门，并在第41届柏林国际电影节上斩获最佳儿童片水晶熊大奖①。改编自铁凝的同名小说的《哦，香雪》，用梦幻般的手段将山村姑娘香雪对外面世界的憧憬和向往淋漓尽致地表现出来了，整部影片充满着清新隽永的意境和浓厚的田园乡土气息。

1992年，在号称东方好莱坞的香港影坛上出现了一位传奇人物，他当年出演了7部电影，便有5部占据当年票房的前五，他就是当年称霸香港影坛的周星驰，因此后来1992年也被媒体誉为"周星驰年"。如果说当时深情款款的梁朝伟是优雅而风度翩翩"阳春白雪"，那么周星驰则是最接地气，作为一名喜剧演员，周星驰以自己独特的表演风格，演活了平凡市民的生活。他善于用一种无厘头的方式，来表达平凡人生活中的高度和深度，让观众捧腹大笑的同时又触及其内心，大大抚慰了普通民众身上的市井情节和远大理想。超高的票房成绩和口碑，使得周星驰名利双收，也使其成为当年影视行业的一颗传奇新星。

二、音乐产业

改革开放之后，对文化艺术事业实行统包统管的制度已不再适应时代发展的需要，于是随着改革开放的不断推进以及社会主义市场经济的深入发展，中国的文化产业尤其是文化娱乐业有了

---

① 《中国电影年鉴1993》，中国电影出版社1994年版。

长足的发展。歌厅舞厅、音像发行如雨后春笋般涌现出来，极大地丰富了人民群众的精神文化生活，给人们的日常生活带来不一样的"声响"，音乐产业也逐渐成为拉动我国经济发展的一个新的增长点。

（一）音乐带动制造业

不同于传统的唱片机，收音机具有传播范围广、内容丰富、实效性较强的特征，人们往往可以在收音机上听到最新的时事新闻和音乐广播，因此收音机取得越来越好的市场需求也是理所应当的。在20世纪70年代之前，收音机还是少数干部和文艺工作者的专属消费品，直到七八十年代之后，中国普遍的家庭才逐渐拥有了一部收音机。牡丹牌收音机是20世纪50~90年代流行于中国的收音机品牌，中国人自主研制的牡丹2241号收音机，从外观到质量毫不逊色于日本的收音机之王索尼，同时也是当时国家少数几件能出口的产品之一。海燕牌收音机也是收音机的"四大名旦"之一，海燕T241曾在1975~1984年累计生产28.61万台，并且十分畅销。收音机的出现培养了中国听众的免费收听音乐广播的习惯，而录音机和录音带的出现则是中国听众付费收听音乐的开端。1978年，全国共拥有收音机7 546万台，录音机163万台，电视机304万台；到1989年，全国共拥有收音机26 226万台，录音机10 665万台，电视机16 593万台[1]。全国商品录音带生产量1982年为600万盒，到了1987年进入商品盒带的高峰期，全年生产量为1.02亿盒[2]。而就音乐的种类来说，主要以流行音乐为主，占据了音乐盒带的85%，不仅包括引进和模拟版本的港台流行音乐，还有内地自行创作的流行音乐、中国传统民歌以及欧美流行音乐和舞曲等。

音乐产业除了带动了收音机、录音机和录音带的生产制造之

---

[1] 国家统计局：《中国统计年鉴1990》，中国统计出版社1990年版。
[2] 遂今：《音乐社会学》，文化艺术出版社1997年版。

外，还带动了演唱会、唱片产业和经纪人等多方市场。1985 年，中国唱片总公司为北京分公司录音棚配备了 ssl—4000E 数码调音台和三棱 X850 数码录音机，从而使我国的音乐录音技术跨入数字化的时代，使我国有了自己录制的激光（CD）音乐唱片①。音乐表达和传递着人们内心的情感，人们渴望欣赏音乐，也希望将在大家面前一展歌喉，于是由音乐产业带动起来的卡拉 OK 夜总会开业，又带动了影音设备和场地设施等制造业的发展。1991 年，中国第一家专营卡拉 OK 厅——广州市金嗓子卡拉 OK 夜总会开业，卡拉 OK 开始风传中国内地。一家卡拉 OK 厅不仅需要配备音响、话筒、歌带和电视，空调和高档的场地也是当时卡拉 OK 厅的必备硬件，卡拉 OK 厅对中国相关制造业的带动作用可想而知。

（二）音乐唱出新一代中国人

任何作品都无法脱离时代和政治，艺术作品所表现的往往都是具有强烈文化认同感的人民共同的情感。中华民族的图腾是龙，而中华儿女一直就是"龙的传人"，其中便有一首叫《龙的传人》的歌曲，这首歌唱出了两岸三地中华儿女对祖国的热爱。1978 年中华人民共和国恢复了在联合国的合法席位，美国和台湾当局关系陷入困难，当时的宝岛台湾立刻成了一片"悲情"的孤岛，但是当时作为一名台湾政治大学学生的侯德健对此持有不同的看法，他认为中华儿女不能受外国人牵制，一湾海峡不能阻断台湾和大陆同根同源的民族情谊，于是愤慨之下创作了《龙的传人》。《龙的传人》一经发布就获得了中华儿女强烈的共鸣感，传唱大江南北，产生了极大的影响力。这种影响力甚至延续到了 21 世纪，著名的美籍华人歌手王力宏还翻唱了这首歌，经过流行改编之后，这首歌又继续吸引着越来越多的年轻人，中华

---

① 金兆钧：《光天化日下的流行：亲历中国流行音乐》，人民音乐出版社 2002 年版。

儿女强烈的民族认同感被传唱至今。

新兴的流行音乐不仅唱出了中华儿女的民族情感，还抚慰了其内心的情感。在"文革"期间，中国内地极少有情歌，经历过"文化大革命"之后，人们对一种表达朴素情感慰藉精神世界的文艺作品极度渴求。邓丽君的情歌正是在这时由香港传入内地的，此后港台音乐成为中国民众很长一段时间内音乐消费的主要对象，以爱情为主题的流行音乐也成为当时歌曲的时代特征。她的情歌在传入大陆之初，曾被当作"靡靡之音"而严令禁止，这是由于当时改革开放才初步践行，很多人的思想尚未从"文革"的僵化中解放出来。但是优质的音乐总是能够突破禁锢，以极强的感染力醉倒无数听众。邓丽君的歌曲便是这样的音乐，极强的感染力使之最终在 20 世纪 80 年代中期得到了官方认可，并在市场化的作用之下，在大陆走红了相当长的一段时间，给当时百废待兴的中国音乐市场带来了一种朝气。

这个时代的中国人是备受各种观念冲击的，尤其是年轻一代中国人，他们需要一种音乐来唱出自己的心声。《一无所有》是中国摇滚乐的第一声，也是那个时代迷惘的中国青年的心声，这是"中国摇滚之父"崔健的一首极其严肃的歌曲，也是一首关乎物质与精神、灵魂与肉体的歌曲，不同于以往许多歌颂改革开放的歌曲，它批判了改革开放带来的负面影响。正是这种不随主流，又将中国流行音乐带入了一个新时代，同时警醒着年轻一代中国人时刻保持自省精神。1992 年，郑智化的一首《水手》也表达了中国年轻人的心声，他以歌言志，将漂泊他乡的水手追逐梦想的意境融入歌曲，歌中"他说风雨中这点痛算什么，擦干泪，不要怕，至少我们还有梦"配合上朗朗上口的旋律，成为新一代中国人的格言警句，激励了无数心存梦想、向往远方又缅怀故土的年轻人。

三、文学产业

经济体制和文化体制的改革，不仅为广大文艺创作者提供了丰富的主题和素材，也大大激发了文艺创作者的积极性和创造性。这一时期的文学工作者同其他领域的人们一样，走在思想解放的前沿，针砭时弊、传承文脉、拓展创新出新的文学世界，一部分优秀文学作品达到了新的高度。文学产业的发展不仅丰富了这个时代人们的思想文化，并以复兴的印刷出版业带动了中国经济社会的发展，更重要的是文学产业集聚了古今中外的思想高度，传承并发展了中华民族优秀的文化基因。

（一）文学带动印刷出版业

改革开放在解放了社会生产力的同时也解放了人们的思想，这时期涌现的一大批优秀文学作品，不仅丰富了大众的文化生活，还带动了印刷出版业的发展。经过改革开放十余年的调整，中国出现了许多畅销书和畅销报刊，印刷出版业也有了进一步的发展，20世纪80年代被称为"文学黄金时代"也是"期刊时代"，一家文学期刊便能达到十几万的发行量[①]，数据显示，到1990年，我国的报纸印数达352亿份；期刊由6 078种增至8 899种，增长了46%；图书从74 973种增长到154 526种，图书销售额增长了12倍[②]。虽说诗集、期刊、小说在这一时期的繁荣是建立在市场经济有了进一步发展的基础上，但在这时期，文学对于中国出版印刷业也具有很强的带动作用，并主要体现在诗歌上。

诗性是每一个民族独有的，透过诗歌我们可以看到一个民族的文化发展。20世纪80年代的中国是一个"不读诗无以言"

---

① 陈晓明：《守望剩余的文学性》，新星出版社2013年版。
② 江蓝生、谢绳武主编：《中国文化产业发展报告》，社会科学文献出版社2003年版，第25～26页。

的年代，那个年代的诗歌热潮不仅极大地带动了中国印刷出版业的发展，更重要的是展现并延续了中华民族古老生命力与未来发展的潜力。北岛、舒婷、顾城、海子等诗人的出现，带来了中国 20 世纪 80 年代的诗歌热潮，即使这些年轻的诗人并未被主流的媒体所接纳，但他们还是凭借着对诗歌的一腔热情积极出版和印刷各类诗集，据徐敬亚在一篇文章写到，"当时全国 2 000 多家诗社和千百倍于此的自谓诗人，在投稿正式刊物多次碰壁之后，便开始自己动手油印诗刊、诗集、诗报等。据当年的统计：至 1986 年 7 月，全国已出的非正式油印诗集达905 种，不定期的打印诗刊 70 种，非正式发行的铅印诗刊和诗报 22 种……"① 这足以表现当时的诗歌对印刷出版业的强大带动作用。

20 世纪 80 年代的诗歌热潮为 1990 年出版界"汪国真年"的到来奠定了基础。相对于 80 年代的诗歌来说，汪国真的诗是诗歌的一个变种，他用诗的语言和结构来讲述人生哲理，短小精悍，具有明快和晓畅的特点，更容易引起读者的共鸣感。正如诗人自己所说，"生活中有丑恶、狭隘、沮丧、让人沉沦的东西，也有积极乐观的东西，我的诗歌就是展现美好人性、阐述心灵。"1990 年之所以被称为"汪国真年"是因为在 1990 年 5 月 21 日，其第一部诗集《年轻的潮》一经面市，便连续五次印刷，总印数甚至达到 15 万册，在那个还没有畅销书概念的时代，汪国真的诗集便成为当年十大畅销书之一，并且也是当时文艺类书籍当中的唯一一本②。即使汪国真还不能被称作一位独立的思想家和时代代言人，但他以贴近群众、贴近时代的姿态受到了大众的普遍喜爱，这种通俗文学开始不断走向市场化，而且极大地带动了

---

① 徐敬亚：《1986：那一场诗的疾风暴雨》，经济观察网，2019 年 1 月 19 日，http://www.eeo.com.cn/zt/ggkf30/zgssn/2007/07/09/75330.html。

② 顾文豪：《阅读时代的幸运儿》，载于《中国经营报》（文艺版）2015 年 5 月 4 日第 2108 期。

中国印刷出版业的发展。

（二）文学传承文化基因

中国的作家是最早感受到改革开放"春风"的一批人，而文学又是人们对社会变革与进步诉求反映的直观表现，因此文学开始在时代变革、社会进步的时代越来越多地反思过去、关注现在和未来，使得文艺思想空前活跃，广大文学工作者视野大开。这时期西方近代和现当代的文学艺术纷至沓来，中国古代优秀的传统文化宝库也向文学工作者们敞开了大门，中国文学工作者便将这些文化宝藏熔铸到笔下，使得中国优秀的传统文化基因得到传承和发展，构成了 20 世纪末中国文学界百花齐放的繁荣景象，同时也为新世纪文学艺术的进步奠定了良好的基础。

起初，由于中国文学还有些食古不化，不少优秀文学作品还一时难以被大众接受和认可，但经历过这个阶段之后许多具有民族特色的继承优秀传统文化的作品才开始大受欢迎。金庸的小说在开始时曾被认为是"低俗文学""狗肉不能上正席"，直到 20世纪 80 年代初国家进行"拨乱反正"之后，其作品才开始流行起来，并引起极大的反响。金庸的大部分武侠小说都是在 1984～1985 年出版的，这时期也是其小说在内地出版的高峰期，这时候内地的出版资源还并不丰富，但是仍有数十家出版社出版了金庸的小说，从贩夫走卒到学者专家，从懵懂少年到耄耋老者，不少中国人为金庸的武侠世界所痴迷，成为一时奇观。时至今日，其《射雕英雄传》《神雕侠侣》《雪山飞狐》等作品已悉数被改编成了优秀的影视作品。其作品能够如此大受欢迎，主要是由于才华横溢的金庸先生的作品传承了中华优秀文化基因，这种基因是中国传统武侠文化里的劫富济贫、行侠仗义、肆意人生，是内化于中国人内心的精神节气和民族大义，其作品不需解释和翻译就能触及人心。正如金庸自言："中国文化是我生命的一部分，有如血管中流着的血，永远分不开的"。

1986 年 3 月，莫言的小说《红高粱》在《人民文学》第 3

期一经发表①，便得到了强烈的反响，随即获得了第四届全国中篇小说奖并被读者推选为《人民文学》1986 年"我最喜爱的作品"第一名，奠定了莫言在华语文学中的地位。《红高粱》以抗日战争时期及 20 世纪三四十年代中国山东高密一个乡村的民间生活为背景，塑造了一系列具有顽强生命力和充满血性正义的抗日英雄。路遥的小说《平凡的世界》在 1986 年 12 月首次出版，这是一部描写中国农村和农民的作品，全书共三部，字数达百万余字。《平凡的世界》通过讲述从"文革"后期到改革开放初期，中国陕北黄土高原上一户农民家庭两兄弟生命进程中的爱情与劳动、追求与挫折，将平凡的日常生活与冲突的社会交织在一起，生动刻画了平凡的普通人在纷繁的历史进程中所面对的艰难险阻以及曲折前进的道路，是对 20 世纪 70 年代末 80 年代初中国农村广阔的生活画卷的深刻展现，可以说是那个年代和那个地方风土人情的真实写照。这些关注传统与现实、时代和社会意义的优秀文学作品，都具有广阔而深刻的社会内涵，对传承中国文化基因尤其是农村文化基因起到了极其重要的作用。

第四节　重要事件案例

从 1978 年改革开放到 1992 年的十多年间，我国的社会主义生产方式在调整中不断恢复和完善，取得了一系列的丰硕成果。文化作为上层建筑意识形态，必然要随着政治体制的变革而变革，随着经济基础的发展而发展。多年来，文化产业只是作为一种形态存在于我国经济社会的发展过程中，到了近代，由于受到历史传统认知的影响，文化长久以来被视为国家政治的一部分，

---

① 陈振凯、赵永琦：《红高粱地的朝圣》，载于《人民日报》（海外版）2013 年 11 月 12 日第 7 版。

是服务于意识形态的文化事业。人们避而不谈文化对社会的经济促进作用，似乎文化只有社会效益，而没有经济效益。

但是，在这个百废待兴、理想重生的改革年代，中国文化产业在经历了艰难探索之后逐步孕育成型。这是富有中国特色的社会主义文化产业，一方面它反映了社会主义初级阶段经济和政治的基本特征，适应了社会主义市场经济发展的需要；另一方面它也为建立社会主义市场经济体制提供了服务，促进了社会和经济的进步和发展。在这个改革的年代里，剧团、音乐、电影和文学等都在经历着巨大的改变，这些富有生机的文化产业不仅变得越来越轻松，而且还不断克服困难，在"西洋风"的影响下朝着中国特色社会主义市场化方向大踏步走去。

一、改革路上的文艺剧团

文艺剧团作为长期以来中国文化战线的主力军，在塑造中国意识形态、满足人民精神文化需求等方面占据了重要地位，文艺剧团改革是中国文化体制改革进程中的重要一环。文艺剧团在事业性和产业性方面的平衡与变革既受到中国政治、经济发展影响，同时也反作用于中国经济社会的发展，是中国文化产业发展进程中的代表性案例。

早在 20 世纪 50 年代，中国的文艺剧团便在企业化原则的影响下，开始尝试通过采取公营、公私合营或私营公助的方式来建立示范性剧团的改革，以逐步达到文艺产品自给[①]。1951 年政务院制定了《关于戏曲改革工作的指示》，将"改戏、改人、改制"作为重点原则和改革内容，原有的民营、私营剧团逐渐合并，改制为国营剧团。为进一步促进文艺事业发展，1952 年原文化部又下发了《关于整顿和加强全国剧团工作的指示》以加强对私营剧团的领导和管理，在剧团自愿的原则下，经过文化部

---

① 管尔东：《论新中国剧团体制改革》，载于《戏剧文学》2013 年第 6 期。

门的核准改制为私营公助的剧团。但是在"文化大革命"期间文艺剧团沦为政治的推手,以 1961 年北京京剧团首演的新编历史剧《海瑞罢官》遭到批判为开端,[①] 由于受到了"八亿人民八个戏"的严重影响,中国的文艺剧团更加迫切地需要通过改革来寻得谋生之道。1978 年党的十一届三中全会召开之后,经济体制改革不断深化,同全国各行各业一样,中国的文艺体制也很快按照改革开放政策的相关要求开启了改革之路,这主要体现在对剧团的改革方面,因此文艺剧团的改革也成为文艺管理体制改革的重点和主要标志。

受到国家改革大背景的影响,从 20 世纪 80 年代起,中国的文艺剧团开始实行"承包制"和"双轨制"的改革,文艺剧团的经营自主权逐步扩大。首先,"承包制"的背景是 70 年代末引发的"家庭联产承包责任制",这一承包制主要解决的是如何调动人民的积极性、改变"吃大锅饭"、减轻国家负担的问题。紧接着这一政策在 80 年代由农村扩展到城市,由农业扩展到文艺剧团。一系列政策措施的出台,为中国文艺剧团"双轨制"的出台奠定了基础。1980 年,原文化部主持召开的全国文化局长会议提出"艺术表演团体的体制和管理制度方面问题很多,严重地影响了表演艺术的发展和提高,需要坚决地、有步骤地改革文化事业体制,改革经营管理制度。"[②] 1983 年,国务院《政府工作报告》进一步提出:"文艺体制需要有领导、有步骤地进行改革。"文艺剧团的改革要"打破大锅饭"、平均主义的积习,实行按劳分配,学习借鉴好农业改革中的"家庭联产承包责任制"。北京市首开先河,京剧名家赵燕侠承包经营北京京剧团的改革试点是当时文艺界的标杆,为承包经营责任制在全国其他剧

---

① 王志宏、金若华:《吴晗画传》,团结出版社 2004 年版,第 132 页。
② 曹普:《20 世纪 70 年代末以来的中国文化体制改革》,载于《当代中国史研究》2007 年第 5 期。

团的推广提供了经验①。1985 年，在原文化部《关于艺术表演团体的改革意见》的指导之下，全国各地普遍展开了以承包经营责任制为主要形式的文艺院团体制改革试验。承包经营制的出现很大程度上冲击了传统的统包统揽的旧制度，为文艺剧团的改革提供了新思路，但是改革初期往往会受到思想上的束缚和相关配套政策的不健全的制约，文艺剧团需要谋求更有力的改革。

于是，双轨制出现了，1988 年国务院转批了原文化部《关于加快和深化艺术表演团体体制改革的意见》，意见将深化表演团体体制改革的主导思想确立为在艺术表演团体的组织运行机制上逐步实现"双轨制"，在人事制度方面进行了进一步的推进，在文化市场体系方面进行了进一步的完善，政府文化主管部门对艺术表演团体的管理由直接管理实行转向间接管理。这里的"双轨制"，一个是对少数代表国家和民族艺术水平的，或带有实验性的，或具有特殊性的历史保留价值的，或少数民族地区需要国家扶持的艺术表演团体实行全民所有制，由政府文化主管部门主办；另一个是对其他绝大多数的规模比较小、比较分散、演出的流动性比较强的艺术表演团体，实行多种所有制形式，由社会力量主办，自主经营，自负盈亏②。"双轨制"的有效实行使得民间剧团大量涌现并日益活跃，当时大部分院团由原来的党委负责制改为院团长负责制，中央乐团等单位实行艺术总监制，中央实验话剧院和东方歌舞团还采用招标制确定了团长③。"双轨制"的实行是对原来公有制企业一统天下格局的有力打破，对体制外的力量的成长起到积极的促进作用，冲击了文化艺术统包统管的体制，解决了当时体制内存在的一些问题，改变了长久以来我国

①　蒋淑媛：《多维视角下北京市属国有文艺院团体制改革的实践与思考》，载于《现代传播》2015 年第 7 期，第 121 页。

②　曹普：《20 世纪 70 年代末以来的中国文化体制改革》，载于《当代中国史研究》2007 年第 5 期。

③　张爱敬：《艺术表演团体体制改革历程及展望》，人民网，2018 年 12 月 1日，http：//www. people. com. cn/GB/wenhua/27296/1930381. html。

文化作为国家政治附属的思想观念。

到了 20 世纪 90 年代尤其是 21 世纪以后，中国文艺剧团将深化内部运行机制作为自身改革的重点，中国文艺剧团发生了结构性巨变。这个巨变是体制性质的转变，当时文艺剧团只有极少数以事业单位性质保留下来，其他全由事业单位转向了企业。1992 年，邓小平南方谈话推动了对这一阶段文化体制的改革，1996 年，中共十四届六中全会提出了促进文化体制改革的一系列重要方针，不仅确立了文化体制改革是文化事业繁荣和发展的根本出路，还肯定了改革要遵循文化发展的内在规律，发挥市场机制的积极作用。改革要区别情况、分类指导，理顺国家、单位、个人之间的关系，逐步形成国家保证重点、鼓励社会兴办文化事业的发展格局①。这充分肯定了发挥市场机制的积极作用，为文艺剧团的转企改制奠定了思想理论基础。此后，原文化部由于 1993 年和 1994 年发布了《关于进一步加快和深化艺术表演团体体制改革的通知》和关于《继续做好艺术表演团体体制改革的意见》，不断推进着全国文艺剧团的改革。

从 20 世纪 50~90 年代的这一阶段，中国文艺剧团经历了深刻的变革，从文艺剧团及其他各种文艺事业单位管理体制和内部机制的变革，到"双轨制"的施行以及文艺剧团转企改制的实行，逐步解决了文艺剧团的"大锅饭"的问题，改变了文艺剧团长期以来统包统管的弊端，使得文艺剧团的管理体制和生产机制都出现了良性循环的趋势，为文艺剧团适应中国特色社会主义的发展创造了有利条件。但是，任何改革都不是一蹴而就的，文艺剧团的改革需要遵循社会发展的客观条件，突破历史传承和社会环境的束缚，充分发挥社会主义市场经济自由竞争的积极作用，以促进文艺剧团继续深入发展（见表 2 - 1）。

---

① 《中共中央关于加强社会主义精神文明建设若干问题的决议》，载于《人民日报》1996 年 10 月 14 日。

表2-1 不同历史阶段文艺院团属性的变化和体制选择

时间	经济属性	意识形态属性	公共物品属性	体制选择
新中国成立之前	剧团主要依靠市场生存，经济属性较强	几乎没有	几乎没有	戏班
20世纪50年代	不强调剧团市场收益，反对单纯依靠政府供给，也反对单纯盈利	按照一定的标准对演出剧目进行审查，意识形态属性较强	强调戏剧艺术配合国家建设为人民服务，公共物品属性较强	民营公助剧团逐渐过渡到国营剧团
20世纪80年代	文化市场逐渐形成，经济属性得到重视	意识形态属性逐渐弱化	公共物品属性逐渐弱化	在国营剧团内部试行点改革
20世纪90年代	提出文化产业的概念，经济属性凸显	强调把社会效益放在首位	根据文艺产品种类的不同，公共物品属性产生了分化	倡导对艺术院团在内部进行机制创新，改变具有体制的弊病

资料来源：蒋淑媛：《多维视角下北京市属国有文艺体制改革的实践与思考》，载于《现代传播》2015年第7期。

二、歌舞厅的市场化探索

歌舞厅也称作舞厅，既泛指可以供大众跳舞的室内场所，也可以专指有跳舞、音乐设备的营业性娱乐场所。歌舞厅主要分为豪华歌舞厅、大众卡拉OK和交谊舞厅几种，在大城市中，还有称夜总会者，设有餐厅和舞厅，有节目演出和音乐伴奏，供客人用餐和跳舞娱乐①。营业性歌舞厅在思想意识的开放和产业化、市场化发展的路径是中国的文化产业在这一时期思想解放和文化

---

① 刘海岩、郝克路：《城市娱乐：歌舞厅、卡拉OK与电影院》，载于《城市》2007年第7期。

市场的形成与发展的艰难探索的真实写照之一。

作为一种文化舶来品，早在 19 世纪，交谊舞便随着通商口岸的开放而进入部分中国人的生活中，而这部分最先学会跳交谊舞的中国人主要是当时清朝派往西方的外交官们。1852 年，上海第一家舞厅在礼查饭店（今浦江大厦）开设，随后，英国总会、一品香旅社及汇中饭店等场所也相继开设舞厅。1897 年，上海道台蔡钧曾在上海静安路洋务局举办了中国官方组织的第一次舞会来庆祝慈禧太后的 60 大寿①。但是，起初，对于普通市民来说，这种"脸儿相偎，手儿相持，腿儿相挟"的"男女同舞"，看起来"有伤风化"，交谊舞的受众还主要集中在外国侨民和一些有西式教育背景的华人身上②。直到民国时期，交谊舞才随着租界文化的扩张，在上海以及天津、武汉、香港等城市流行起来，跳交谊舞不再是"有伤风化"而是一种"西式时髦"。1927 年，上海第一家营业性舞厅——大东舞厅开设，各种大大小小的歌舞厅也相继开设，到了 20 世纪 30 年代，仅仅上海开设的舞厅就达到百家之多。到了 20 世纪 80 年代，一种自由开放的文娱生活已成为大众所向往的生活。卡拉 OK 在 80 年代传入中国，起初，人们对于它的好奇和争议从来都没有停止过。人们对在这样的场所拿起话筒唱歌的问题进行了持久的争论，不少人认为拿起话筒就是资本主义，不拿话筒才是社会主义。这一时期的广州是改革开放和现代化的先锋，1979 年全国第一家音乐茶座在广州东方宾馆产生，随后从深圳、珠海经济特区开始，舞厅又再次迅速风靡大江南北；1985 年，上海便陆续开了 52 家舞厅。

1987 年，中国共产党第十三次全国代表大会召开并提出要

---

① 扶小兰：《论近代中国城市文化娱乐生活方式之变迁》，载于《西南交通大学学报》（社会科学版）2007 年第 5 期。

② 刘海岩、郝克路：《城市娱乐：歌舞厅、卡拉 OK 与电影院》，载于《城市》2007 年第 7 期。

发展有计划的商品经济，以营业性歌舞厅为代表的文艺行业也进一步展开了产业化和市场化的探索。同年，原文化部、公安部、国家工商总局等部门联合下发了《关于改进营业性舞会管理的通知》，从政策层面正式解除了众多对营业性舞会的禁令，第一次确定了营业性歌舞厅的合法地位①。此后，中国的营业性歌舞厅正式进入了一个最为繁荣的发展阶段，大量穿着喇叭裤、戴着蛤蟆镜的潮流青年走进了舞厅。1988年，广州第一家营业性卡拉OK——"东方卡拉OK"，由东方宾馆与日本株式会社共同合办营业。起初，卡拉OK不仅价格昂贵而且只开设在一些五星级酒店，因此普通老百姓难以享受到这种文化娱乐。

营业性歌舞厅作为一种新潮的娱乐方式，在全国各地蔓延开来。由于在过度的竞争和盲目的跟进的同时缺乏配套的规制政策，到了20世纪90年代初期不少营业性歌舞厅开始畸形发展，高昂的价格远远超出了大众的消费可承受范围，广大的群众在无形中被阻挡在歌舞厅娱乐消费的门外，同时出入高档歌舞厅成为少数人炫富的标志，这严重导致了错误的消费导向和强烈的文化反差。营业性歌舞厅的非大众化倾向导致其发展滞缓，为了谋求利益，弥补前期投入，一些歌舞厅开始采用一些不正当的方式来顶住经营的压力。高价宰客、公款消费一度成为高档营业性歌舞厅娱乐市场的公害。可以看到，要想营业性歌舞厅持续性地为大众提供健康积极的文化娱乐，一方面文化娱乐消费需要回归大众，有坚实的大众基础；另一方面有赖于市场的自身调节和政府的宏观监管。

三、吹向文化产业的"西洋风"

改革开放是一次前无古人的探索，不同于近代中国被迫打开

---

① 张塞：《文化娱乐市场欣欣向荣，市场管理尚需加强》，载于《中国发展报告》1993年。

国门，受到外来文化的强势冲击，这一次，中国采取更加积极主动的姿态去吸纳外来文化，促进中西文化的交流。如果说近代时期西方国家对中国的文化影响是"洪水猛兽"让人措手不及的话，改革开放时西方国家对中国文化的影响则更像是一股影响深远的"西洋风"。在今天看来，"改革开放"已经司空见惯，人们自然而然地享有着改革开放的利益，但是在改革开放之前，中国还在计划经济里不进反退，中国亟须改革为整个国家的发展注入新鲜活力。和改革一样重要的是开放，中国同美国、日本、韩国等国家陆续正式建交，逐渐敞开国门让一些新鲜的"西方风"吹进来，这除了为中国文化产业注入一些新鲜血液之外，还在衣食住行娱各个方面为人们的日常生活提高了文化附加值。

以可口可乐和麦当劳、肯德基为代表的美国文化以极强的渗透力融入了中国人的日常生活中，丰富了中国人的饮食文化。1927年可口可乐首次进入中国，之后又撤离大陆，到了1979年重新进入中国时，引起轩然大波①。在当时，可口可乐与著名的屈臣氏汽水公司合资生产，1930年屈臣氏公司为了迎合中国年轻人的喜好，请上海广告画家设计了一幅"请饮可口可乐"的月份牌广告画，这是中国的第一位明星代言的海报，而这位明星正是当时凭借电影《神女》和《新女性》远近闻名的电影明星阮玲玉。1949年新中国成立，此时的可口可乐被人们认定为是一种资产阶级享乐方式的代表，不能融于新生的社会主义国家，于是可口可乐被迫退出中国市场，一直到1978年改革开放后，这种以前被人们认为是不合法的"小资"才又重新回到中国内地，并被消费者接受。1986年，可口可乐用一年的利润换来了第一次在中央电视台播出的第一支电视广告，这也意味着可口可乐可以光明正大地在中国销售了。同样作为西方人生活方式标志

---

① 马立诚：《交锋三十年——改革开放四次大争论亲历记》，江苏人民出版社2008年版。

的肯德基也是在这个时候"落户"中国，1987 年 11 月 12 日肯德基在中国的第一家餐厅在北京前门开业，这是当时世界上最大的肯德基餐厅①。肯德基虽然只是一个洋快餐品牌，但由于门店位于全国的文化核心地带具有很强的示范作用，开业当天美国驻华大使洛德和北京市领导都到来了，几乎相当于一场小型的外事活动。即使肯德基刚开始"落户"中国的时候由于餐品价格过高而让大多数群众望而却步，但是这种以饮食为代表的西方文化的表达，利于进入大众的生活，满足人们对西方文化的好奇心。在嗅到中国强大的商机之后，我国内地第一家麦当劳餐厅也1990 年在深圳市开业。肯德基和麦当劳除了将一种新的生活方式展现在人们面前之外，还积极开发其在中国的文化价值，例如，在餐厅内开设儿童乐园、赠送玩具，肯德基还推出了粥和油条做到了口味上中国化。伴随麦当劳在中国的成长而成长起来的 80 后，被称为"麦当劳的一代"，如今随着中国经济的发展和人民生活水平的提高，肯德基和麦当劳所代表的西方文化已经司空见惯，与其将其片面理解为美国文化的渗透，不如说这是中国在改革开放的年代里做的主动融入世界、融入时代的努力之一。

如果说以可口可乐和洋快餐为代表的西方饮食文化是中国人对西方文化的"尝试"，而电影则为中国人了解西方文化开了一扇小窗，通过荧屏这块小小的屏幕，西方文化被直观地展示出来。1980 年中国引进了第一部美国电视剧——《大西洋底来的人》，这部剧以曲折的情节和接近科幻的风格受到了中国观众的普遍欢迎。受到剧中男主角麦克·哈克斯的影响，他在剧中佩戴的蛤蟆镜成为当时的时髦必备品，很多年轻人在介绍自己时也常

① 祝艺凌：《肯德基在中国发展的战略研究》，载于《中国证券期货》2011 年第 3 期。

说他在剧中的对白："我是一根从大西洋飘来的木头"①。1987年，美国电影《霹雳舞》被引进中国，电影中的霹雳舞以模仿擦玻璃和机器人为特征，具有很强的节奏感、十分炫目，不同于传统芭蕾舞和现代舞，霹雳舞极具颠覆性，这种来源于美国街头文化的舞蹈具有很强的参与性和群众性，霹雳舞对于大众而言不再是严肃的、遥不可及的观赏艺术，而是大众自娱自乐的文化方式。霹雳舞的风靡除将街头变为更广阔的娱乐天地外，满足了那个时代的人展现独特自我、求新求变的需求，也为多年后街舞和街头文化在中国的流行奠定了基础。

吹向中国的"西洋风"除了来自美国之外，还有来自日本和欧洲等地区。20世纪80年代初，日本动画片《哆啦A梦》（在国内译为《机器猫》）被引入中国，在引入初期的80年代里，中国播出的译制动画片很大一部分是美国动画片，但日本动画片很快凭借精细的制作和打动人心的故事情节后来居上。《机器猫》是最先被引入中国大陆的日本动画片，80年代末，中央一套每周六晚上18：30的动画片黄金档可以说是小观众们的节日。而《机器猫》播出后，央视二套又在每周六晚同一档期开辟出另一个动画片段，当时某些地方台，也不惜将之改名为《叮当》播出，直接跟国家台叫板儿②。《机器猫》对中国的80后和90后的童年造成了很大的影响，当时的小观众都希望自己能够拥有一只既能陪伴自己又能变身出无穷的宝物的机器猫，时至今日《哆啦A梦》的大电影在中国上映仍能引起很大的票房反响。除了《机器猫》之外，从日本引进的《聪明的一休》《铁臂阿童木》《花仙子》《蓝精灵》等也备受欢迎，这也为之后日本动漫在中国的红火奠定了基础。

---

① 林曼洁：《面对美剧的流行与文化入侵的思考》，载于《文教资料》2013年第13期。

② 伊北、苏合：《风尚六十年：中国流行热潮1949~2009》，中国经济出版社2010年版。

　　在经历了20世纪六七十年代的知识文化枯竭之后，人们的文化娱乐需求急速增长。1978年，改革开放使中国重新发展起来，中国文化产业重新沐浴在改革开放的春风中，这股春风不仅仅是国内思想制度和经济物质的泽被，同时也包含伴随中国国门打开而吹进来的"西洋风"。一个国家文化发展不能完全与世隔绝，只有在国与国之间以及地区和地区之间不断的沟通和交流中取其精华、去其糟粕，中国优秀的传统文化才能得到传承和发展，中国的国家软实力才能得到提升，中华民族才能更加坚定地屹立于世界民族之林。

第三章

中国文化产业茁壮成长
（1993～2002 年）

　　1992 年党的十四大确立了社会主义市场经济体制改革的目标，此后，文化产业发展的市场环境逐步改善与优化。1993～2002 年，中国文化产业进入茁壮成长时期。随着中国国民经济和社会发展战略的调整，文化产业在国民经济中的地位不断提高，这一时期的主要特征是：文化市场规模和数量扩张，开始向更广阔的领域发展，文化产品生产日益繁荣；随着国民经济的发展，居民的生活水平不断提高，在物质生活得到满足的同时，对精神文化消费的需求不断增长，居民文化消费渐成时尚；西方歌剧表演艺术、音乐会、网吧、歌舞厅等营业性文化产业作为中国文化市场的重要组成部分，其兴起与发展更为中国文化市场注入了勃勃生机。文化体制改革同时也逐步展开，原文化部、中宣部以及国家广电总局的相关规定政策也推动着中国广播影视业、新闻出版业等行业业态的发展。信息技术的发展及互联网的普及，为中国文化产业带来了新的动力。

第一节　文化产品生产日渐繁荣

　　20 世纪 90 年代，伴随着市场经济体制改革，文化产业的部分门类逐步进入规模化发展阶段。出版、印刷、演出、音乐、广告等领域都取得了阶段性成果，在这些领域中，文化生产与文化产品开始受到关注。

　　文化生产是社会生产和社会发展的组成部分，也是国家文化建设和文化发展的重要一环。文化产品生产是文化产业链的高端环节，是产业链的开端与基础，它包括精神层面的创意策划和物质层面的产品生产。文化生产的结果是文化产品，而文化生产就直接体现为一切文化产品的生产①。一般而言，文化产品是一种承载着一定精神内涵的有形的物质商品形式。根据文化产品性质的不同，文化产品可以分为私人产品和公共产品；根据文化产品形式的不同，文化产品可以分为物化形式和劳务形式。物化形式的文化产品有着一般有形产品的外在表现形式，同时，它还富有一定程度的精神文化，如图书、报纸、电影拷贝、工艺饰品、花卉盆景、人文景观等。文化产品的劳务形式就是文化产品表现为具有一定内容的劳务活动，它是以特定的劳务方式为存在形式，所以有时称之为无形产品，包括舞台表演、课堂讲学、现场演示、实地解说、专家咨询、策划设计、专业创作、专利发明、专业制作、网络传播、经纪代理、信息中介等②。

　　随着社会历史的发展，文化产品所蕴含的文化内容与其物质载体不断发展变化，在一定程度上体现着当时的经济政治状态，"文化商品的成熟程度，已经成为衡量现代文明社会发展程度的一个重要指标体系"③。

一、文化产品生产发展的政策背景

　　1992～2002 年是文化产业茁壮成长阶段。这一阶段开始的

　　①　何群：《文化生产及产品分析》，高等教育出版社 2006 年版。
　　②　赵玉忠：《文化市场概论》，中国时代经济出版社 2004 年版，第 12～15 页。
　　③　傅才武、宋丹娜：《文化市场演进与文化产业发展：当代中国文化产业发展的理论与实践研究》，湖北人民出版社 2008 年版。

标志是中共十四大"建立社会主义市场经济体制目标"的正式提出，之后，中国走上了由计划经济体制向市场经济体制转型的道路，市场经济体制的确立为文化产业的茁壮成长奠定了重要的制度基础。因此，这一阶段，在坚持改革开放、积极推进文化事业改革这一基本方针的指导下，中国文化体制改革深入发展，文化产品生产愈加繁荣。

（一）文化产业概念的首次提出

1993 年 3 月，国务院总理李鹏作《政府工作报告》，提出要加快经济体制改革步伐、进一步推动文化体制改革。1996 年党的十四届六中全会作出《中共中央关于加强社会主义精神文化建设若干重要问题的决议》，强调"改革文化体制是文化事业繁荣和发展的根本出路"①，提出了适合文化体制改革发展的任务、方针，同时强调改革要充分提高人民对市场体制机制的认识水平，发挥市场机制的积极作用②。

1998 年，原文化部设置文化产业司，标志着文化产业由民间自发发展阶段进入政府推动阶段，加强了对文化产业的管理，提高了对促进文化产业发展的服务水平。2000 年 10 月，"文化产业"概念的提出标志着文化产业在中国的地位得到认可，此后，文化产业的产业属性得以充分发挥。但是这段时间，中国文化产业发展仍然受到传统文化管理体制机制的束缚，促进文化产业进一步发展还需推动文化体制改革向纵深方面拓展。

2000 年 12 月，国务院发布《关于支持文化事业发展若干经济政策的通知》，为促进中国文化事业的发展提供了财政政策支持。2001 年 3 月，以《中共中央关于"十五"规划的建议》开始被纳入"'十五'规划纲要"为标志，文化产业成为国家发展

---

① 范周、杨矞：《改革开放四十年中国文化产业发展历程与成就》，载于《山东大学学报》（哲学社会科学版）2018 年第 4 期。

② 车树林、王琼：《"新常态"下文化产业制度创新：现实困境与路径选择》，载于《南京大学学报》2018 年第 3 期。

战略规划的重要内容。之后，2002年新闻出版总署制定了《关于贯彻落实〈关于深化新闻出版广播影视业改革的若干意见〉的实施细则》，提出"深化改革必须以发展为主题，以结构调整为主线，以集团化建设为重点和突破口，着重在宏观管理体制、微观运行机制、政策法律体系、市场环境、开放格局五个方面积极进行探索创新，进一步壮大实力，增强活力，提高竞争力。[①]"

除此之外，为了促进文化事业发展，国家或一些地方政府颁布了一系列文化事业单位人事制度改革或转企改制的改革意见，比如2000年7月21日，中共中央组织部人事部颁布了《关于加快推进事业单位人事制度改革的意见》[②]；2000年1月1日，中共云南省委、云南省人民政府发布《中共云南省委 云南省人民政府关于进一步加快文化事业改革发展的若干意见》[③]；2001年8月7日，杭州市人民政府出台《杭州市人民政府关于加快市属文化事业单位转企改制的若干意见》等。

（二）文化体制改革下文化产业的实际进展

在中国文化体制改革深入发展的推动下，文化产业在实践中取得了许多进展，主要包括以下几个方面：一是弱化文化单位行政职能，提高经营职能，促进文化管理部门与文化单位分离，提高管理效率[④]。据统计，通过改革，中央电视台的收入从1990年的1.2亿元增加到2000年的57.5亿元；电视节目从1991年的3套增加到2000年的9套；节目播出时间由1991年的平均每天31

---

① 《专家论坛 文化产业的集团化及面临的问题》，引自《中国文化产业发展报告》，社会科学文献出版社2005年版。

② 《关于印发〈关于加快推进事业单位人事制度改革的意见〉的通知》，中国政府网，2000年7月21日，http://www.gov.cn/gongbao/content/2000/content_60418.htm。

③ 中共云南省委：《云南省人民政府关于进一步加快文化事业改革发展的若干意见》，2004年7月29日，http://www.cpll.cn/law2663.shtml。

④ 王立：《我国文化体制改革历程的回顾与启示》，载于《长春工业大学学报》（社会科学版）2010年第1期。

小时增加到 2000 年的 156 小时①。电视节目信号在 2000 年已覆盖全世界 98% 的国家和地区②。二是改革艺术院团内部经费投入机制，优化财政拨款方式，激发人才竞争、促进人员流动，提高艺术院团竞争力。据统计，2000 年全国文化系统 2 619 个艺术表演团体共新排演剧目 4 855 个，其中新创作并首演的剧目为 2 258 个，全年国内演出 41 万场，演出收入 5. 2 亿元③。三是组建大型文化集团，提升文化事业和文化产业的竞争力。据统计，到 2002 年初，国家共组建文化集团 72 家，其中包括报业、出版、发行、广电、电影集团④。四是建立健全国家发展文化产业的经济政策与法规，优化文化产业发展环境。这些政策有：《关于加强和改进宣传思想工作，更好地为经济建设和改革开放服务的意见》《关于继续对宣传文化单位实行财税优惠政策的规定》《关于进一步完善文化经济政策的若干规定》《关于支持文化事业发展若干经济政策的通知》以及文化市场规范性法律法规和部门规章，如《著作权法》《广播电视管理条例》《印刷管理条例》等。

这一阶段文化产业在规模和数量上迅速发展，发展趋势良好。韩永进、高阳、刘爽、朱河图等学者以及《文化产业报告》《新闻传媒与社会发展论坛》《江淮文史》等文章都作了相关数据说明。其中，刘爽（2011）描述的数据较为全面：一是从 1990 ~ 2002 年，中国的报纸由 1 576 种增至 2 111 种，增长了 34%，总印数达 351 亿份；⑤二是各种期刊由 6 078 种增至 8 899 种，增长了 46%；⑥三是图书从 74 973 种增长到 154 526 种，全国建成了一批大型书城，各种形式的连锁店 4 000 多家，图书网点 7 万多个，图书销售额增长了 12 倍；⑦四是广播电视播出机构从 1 000 个增加到 1 988 个，广播节目套数由 645 套增加到 1 777

---

①②③④ 曹普：《20 世纪 70 年代末以来的中国文化体制改革》，载于《当代中国史研究》2007 年第 5 期。

⑤⑥⑦ 刘爽：《文化体制改革与政策创新》，上海交通大学硕士学位论文，2011 年。

套，电视节目套数由 512 套增加到 1 047 套，广播和电视的人口覆盖率分别从 73% 和 80% 增加到 90% 以上；① 五是有线电视从无到有，全国用户达到 9 000 多万②。

这一时期，在国家宏观管理体制改革的背景下，政府通过改革文化管理职能和文化企事业单位内部的体制机制，并颁布一系列文化领域的法律法规，建立健全文化经济政策，加强对文化市场的监管与调控，激发了文化企事业单位的活力，促进了文化市场的繁荣稳定与文化产业的不断发展。

二、文化产品生产日益繁荣

随着文化体制改革逐步推进，文化产品生产主体显现，最初主要表现为大型国有文化集团的建立。2001 年，中共中央办公厅、国务院办公厅转发《关于深化新闻出版广播影视业改革的若干意见》，总结了文化体制改革的经验教训，提出要以发展为主题，以结构调整为主线，以集团化建设为重点和突破口，着重在宏观管理体制、微观运行机制、政策法律体系、市场环境、开放格局五个方面积极进行探索创新，以进一步壮大实力，增强活力，提高竞争力③。此外，文化企事业单位的内部人事管理制度、收入分配制度等方面的改革使文化产业生产主体的组织结构与管理制度日益完善④。在文化产品生产主体的推动下，中国文化产业苗壮成长，文化产品生产日益繁荣。

（一）文化产业苗壮成长

随着改革的逐步展开，中国的文化产业加快发展、迅速扩张，从规模和数量上显示出勃勃生机。据 1999 年的统计，1990～2002

---

① ② 刘爽：《文化体制改革与政策创新》，上海交通大学硕士学位论文，2011 年。
③ 百度百科：https：//baike. baidu. com/item/% E6% 96% 87% E5% 8C% 96% E4% BD% 93% E5% 88% B6% E6% 94% B9% E9% 9D% A9/8915121？ fr = aladdin#3。
④ 范周、杨畅：《改革开放四十年中国文化产业发展历程与成就》，载于《山东大学学报》（哲学社会科学版）2018 年第 4 期。

年，中国的报纸由 1 576 种增至 2 111 种，增长了 34%，总印数达 351 亿份；① 各种期刊由 6 078 种增至 8 899 种，增长了 46%；图书从 74 973 种增长到 154 526 种，全国建成了一批大型书城，各种形式的连锁店 4 000 多家，图书网点 7 万多个，图书销售额增长了 12 倍；广播电视播出机构从 1 000 个增加到 1 988 个，广播节目套数由 645 套增加到 1 777 套，电视节目套数由 512 套增加到 1 047 套，广播电视的人口覆盖率分别从 73% 和 80% 增加到 90% 以上；有线电视从无到有，全国用户达到 9 000 多万；2001 年中国音像市场销售总额达到 200 多亿元，比改革开放初期增长了 1 000 倍②。

（二）文化产品生产繁荣

这一阶段，文化产业的茁壮成长为文化产品的生产销售奠定了基础，提供了市场，文化产品发展迎来了新的机遇，具体体现在生产要素、人员规模和经营规模等方面。

从生产要素角度看，中国文化资源非常丰富。时间上，中国历史悠久、有着几千年文化传承；空间上，中国地域广袤、国土辽阔，有多种不同的自然景观与特色地域风情；人口上，中国是人丁兴旺的多民族国家，拥有种类众多且独具特色的民俗风情、饮食文化、节日庆典，还有众多文化遗址、遗迹、典藏珍品等。这些资源形成了或有形或无形的文化符号，为中国传统文化的传承发展、文化产品的设计研究提供了源源不断的物质载体与思维灵感。

从人员规模角度看，从事文化产业的人员充足。仅以原文化部所属文化产业机构为例，截至 1999 年，原文化部下属的企事业机构共 33.07 万个，从业人员共 166.15 万人，其中文化娱乐

---

① 《宏观视野　我国文化体制改革历程的回顾与启示》，引自《中国文化产业发展报告》，社会科学文献出版社 2005 年版。

② 江蓝生、谢绳武主编：《2001～2002 年文化蓝皮书：中国文化产业发展报告》，社会科学文献出版社 2002 年版。

业机构 17.47 万个，90.3 万人，文化市场其他经营机构 9.7 万个，23 万人[①]。

从经营规模角度看，文化产业生产经营单位不断增加、发展规模不断扩大。据国家统计局统计，仅 2001～2002 年，文化事业机构数从 260 506 个发展到 305 603 个，从业人员数从 1 372 682 人发展到 1 605 136 人，一年间，文化事业机构数增长 17.31%，从业人员数增长 16.93%[②]。

三、文化及相关产业、产品分类

1993～2002 年，关于文化及相关产业、产品的分类尚不明确，中国根据自身国民经济发展情况，按照《国民经济行业分类 GB/T4754—2002)》的标准（这一标准已于 2002 年 10 月正式实施），从文化产业的生产、流通和服务三个环节来构造中国文化及相关产业的内容。具体分类如表 3－1 所示。

表 3－1　　　　　　　　2002 年文化及相关产业分类

分类	具体内容
新闻出版业	新闻业、图书出版业、报纸出版业、期刊出版业、音像制品出版业、电子出版物出版业及单张地图、印刷画宣传画、明信片、贺年卡、各式表格、图片等出版物出版业
广播、电视、电影和音像业	广播、电视、电影制作与发行、电影放映、音像制作等
文艺娱乐演出业	文艺创作与表演、文艺表演场馆、群众文化活动、文化艺术经纪代理、室内娱乐活动、游乐园、街头报刊橱窗等

---

① 江蓝生、谢绳武主编：《2001～2002 年文化蓝皮书：中国文化产业发展报告》，社会科学文献出版社 2002 年版。

② 国家统计局，http：//www.stats.gov.cn/tjsj/ndsj/。

分类	具体内容
文化用品制造、印刷、批发、零售业	文化用品制造业、乐器制造业、游艺器材及娱乐用品制造业、工艺美术品制造业、书报刊印刷装帧业、复制业，图书、报刊、音像制品等批发零售业
图书信息网络文化业	图书馆、档案馆、文物及文化保护、博物馆、烈士陵园、纪念馆、展览馆、互联网信息服务、有线广播电视传输服务、无线广播电视传输服务、卫星传输服务、图书、音像制品出租等
文化旅游休闲健身业	文物考古游、人文景观游、集邮收藏、休闲健身、体育比赛、龙舟竞渡
教育培训业	各种管理咨询、素质培训、外语辅导、出国培训、家庭教育、资格证书培训、短期班

此后，2004 年、2012 年、2018 年，国家统计局对《文化及相关产业分类》进行了修改与完善，对文化及相关产业的分类进行了调整。

第二节　居民文化消费渐成时尚

中国文化消费的兴起与发展是一个逐渐成熟的过程，1993～2002 年，随着文化产品的生产繁荣，中国居民文化消费渐成时尚，由初步萌芽阶段转变为迅速发展阶段。这一时期，中国居民文化消费是广义上综合文化产品与服务的消费，主要表现为居民对日益兴盛的文化娱乐产品的热衷与追求。

一、文化艺术发展与居民文化消费

马克思主义认为"意识具有相对独立性"，文化作为意识的一种表现形式，也具有相对独立性，因此，经济与文化不一定是正比例关系。比如南北朝时期虽经济破败，但是出现了众多优秀的文化作品，如《文心雕龙》；大唐虽经济繁荣，但以民间文学为主，地位极低。文化消费受文化需求的影响，具有较高的弹性，有诸多影响因素。其一是经济发展水平与可支配收入；其二是自身文化素质与文化需求状况；其三是文化产品与服务的质量与距离；其四是空闲时间。

文化消费具有无形性，更多地体现为一种精神期望与价值获得感；由于消费者自身内在因素的差异，文化消费具有多样性与多层次性，以满足不同消费者不同层次的文化需求；文化在继承中发展，在发展中创新，文化消费具有时代性，不同时代下国家的社会经济背景不同，人们所消费的文化产品与服务也不同；文化消费可能是积极的，也可能是消极的，因此其性质具有双重性，需要对其规范引导。随着市场经济的发展，中国的文化消费呈现出新的特征，在拉动国家经济增长中将发挥越来越大的作用。

1992~2002年，中国文化产业茁壮成长，文化艺术领域出现新的特点，为居民文化消费的发展提供了前提和基础，居民文化消费渐成时尚。

这一阶段，国家在文化引导上，努力倡导"主导—多元"的文艺形态。① 通过采取"五个一工程"，做好创作长篇小说、影视文艺、儿童文艺等作品的具体规划。此外，为确保文化作品的先进性，国家不断规范文化市场、加强改革力度、增强"扫黄打非"强度，使弘扬主旋律的文化作品不断涌现，如电视连续剧《情满珠江》《英雄无悔》《和平年代》《天网》，电影《开天辟地》《三大战役》《离开雷锋的日子》等。

1992~2002年，在文化的传播上，传播媒介多样化，传播渠道更加丰富。受中国经济体制改革的影响，商品意识渗透于社

---

① 谢宏忠：《基于文化多样性视野的大学生价值观导向研究》，福建师范大学博士学位论文，2010年。

会生活的各个领域。整个 20 世纪 90 年代，文化消费市场逐渐成熟，为文化产品的销售和流通做好了准备，同时多样化文化传播载体的发展为群众文化制作和文化休闲娱乐提供了物态支撑，如电视机从黑白屏发展为彩屏，录音机、播放机不断升级换代，电视从无线变为有线，20 世纪末互联网兴起，电脑出现。大众文化迅速生产、传播着，同 20 世纪 80 年代相比，从形式到内容到传播渠道都比过去要更丰富和多样。同时，内地原创流行文化从数量和质量上有了很大的提高，内地开始翻拍金庸的武侠经典，引爆荧屏，人们有了自己崇拜的明星。

　　同时，文化消费主体及消费方式发生了变化。传统的文化产品体现着主流意识形态或者精英话语，消费主体处于被动接受的地位。商品经济的发展，催生了大众文化与流行文化，民众有了属于自己的文化内容。人们开始自觉地走向文化市场，开始发自内心去消费文化、享受文化，而不是被动接受国家文化政策与方针的引导和教育。现代化、信息化不断催生更多个性化、多元化的文化消费需求，科技的发展推动文化消费领域变革，居民文化消费进入了一个崭新时代。一是消费形式的大众化和平民化。文化消费超越了物理空间、传统习俗以及年龄、性别、职业、贫富等因素的限制，每一个人都可以在日常生活中消费文化产品、体验文化服务。二是消费方式的选择性和主动性。音像、小说、电视剧、电影等文化产品的流行，使人们有了更多的文化选择；科学技术的发展使人们所消费的文化产品质量更高，更加多样化、类型化、层次化，让人们可以随时随地进行文化消费，大大提高了消费方式的便捷性。比如 TIVO 数字电视录像机的使用，使人们能够搜索自己感兴趣的电视并录制下来，并在节目播放中暂停与继续收看。三是消费者消费趣味的个性化和风格化。在文化市场发展的推动下，消费者可以更加自由地追求自己喜欢的风格，越来越多的人开始"赶时髦"，文化流行元素风靡一时；同时这一时期的文化产品开始吸收各地的时尚元素，形成了各具特色的文化风格与主题，人们可以根据自己的兴趣与爱好选择文化消费，社会上呈现出一种个性化、风格化的文化消费格局。

二、居民文化消费渐成时尚

（一）消费结构日趋完善，居民文化消费增长

随着中国 GDP 的逐年增加，人们的生活日益富足，中国正逐渐地从一个以生产为主导的社会转变为一个以消费为主导的社会①。这一阶段，中国经济的发展尚未达到消费社会的程度，经济发展仍然是以满足社会需求为目标；但是由于西方文化和港台文化传播的影响，社会出现了明显的消费主义倾向②。因此，中国居民的消费既有生产社会的特点又有消费社会的特点。前者主要是经济能力的限制，而后者则主要是由文化决定的。

恩格尔系数是衡量居民消费水平的一项指标，随着人们生活水平的提高而不断下降。国际粮农组织根据恩格尔系数提出划分不同贫富程度的标准：0.6 以上为贫困，0.5～0.59 为温饱，0.4～0.49 为小康，0.39 以下为富裕③。根据有关资料④⑤计算的 1993～2002 年中国城镇居民消费需求及构成如表 3 - 2 和表 3 - 3 所示。

表 3 - 2　　　1993～2002 年中国城镇居民人均可支配收入和消费支出

单位：元

项目	1993 年	1994 年	1995 年	1996 年	1997 年	1998 年	1999 年	2000 年	2001 年	2002 年
可支配收入	2 577	3 496	4 283	4 839	5 160	5 425	5 854	6 280	6 860	7 703
消费支出	2 111	2 851	3 538	3 920	4 186	4 332	4 615.9	4 998	5 309	6 030

---

① 郑红娥：《中国的消费主义及其超越》，载于《学术论坛》2005 年第 11 期。
② 陈昕：《救赎与消费：当代中国日常生活中的消费主义》，江苏人民出版社 2003 年版，第 4 页。
③ 晏民春、杨桂元：《近十年我国城镇居民消费结构研究》，载于《统计与信息论坛》2004 年第 2 期。
④ 国家统计局：《中国统计摘要（2002 年）》，中国统计出版社 2003 年版。
⑤ 国家统计局：《中国统计年鉴（2001 年）》，中国统计出版社 2002 年版。

续表

项目	1993 年	1994 年	1995 年	1996 年	1997 年	1998 年	1999 年	2000 年	2001 年	2002 年
食品	1 058	1 423	1 766	1 905	1 950	1 935	1 941.8	1 971	2 028	2 272
恩格尔系数	0.502	0.499	0.499	0.486	0.466	0.447	0.421	0.394	0.382	0.377
衣着	300.6	390	479.2	528	520.9	480.9	482.4	500.5	533.7	590.9
家庭设备	185	251	296.9	298.2	281	309	338.7	374.5	376.2	388.7
医疗保健	56.9	82.9	110.1	143.3	179.7	205.2	245.6	318.1	343.3	430.1
交通通信	80.6	133	171	199.1	251.5	276	336.5	427	493.9	626
教育文娱	194	251	312.7	374.9	472.4	526.2	601.3	669.6	736.6	902.3
居住	140	193	250.2	300.9	394.5	456.2	510.7	565.3	610.7	624.3
杂项	95.5	128	151.4	170.5	135.3	143.6	158.9	171.8	186.6	195.8

资料来源：国家统计局：《中国统计摘要（2002 年)》，中国统计出版社 2003 年版。

表 3 - 3   1993 ~ 2002 年中国城镇居民消费支出构成　　　　单位：%

项目	1993 年	1994 年	1995 年	1996 年	1997 年	1998 年	1999 年	2000 年	2001 年	2002 年
食品	49.9	49.9	49.9	48.6	46.6	44.7	42.1	39.4	38.2	37.7
衣着	13.7	13.7	13.6	13.4	12.4	11.1	10.5	10	10.1	9.8
家庭设备	8.8	8.8	8.4	7.6	6.7	7.1	7.3	7.5	7.1	6.4
医疗保健	2.9	2.9	3.1	3.7	4.3	4.7	5.3	6.4	6.5	7.1
交通通信	4.7	4.7	4.8	5.1	6.0	6.4	7.3	8.5	9.3	10.4
教育文娱	8.8	8.8	8.8	9.5	11.3	12.2	13	13.5	13.8	15
居住	6.7	6.7	7.1	7.7	9.5	10.5	11.1	11.3	11.5	10.4
杂项	4.5	4.5	4.3	4.4	3.2	3.3	3.4	3.4	3.5	3.2

资料来源：国家统计局：《中国统计摘要（2002 年)》，中国统计出版社 2003 年版。

1993 ~ 2002 年，中国城镇居民的恩格尔系数不断下降，并将继续呈下降趋势。具体而言，1993 年中国城镇居民的恩格尔系数为 0.502，至 2002 年中国城镇居民的恩格尔系数下降到 0.377，平均每年下降 1.25 个百分点。这说明，一方面，随着经济发展，物价上涨，中国城镇居民的食品消费不断增加，但是食品消费占消费性支出的比重不断下降，非食品性消费占消费性支出比重不断上升，人民生活水平不断提高；另一方面，中国城镇居民可支配收入不断增加，消费观念日渐改变，自身消费需求逐步从物质性消费向精神性消费转变，消费层次更高、更加多元化。

1993～2002 年，经济体制改革和市场体制改革深入发展，国家对民生和社会保障的重视程度逐步提高，人民生活水平不断上升，中国城镇居民的消费结构日趋完善。一方面，从居民各项消费支出的比重中可以看出，居民对医疗保健、交通通信、教育文娱和居住的消费支出和比重不断增加。其中消费支出比重上升较大的交通通信和教育文娱，交通通信消费支出占比从 1993 年的 4.7% 上升到 2002 年的 10.4%，增加了 5.7 个百分点；教育文娱消费支出占比从 1993 年的 8.8% 到 2002 年的 15%，上升了 5.6 个百分点。而居民的食品消费、衣着消费和家庭设备消费占比都有一定程度上的减少，呈下降趋势。这些变化表明中国城镇居民文化消费支出上升的趋势，居民消费结构逐渐合理化。另一方面，1993～2002 年，中国城镇居民对文化教育娱乐服务、居住、交通通信等的消费支出更加重视。居民消费顺序的变化表明文化教育娱乐消费在中国城镇居民消费中的地位提高，居民文化教育娱乐消费不断增长，文化产业快速发展，人民生活水平和生活质量不断提高。

在十年间，中国城镇居民的文化消费不断增长，以 1996 年和 2000 年为分界点，从城镇居民可支配收入和消费支出的变化中可以看出：中国城镇居民的消费水平从高速增长到平缓增长再发展为快速增长，并且呈逐步上升趋势。十年间，教育文娱消费从 1993 年的 194 元发展到 2002 年的 902.3 元，增长了近 4.7 倍；教育文娱消费占消费支出的比重从 1993 年的 8.8% 发展到 2002 年的 15%，趋势向好。这一变化与国家经济发展速度相契合，和有关政策的制定与完善、消费环境的改善密切相关。

（二）大众文化迅速发展，文化消费渐成时尚

中国商品经济加速发展得益于 1992 年建立社会主义市场经济体制的正式提出，此后，居民消费水平不断提高，文化消费渐成时尚。尤其是思想文化领域由一元文化格局发展到多元文化格局，为文化产品发展与文化消费带来新的机遇。国外和中国香港、台湾地区的大众文化产品在中国内地逐渐渗透，让中国内地居民有机会深入地了解大众文化，并有力地激发了内地居民的文化消费需求，促进了大众文化的发展。

20 世纪 90 年代，中国的城市化、市场化、现代化进程步伐加快。随着城市居民物质生活水平的提高，人们对文化的品位和内涵需求增加，对文化消费的愿望也越来越迫切，对质量要求也越来越高。部分城市居民产生了功利主义、世俗主义、物质主义等思想意识，城市社会的消费性和娱乐性特征逐步凸显，为城市大众文化发展提供了关键前提条件。这一时期是中国城市大众文化开始全面发展并且确立自身社会地位的时期，主要表现在以下三个方面。

第一，大众文化开始规模化批量生产，产品形式远超自身文化内容。20 世纪 90 年代，时代把大众定义为文化工业产品的消费的领航者。城市大众文化经过策划、投资制作到生产、宣传、发行，进入实际消费阶段。这一系列步骤已被纳入中国都市大工业生产的环节，批量生产的文化产品被投放到市场中。同时，这些大众文化产品日益把商品的交换价值和使用价值也作为重要的评判手段，忽视了商品的审美与文化价值[1]。

第二，1990 年以后，部分作家的创作方向逐渐向市场化、大众化转变，他们将原来的历史、文学经典用虚拟叙事的方式演

---

[1] 徐雪平：《批判与反思——法兰克福学派大众文化批判理论研究》，华中师范大学硕士学位论文，2008 年。

绎成普通大众所喜闻乐见的文学形式，成为现代都市社会的故事讲述人。这一时期，文化作品大众化，一些群众文化作品开始流行起来，尤其是畅销的长篇小说，发行量近百万册，甚至成为作家的代名词，群众的现实文化需求因此逐步得到满足。如王安忆的《长恨歌》、陈忠实的《白鹿原》、余华的《许三观卖血记》、余秋雨的《文化苦旅》、余华的《活着》等。另外，这个时期的很多影视作品实际上也在一定程度上放弃了对旧有意义的追寻，在寻找生命的本质以及绝对价值方面起到了不可或缺的作用，并且通过一种游戏化的叙事方式，让读者可以将现实生活与文学作品的虚拟情节相联系，形成一种自成体系、自我封闭的文本游戏方式。比如《新白娘子传奇》《大时代》《青青河边草》《神雕侠侣》《一帘幽梦》《天龙八部》《还珠格格》《小李飞刀》等。这些影视作品中在一定程度上都加强了它的感官刺激功能、游戏功能以及娱乐功能，弱化了文学艺术中的审美功能、认知功能和教育引导功能。

第三，大众文化在发展过程中已经深入人心，在城市发展中的地位逐渐提高，群众文化消费成为社会潮流。20 世纪 90 年代以来，在严肃文化作品的市场数量逐渐减少的同时，大众文化作品有着惊人的出版发行量，上海的《故事会》发行 650 万份，武汉的《古今传奇》发行接近 200 万份，太原的《民间文学》发行 100 万份[1]。除此之外，"KTV"空前普及，电视成为新的神话。在这种情况下，大众文化和城市大众的地位都变得十分突出，文化消费者或受众对文化形态的影响力日益增强[2]，传媒也开始考虑受众的心理需要、精神寄托与情感诉求。另外，从事大众文化生产、制作的"大腕"、明星、名家在这一过程中获得较

① 李春华：《大众文化与文化体制改革》，文化论坛网，2005 年 11 月 23 日，http：//www.ccmedu.com/bbs12_4390.html。

② 陈立旭：《当代中国文化产业发展历程审视》，载于《中共宁波市委党校学报》2003 年第 3 期。

高的荣誉。在社会潮流的引导及大众文化的影响中，城市公众尤其是青年的理想人格楷模，已由政治型、知识型向娱乐型和经济型转变①。

（三）居民文化消费存在的潜在问题

1993～2002年，中国居民文化消费的需求不断增长，文化消费在居民消费中的地位呈上升趋势，各种文化热的现象屡见不鲜。但是，这一时期中国文化产业与居民文化消费还处于初级发展阶段，与物质消费水平相比，居民文化消费居于次要地位，文化需求供给不足；文化消费内部结构失衡；就消费格局而言，东中西部居民文化消费差距不断拉大，居民的文化消费动机与消费观念有待转变。

1. 居民文化需求潜力巨大，文化产业供给不足

根据统计数据，表面上，中国城镇居民的文化消费需求与文化产业的供给之间基本处于平衡状态。从需求方面看，到2000年，中国的人均GDP已经达到了849美元，反映城乡居民生活水准的恩格尔系数降至50%以下，城镇居民人均可支配收入达到6 280元，人均消费性支出为4 998元②。其中被列入统计的，与文化相关的旅游、娱乐和耐用消费品、教育、文化服务、通信等几项消费总计占到可支配收入约19%。③按照我国目前大约有4亿城镇人口计算，我国目前城镇居民文化消费需求大约有3 796亿元④。农村居民人均收入达到2 253元，人均消费支出中通信和文教娱乐类支出280元，总计达到2 520亿元⑤。这样算下来，我国与文化相关的消费需求应该在6 000亿～6 500亿元之间⑥。从供给方面看，根据有关统计数据，中国的文化产业各行业在20世纪90年代末进入统计的产值大约是6 000多亿元（1998年

---

① 李明：《中国大众文化消费结构研究》，中国书籍出版社2017年版。

②③⑥ 杨晓光：《文化消费对中国文化发展的影响》，吉林大学博士学位论文，2006年。

④⑤ 雷光华：《WTO与中国文化产业发展研究》，湖南大学博士学位论文，2005年。

6 240 亿元），其中教育、文化艺术及广播电影电视业 1 812.9 亿元（1998 年），国内旅游收入 2 831.92 亿元，图书报刊 355 亿元，邮电通信 1 235.1 亿元（1998 年），音像制品 12.7 亿元[1]。因此，从上述数据分析可以得出中国文化产业的供求基本保持平衡，中国文化产业表面上基本满足了居民文化消费的需求。

实际上，居民文化需求的巨大潜力并未被统计数据所揭示。第一，文化及相关产业在当时的发展水平较低，在中国国内生产总值中的占比较低，文化产品供给不足，无法充分满足居民文化消费需求。文化产业属于第三产业，国际经验表明，当一国人均国内生产总值跨越 1 000 美元时，第三产业的比重应该达到 40%左右，而中国在这一时期人均国内生产总值已达到 1 000 美元，第三产业的比例却为 33.2%[2]。第二，中国经济体制改革尚未完成，各项改革举措尚未落实，中国居民的消费需求没有得到充分满足与释放。根据我国文化产业部门统计数据，中国电影业、电视业存在大量的经营不善和亏损，许多作品出版后无人问津，库存积压严重，而一些作品却不明原因地骤然获利[3]。有统计表明中国电影的生产在这一阶段逐步下降。1992 年我国共生产了 170部故事片，为近 10 年来之最，此后 1995 年是 146 部，1996 年是110 部，1997 年是 88 部，1998 年只剩下 82 部[4]。当时火爆一时的传统文化娱乐业如歌厅舞厅等经济效益迅速下滑，成为亏损行

---

① 中国文化产业论坛（南京）：《2001～2002 年中国文化产业蓝皮书总报告（节选）》，新华网，2002 年 5 月，http://www.js.xinhuanet.com/subject/wenhua/fz01.htm。

② 雷光华：《WTO 与中国文化产业发展研究》，湖南大学博士学位论文，2005 年。

③ 张晓明、胡惠林、章建刚：《中国文化产业的发展及对策》，载于《中国经贸导刊》2002 年第 4 期。

④ 胡攀：《大力发展文化产业满足文化消费需求》，载于《重庆邮电学院学报》（社会科学版）2004 年第 3 期。

业①。这些现象说明，中国文化产品市场供给与居民文化需求并不相适应，产业部门和企业单位提供的一些文化产品不能满足人民群众日益增长的、多元化、个性化的文化消费需求。

2. 文化消费内部结构不合理，消费水平有待提高

在统计数据中，"文化消费"的数据来自"文教娱乐服务消费"，其中"教育消费"是"文教娱乐服务消费"的重要组成部分，且"教育消费"在"文教娱乐服务消费"中的占比过高，"教育消费"从属于"文化消费"但并不等同于"文化娱乐消费"。1992～2002年间，居民文化娱乐消费数量迅速上升，与教育费用的提高密切相关。教育费用在文化消费的比重中过大意味着居民对其他文化娱乐产品的消费还有待提高。

这一时期，中国居民文化消费水平较低，与发达国家的居民文化消费水平的差距较大。比如，1998年全国文化产业增加值仅占国内生产总值的0.75%，占第三产业增加值的2.33%，吸纳的就业人员仅占总就业人数的0.4%左右，而一般发达国家则占3%～6%②。以图书消费情况作比较：2000年中国人均购书5.5册，29.77元人民币，而美国1999年图书销售240.2亿美元，人均约为100美元，折合人民币800多元③。中国杂志的年发行量约为29亿册，按人口计，全国人均年占有期刊仅为2册，而美国目前人均年占有杂志在20册以上，一年的总发行量是中国的数倍④。2002年6月10日，"美国文化机构及文化消费观众的经济影响"研究机构披露，美国非营利性的文化产业每年在国

① 中国文化产业论坛（南京）：《2001～2002年中国文化产业蓝皮书总报告（节选）》，新华网，2002年5月，http：//www.js.xinhuanet.com/subject/wenhua/fz01.htm。

② 江蓝生、谢绳武主编：《中国文化产业发展报告（2001～2002）》，社会科学文献出版社2002年版，第118～129页。

③ 蒋述卓：《消费时代的文学商业化彰显创造性的丧失》，腾讯网，2014年5月13日，http：//cul.qq.com/a/20140513/010796.htm。

④ 秦朔：《中美杂志比较研究》，载于《大市场》（广告导报）2002年第2期。

民经济活动中产生 1 340 亿美元的收益，其中文化组织消费为
532 亿美元，文化消费者的其他副产品消费为 808 亿美元①。文
化消费 1 340 亿美元在美国国民经济活动中的作用非常显著，其
中包括：提供了相当于 485 万个全职工作职位，894 亿美元的家
庭收入，66 亿美元的地方政府税收，73 亿美元的州政府税收，
105 亿美元的联邦政府税收②③。由此可见，文化消费对国民经济
的增长具有重要作用，中国文化消费水平有待提升。

第三节　文化市场主体显现

　　1992～2002 年是中国文化市场逐步开放与扩大的时期。1992
年后的十多年，在经济体制改革全面深化、市场准入开放、定价
机制开放和互联网快速普及的共同影响下，中国文化市场主体构
成格局发生了重大变化。传统的新闻、出版、报纸、期刊、广
播、电视依然占有文化市场最大的存量资产，虽然仍依赖于国有
资本，但是社会资本和境外资本已经开始逐步介入部分领域的内
容生产与制作；以民营资本为主的演艺业、文化娱乐业（歌舞
厅、网吧、游戏厅等）、广告业及新兴互联网产业还吸收了部分
境外资本；各类资本对电影制作业、发行业的进入则更为自由。
以公有制为主体、对境内外资本开放、多种所有制共同发展的文
化市场主体构成格局初步形成④。

---

　　①　徐斌：《文化事业与文化产业的界定：一个经济学分析》，江西财经大学
2004 年硕士论文。
　　②　李康化：《文化消费：扩大内需的有效路径》，载于《中国文化产业发展报
告》2003 年。
　　③　尹继佐：《培育上海城市精神 2004 年上海文化发展蓝皮书》，上海社会科学
院出版社 2002 年版。
　　④　张晓明、惠鸣：《全面构建现代文化市场体系》，社会科学文献出版社 2014
年版。

一、文化市场建设的政策基础

1992 年，以党的十四大召开为标志，中国对外开放和经济体制改革进入全新阶段。在培养市场主体方面，党的十四大报告认为，建立社会主义市场经济体制的中心环节是转换国有企业特别是大中型企业的经营机制，理顺产权关系，实行政企分开，落实企业自主权，使企业真正成为自主经营、自负盈亏、自我发展、自我约束的法人实体和市场竞争的主体，并承担国有资产保值增值的责任[①]。党的十四大报告在市场主体培养方面对经济体制改革的重点进行了部署。

党的十四大报告奠定了中国经济体制改革的基调，此后召开的一系列重要会议都是对党的十四大报告基本理念的补充和发展。1999 年党的十五大报告首次提出了"建立现代企业制度"的新目标，指出要按照"产权清晰、权责明确、政企分开、管理科学"的要求，对国有大中型企业实行规范的公司制改革，使企业成为适应市场的法人实体和竞争主体[②]。党的十五大报告还强调，以公有制为主体、多种所有制经济共同发展是中国社会主义初级阶段的一项基本经济制度[③]。2002 年，党的十六大报告对国有资产监管提出了新的要求：建立中央政府和地方政府分别代表国家履行出资人职责，享有所有者权益，权利、义务和责任相统一，管资产和管人、管事相结合的国有资产管理体制[④]。

改革开放后，中国进行了"双轨制"改革，目的是在稳定

---

① 江泽民：《加快改革开放和现代化建设步伐，夺取有中国特色社会主义事业的更大胜利》，共产党新闻网，2008 年 9 月 23 日，http：//cpc. people. com. cn/GB/64162/134902/8092276. html。

②③ 江泽民：《在中国共产党第十五次全国代表大会上的报告》，人民网，1997年9 月 18 日，http：//cpc. people. com. cn/GB/64162/64168/64568/65445/4526287. html。

④ 江泽民：《全面建设小康社会，开创中国特色社会主义事业新局面》，人民网，2002 年 11 月 14 日，http：//cpc. people. com. cn/GB/64162/64168/64569/65444/4429125. html。

当时体制格局的情况下增强活力和提高效率。这一改革是对计划体制下文化事业单位的微观调整、局部搞活。1992年后的十多年，中国文化市场改革则寻求整体性、体制性突破，这十多年总体上又可以分为两个阶段。

从1992年到1996年党的十四届六中全会前是第一阶段，文化市场建设推进较为缓慢，未实现重大突破。比如，1992年党的十四大报告中还没有具体提到"文化市场"。1993年3月，时任国务院总理李鹏在八届全国人大一次会议《政府工作报告》中指出，"深化文化管理体制改革，鼓励社会办文化，培育和发展健康的文化市场"[1]，还未对"文化市场"作出具体安排。

从1996年到2002年党的十六大召开是第二个阶段。这一阶段，国家对文化市场建设的认识逐步深化。1996年，党的十四届六中全会《中共中央关于加强社会主义精神文明建设若干重要问题的决议》（以下简称《决议》）在文化体制改革领域形成了一系列新的认识。《决议》指出："改革文化体制是文化事业繁荣和发展的根本出路。改革要遵循文化发展的内在规律，发挥市场机制的积极作用。改革要区别情况、分类指导，理顺国家、单位、个人之间的关系。"[2]《决议》还强调，文化企事业单位要深化改革，加强管理，建立健全既有竞争激励又有责任约束的机制[3]。这是当时有关文化政策的最为全面的文件，为之后文化产业战略的提出与文化体制改革的深化奠定了一定的理论基础。

2000年10月，中共十五届五中全会通过的《关于制定国民经济和社会发展第十个五年计划的建议》提出："完善文化产业

① 李鹏：《政府工作报告——1993年3月1日在第八届全国人民代表大会第一次会议上》，载于《人民日报》1993年4月2日。
②③ 《中共中央关于加强社会主义精神文明建设若干重要问题的决议（1996年）》，中国文明网，2016年2月15日，http：//www.wenming.cn/ziliao/wenjian/jigou/zhonggongzhongyang/201602/t20160215_3144989.shtml。

政策，加强文化市场建设和管理，推动有关文化产业发展。"①
这是"文化产业"概念首次在党中央文件中出现，同时也强调
将"加强文化市场建设和管理"与"推动有关文化产业发展"
相结合，明确了建设文化市场的目的，并将文化产业的发展奠定
在文化市场的基础之上，这标志着在改革的方向和文化市场建构
的总体设计上取得了突破性进展。

2002 年，十六大报告在文化体制改革方面提出，"要积极发
展文化事业和文化产业""完善文化产业政策，支持文化产业发
展，增强中国文化产业的整体实力和竞争力"②，重点提出"抓
紧制定文化体制改革的总体方案，把深化改革同调整结构和促进
发展结合起来，理顺政府和文化企事业单位的关系，加强文化法
制建设，加强宏观管理，深化文化企事业单位内部改革，逐步建
立有利于调动文化工作者积极性，推动文化创新，多出精品、多
出人才的文化管理体制和运行机制。"③

在改革开放和社会主义市场经济体制改革的推动下，中国对
文化体制改革和文化市场的认识取得重要突破，在文化市场建设
和 21 世纪的文化改革发展中发挥了重大作用。

二、文化市场体系成形

1992 年以后是中国文化市场的全面扩张阶段，这一阶段以
邓小平南方谈话与社会主义市场经济体制目标的确立为标志，中
国文化市场进入一个全面发展的新阶段。傅才武、宋丹娜

---

① 《中共中央关于制定国民经济和社会发展第十个五年计划的建议》，共产党新闻网，2000 年 10 月 11 日，http：//cpc. people. com. cn/GB/64162/71380/71382/71386/4837946. html。

②③ 《全面建设小康社会，开创中国特色社会主义事业新局面》，人民网，2002年 11 月 14 日，http：//cpc. people. com. cn/GB/64162/64168/64569/65444/4429125. html。

（2008）① 对这一阶段进行了详细论述。

第一，国有文化行业向缩小战线、明确文化单位的市场主体地位、提高经营效率方向转化。② 如 20 世纪 90 年代中期以后，湖北省根据市场需求状况，对专业艺术表演团体的布局结构进行了调整，保留了有市场有特色的艺术品种和院团，淘汰了一批低水平、无特色、无市场的剧团。在压编国办专业剧团的同时，又以多种措施，促进企业办团、社会办团、民营办团。专业剧团由 1985 年的 118 个精简至 2002 年的 93 个，从业人员由 1985 年的 9 500 人精减至 2002 年的 6 200 人。③④ 在此基础上，所有在职人员重新考核、聘用上岗；人员聘用与职称分离，不论资、不排辈，可高职低聘⑤，也可低职高聘。

以上海市为例，在 1997～2000 年的改革中，上海市对文化机构及其队伍进行"消肿"。上海市文化局原有剧团 18 个，经过重新布局结构和撤并后，到 1998 年只有 15 个市文化局直属艺术团体⑥。从 1992 年开始，上海市文化局开始在各艺术院团实行全员聘任制的改革，自 1997 年以来，上海市文化局又开始新一轮的艺术剧团体制改革，实施全员聘任合同制，改国家用工为单位用工，改固定制用工为合同制用工⑦。

第二，文化市场主体逐步多元化。这一时期，出于经济效益考量，部分国营文化机构逐步退出文化市场，一些民营文化机构

---

① 傅才武、宋丹娜：《文化市场演进与文化产业发展》，湖北人民出版社 2008 年版。

② 韩永进：《中国文化体制改革 32 年历史叙事与理论反思》，中国艺术研究院博士学位论文，2010 年。

③ 《湖北年鉴社 2005》（总第十七卷），湖北年鉴社 2005 年版。

④ 田豆豆：《开放市场　多元投资（文化体制改革试点经验）》，人民网，2005 年 8 月 5 日，http://www.sina.com.cn。

⑤ 《总类　文化事业发展概况》，湖北年鉴社 2003 年版。

⑥ 陈立旭：《当代中国文化产业发展历程审视》，载于《中共宁波市委党校学报》2003 年第 3 期。

⑦ 程恩富主编：《文化经济学通论》，上海财经大学出版社 1999 年版，第 382～329 页。

开始进入文化市场，文化市场日益多元化。以文化艺术、娱乐、音像书刊行业为例，国有文化部门创办的文化经营单位在1997年只占整个文化经营单位的10%左右，而非国有原文化部门创办的已占88.6%①。在北京，出现了"民营"向"国营"的全面渗透。1993年由民营企业家钱程与中央乐团签约，出资45万元承包了北京音乐厅和政府投资上亿元建成的北京标志性文化建筑中山公园音乐堂，这是民营国营同台竞争的典型案例②。1999年后，上海也开始出现中外合资企业。

第三，文化市场向细分化发展。1992年之前，中国文化市场中文化产品和服务市场已经取得初步发展，但文化资金、设施、人才、中介和产权版权等文化要素市场的发展举步维艰。1992年以来，文化要素市场在北京、上海、广州等一些比较发达的城市中开始孕育和成长。例如，上海市建立了上海市演出公司、对外文化交流公司、演出总公司、上海交大演出中心、上海广电演出有限公司等中介服务的文化企业，逐步覆盖了演出市场的大部分领域，向要素市场的专业化、规范化和国际化跨出了一大步③。其中，上海市演出公司是全国最早建立的具有独立法人资格的国有演出公司之一，它专门经营境内外各类文艺演出，同时经营演出广告、舞台设计、展览、演出器材等相关业务，其特点是初步形成集约化的经营机制，实现了整体运作④。到1999年初，它已经举办演出15 000多场，演出足迹遍布了全国100多个大中小城市，并与美、英、法、德、日等50多个国家和地区的200多个演出团体进行了合作⑤。

① 程恩富主编：《文化经济学通论》，上海财经大学出版社1999年版，第382～329页。
②④ 刘永梅：《中国文化产业发展研究》，西南大学2007年硕士学位论文。
③ 范周、杨乔：《改革开放四十年中国文化产业发展历程与成就》，载于《山东大学学报》（哲学社会科学版）2018年第4期。
⑤ 陈立旭：《当代中国文化产业发展历程审视》，载于《中共宁波市委党校学报》2003年第10期。

三、文化市场主体显现

（一）以集团化改革构建市场主体

党的十四大之后，为适应对外开放和国际竞争，中国通过企业联合、兼并，组建了一批大型国有企业集团，有效地提升了中国国有企业集团的市场占有率和国际竞争力。但是在原文化部门条块分割、垂直管理、地域化管理等多种因素制约下，中国文化市场集中度低，国有文化企业和经营性文化单位规模偏小、效率低下，国有文化企业整体竞争力不足等问题十分突出。据统计，截至 1999 年，中国原文化部下属的企事业机构共 33.07 万个，从业人员共 166.15 万人，平均每个下属单位只有从业人员 5 人左右。[①] 同年，原文化部所属图书批发零售机构共有 13 056 个，从业人员 2.3 万人[②]。

20 世纪 90 年代中期以来，为优化资源配置、减缓经济压力，中国加快文化市场改革进程，不断推动文化企事业单位的兼并重组，打造具有竞争力的文化企业集团。在这一背景下，中国文化传媒领域开始了集团化重组的进程。

以报业为例，《广州日报》于 1996 年 1 月在国内率先成立了广州日报报业集团，开启了中国传媒业集团化整合的进程。2000 年 12 月，中国第一个省级广电传媒集团湖南广播影视集团成立。2001 年 8 月，中共中央办公厅、国务院办公厅转发了《中央宣传部、国家广电总局、新闻出版总署关于深化新闻出版广播影视业改革的若干意见》（以下简称《意见》），要求从组织结构调整入手，积极推进文化行业集团化建设，组建一批主业突出、品牌名优、综合能力强的大型文化集团，以迅速提高文化企事业的竞

---

① 于文华：《加入世贸组织对中国文化产业的影响和对策》，引自刘玉珠、金一伟主编：《WTO 与中国文化产业》，文化艺术出版社 2001 年版，第 2 页。

② 江蓝生、谢绳武主编：《2001～2002 年：中国文化产业发展报告》，社会科学文献出版社 2002 年版，第 14 页。

争力①。《意见》出台后，2002年初，全国共组建了文化集团72家，其中报业集团38家、出版集团10家、发行集团5家、广电集团12家、电影集团5家②。中国文化领域集团化进程在这一时期全面加速。

集团化改革具有十分重要的意义。其一，改革推动了国有文化资源整合，增强了文化企业的资源整合能力与市场开发能力，提高了中国文化企业参与全球文化市场竞争的能力。其二，通过集团化改革，文化企业小而散的基本格局得到改善，文化领域的行业集中度得以提高，同时改革为文化体制改革的进一步深化奠定了基础。1998年，中国政府职能部门不再直接办刊办报，退出出版经营领域，切断了新闻出版单位与各个政府机构的传统依附关系，2 000余家报纸和8 000余家刊物被"逼"上产业化运行的轨道③。1999年，开始了传媒集团和多传媒文化产业集团的组建④。2000年，"传媒概念"走红股市，开始尝试传媒集团与资本市场的结合⑤。根据相关研究，截至2002年，全国共成立了36家报业集团，全国报业发行的市场集中度比1997年大幅提高，当年全国36家报业集团以及新华社、人民日报社所属的系列报纸发行量占全国报纸总发行量的4.50%，其中全国前10位的日报发行市场集中度从1997年的21.60%上升到43.35%，⑥文化产业从分行业局部改革，慢慢过渡到整体性改革阶段。

但是通过集团化改革新组建的集团是"事业性质"的，并未形成现代企业制度。虽然对提升文化企业事业单位的竞争力和

---

① 《传媒改革30年大事记》，载于《传媒》2008年第11期。
② 曹普：《20世纪70年代末以来的中国文化体制改革》，载于《当代中国史研究》2007年第5期，第103页。
③ 许慧宏、吴声怡：《我国文化产业发展的分析》，载于《科技和产业》2005年第3期。
④⑤ 雷光华：《WTO与中国文化产业发展研究》，湖南大学博士学位论文，2005年。
⑥ 陶喜红：《中国传媒业市场结构演变研究》，中国社会科学出版社2013年版，第60页。

应对国际文化市场的挑战具有重要意义，但这些集团是由行政力量整合形成而非市场资本并购的力量促成。原有体制下的条块分割与行业壁垒问题没有解决，可能会形成新的地方垄断利益集团①。所以，集团化在资产规模、全国性市场占有规模，以及跨行业、跨区域的程度等方面具有一定的局限性，要抵御加入 WTO 后可能进入中国市场的西方巨型文化传媒集团的影响力还需要积聚力量。

（二）经济体制改革下民营文化企业兴起发展

1992～2002 年是中国经济体制改革的关键时期。1992 年，中共中央下发《关于加强和改进宣传思想工作，更好地为经济建设和改革开放服务的意见》，提出对文化经济政策的总的指导思想，指出财政、税收、物价部门应主动会同宣传文化部门研究完善文化经济政策②。此后，为贯彻落实中共中央的要求，财政部、国家税务局、国务院相继出台了一系列文化经济政策相关文件。这些文件包括财政部《关于进一步支持宣传文化企业发展的通知》（1993）、国家税务局《关于进一步支持宣传文化事业的通知》（1993）、财政部和国家税务总局《关于继续对宣传文化单位实行财税优惠政策的规定》（1994）、国务院《关于进一步完善文化经济政策的若干规定》（1996）、国务院《关于支持文化事业发展若干经济政策的通知》（2000）等。这些文件所提出的文化经济政策包括对文化企事业单位进行税收减免以及设立文化企业发展专项资金和文化事业发展专项资金等。这些文化经济政策的提出以及中国文化市场体制改革的逐步推进，为中国民营文化企业的发展奠定了基础。

---

① 张晓明、胡惠林、章建刚：《战略性调整中起步的中国文化产业》，引自江蓝生、谢绳武主编《2001～2002 年：中国文化产业发展报告》，社会科学文献出版社 2002 年版，第 16 页。

② 《中共中央关于加强和改进宣传思想工作，更好地为经济建设和改革开放服务的意见》，法律教育网，1992 年 9 月 3 日，http：//www.chinalawedu.com/falvfagui/fg22016/11609.shtml。

1992 年后，非公有制经济不再作为公有制经济的"补充"，而成为与公有制经济"并存"的经济体制。1997 年，党的十五大报告明确提出"以公有制为主，多种所有制经济并存"。当时部分个体工商户逐步发展为私营企业或民营企业，据调查，1998 年全国有个体工商户 3 120 万户，有 6 114 万从业人员，私营企业 120 万家，1 709 万从业人员，在 1978 年这两部分占 GDP 的比重仅为 0.9%，经过 20 年发展，比重增加到 17%①。

中共十五大明确非公有制经济的定位后，民营企业开始向多领域延伸发展，尤其是高科技领域。比如，上海高科技民营企业在文化企业中的比重是以往的 2.5 倍，并且民营文化企业吸引了一大批知识分子、管理人才和专家学者，为现代企业的发展提供了重要的人才支撑与内生动力。2000 年，国家颁布《个人独资企业法》，为非公有制经济的发展再次助力、再创舞台。当时，在上海人才"夏交会"上，参加的 510 家企业中有 31% 为民营企业，而 1999 年民营企业参加比例仅为 1%②。随着市场经济体制改革的深入发展，民营企业将会有更大的市场空间，并且不断成长成熟（见表 3 - 4）。

表 3 - 4 　　　　1992~2000 年中国民营企业发展状况

项目	户数		从业人员		注册资金		产值		消费品零售额	
年份	户数	比上年增长（%）	人数（万）	比上年增长（%）	金额（亿元）	比上年增长（%）	金额（亿元）	比上年增长（%）	金额（亿元）	比上年增长（%）
1991	107 843	—	184	—	123	—	147	—	57	—
1992	139 633	29.5	232	26.1	681	453.7	205	39.5	91	59.6

① 作者根据相关公开资料整理。
② 纪红坤：《中国民营企业企业文化现状与发展研究》，哈尔滨工程大学硕士学位论文，2006 年。

续表

项目	户数		从业人员		注册资金		产值		消费品零售额	
年份	户数	比上年增长（%）	人数（万）	比上年增长（%）	金额（亿元）	比上年增长（%）	金额（亿元）	比上年增长（%）	金额（亿元）	比上年增长（%）
1993	237 919	70.4	373	60.8	1 448	112.6	422	105.9	190	108.8
1994	432 240	181.7	648	73.7	2 622	81.1	1 140	170.1	759	299.5
1995	654 531	151.4	956	47.5	3 752	43.1	2 295	101.3	1 006	32.5
1996	819 252	125.2	1 171	22.5	5 140	37.0	3 227	40.6	1 459	45.0
1997	950 726	116.0	1 349	15.2	7 198	40.0	3 923	21.6	1 855	27.1
1998	1 201 000	126.3	1 709	26.7	10 287	42.9	5 853	49.2	3 059	64.9
1999	1 508 857	125.6	2 022	18.3	11 405.12	10.9	7 686	31.3	4 191	37.0
2000	1 761 800	116.8	2 406	19.0	13 307.69	16.7	10 738.78	39.7	5 813.4	38.7
平均增长率	115.9		34.4		93.1		66.6		79.3	

资料来源：作者根据相关公开资料整理。

对文化产业发展来说，市场主体建设至关重要。但这一阶段中国文化市场主体建设仍存在许多问题。一是受计划经济体制的影响，中国国有文化企事业单位转企改制后仍然属于事业单位性质，文化市场主体缺位；二是中国文化市场主体涉入领域较为单一，且国际竞争力较小；三是文化事业、产业定位模糊，政府职能划分尚不清晰。

文化市场主体构成格局的初步形成标志着中国文化市场全方位开放格局的基本形成。在经济全球化浪潮席卷而来、改革开放深入推进的背景下，中国的文化企业能不能在面对激烈的国内外市场竞争环境中留存并发展壮大，既取决于中国文化体制改革的深化和文化市场环境的全面优化，又依靠市场主体对国内外两种资源的优化配置以及对国内外两个市场的开发与利用。

第四节 主要文化产业业态介绍

20 世纪 90 年代以来，广播影视业、新闻出版业、广告业、文化艺术业、图书馆业、文物业、博彩业、体育业、会展业等均得到迅速发展，为文化产业产品与市场的繁荣发展做出了巨大贡献。据统计，截至 2002 年底，全国共有艺术表演团体 2 592 个，文化馆 2 847 个，公共图书馆 2 689 个，博物馆 1 451 个。广播电台 306 座，中、短波广播发射台和转播台 770 座，电视台 360 座，有线电视用户 9 638 万户[①]。当年生产故事影片 100 部，科教片、纪录片、美术片 69 部，出版全国性和省级报纸 230 亿份，各类杂志 30 亿册，图书 68 亿册（张）。2003 年末全国共有档案馆 3 902 个，已开放各类档案 4 908 万卷（件）[②]。全国共有文化经营单位 22.4 万多个，文化产业总固定资产达 442 亿元，年实现利润 31.8 亿元。2001 年，中国城乡居民消费中，"娱乐、教育、文化服务"类支出总额约为 4 555 亿元[③]。由此可见，中国文化产业业态在文化市场的迅速扩张中不断改革发展、繁荣兴盛。

一、广播影视行业

2001 年中央宣传部、国家广电总局、新闻出版总署出台《关于深化新闻出版广播影视业改革的若干意见》（以下简称《意见》）标志着新闻出版业改革由试点阶段进入到整体推进阶段。根据该《意见》，广播影视业各部门经批准可融资、可成立

---

①② 《中华人民共和国 2002 年国民经济和社会发展统计公报》，国家统计局网站，2003 年 2 月 28 日，http://www.stats.gov.cn/statsinfo/auto2074/201310/t20131031_450865.html。

③ 江蓝生、谢绳武主编：《2001~2002 年中国文化产业发展报告》，社会科学文献出版社 2002 年版。

有限公司或股份有限公司，可以由集团控股，吸收国有大型企事业单位资金①。同时，根据文件精神，媒介集团可在新闻出版广播影视集团内部通过多种形式筹集资金；在确保国有控股的情况下，广播电视部分公司可吸纳国内外非国有资金，并允许经营性资产上市②。既要通过市场开放的方式做大产业资本和产业规模，又要牢牢把握党的思想宣传阵地，这是深化新闻出版广播影视业改革中始终需要面对的挑战。《意见》在强调向各类资本开放的同时，又通过资本权益进行选择性限制，建立起保障各类传媒意识形态主导权的防火墙。

　　1992～2003 年间，广播影视行业节目内容更加丰富，产业经营市场化。根据《2004 年我国广播电影电视年度发展报告》，截至 2004 年 9 月，中国拥有电台、电视台 1 900 多座，共开办广播节目 1 800 多套、模拟电视节目 2 200 多套，数字付费广播电视节目 48 套；③ 有近 70 家电影制片单位，2003 年底生产故事片 100 余部；有广播影视节目制作经营机构近 900 家，电视剧制作机构 300 多家，年生产电视剧 1 000 多部、11 000 集④。基本建成多技术、多层次覆盖全国的广播电视网络，综合覆盖率分别达到 93.34% 和 94.61%；全国共有电影院 6 000 多家，已建成区域和跨区域电影放映院线 35 条⑤。

　　在产业经营方面，广播影视已初步形成了广播、电影、电视剧、网络和广播电视广告产业蓬勃发展的产业格局。2003 年，全国广播影视系统总收入已达 696 亿元，其中广告收入 324 亿元，财政拨款 74 亿元，财政拨款仅占总收入的 10.6%⑥。总体上看，广播影视已经转为以经营创收为主、财政拨款为辅。

---

　　① 陶喜红：《论媒介融合在中国的发展趋势》，载于《中国广告》2007 年第 6 期。
　　② 陶喜红：《中国传媒业市场结构质变研究》，中国社会科学出版社 2013 年版，第 114 页。
　　③④⑤⑥ 孙向辉、黄炜、胡正荣：《2004 年我国广播电影电视年度发展报告》，人民网，2005 年 3 月 11 日，http://media.people.com.cn/GB/21963/22064/3237060.html。

广播影视作为我国文化产业、信息产业的重要组成部分，正日益发展成为国民经济的新兴产业和新的经济增长点。[①] 从以上数据可以看出，中国广播影视节目的生产、制作、技术水平、规模及实际覆盖率等迅速发展，中国已经成为广播影视大国。

（一）广播电视业

20 世纪 90 年代初，部分有实力的电视台开始建设电视剧制作中心，这是中国电视剧制作领域"制播分离"的最早尝试，也是广播影视行业内容制作和播出权分离的开端。但这些"制播分离"只是国有文化事业单位内部不同部门或环节的分工，并没有为电视节目制作带来社会资本和社会力量。1991 年 1 月，国务院办公厅转发《信息产业部 国家广播电影电视总局关于加强广播电视有线网络建设管理意见的通知》[②] 中提出"网台分营"，被理解成国家要推进"制播分离"，引起了一场社会资本介入电视生产的波澜。但 2000 年 6 月以后，"制播分离"提法被禁，因此之后的一年中许多民间电视制作公司倒闭。2002 年上半年，广电总局再次认可了社会资本参与电视节目制作的资格[③]。据统计，2002 年，全国电视剧投资市场规模为 20 多亿元，其中 80%的资金来自民间投资[④]。

（二）电影业

电影业是人们传统的文化娱乐方式之一，在改革大潮的冲击下，这一时期，随着娱乐方式的多样化，电影业在人们娱乐生活中的地位下降，不得不变革传统的管理体制和经营机制走向市

---

① 孙向辉、黄炜、胡正荣：《2004 年我国广播电影电视年度发展报告》，人民网，2005 年 3 月 11 日，http://media.people.com.cn/GB/21963/22064/3237060.html。

② 国务院办公厅转发《信息产业部 国家广播电影电视总局关于加强广播电视有线网络建设管理意见的通知》，载于《河南政报》1999 年第 11 期。

③ 上海文广新闻传媒集团发展研究部：《为何"制播分离"在中国电视业成了一个迷思?》，人民网，2007 年 12 月 19 日，http://media.people.com.cn/GB/40628/6675346.html。

④ 刘沙：《电视剧融资与投资模式探讨》，载于《中国广播电视学刊（京）》2005 年第 8 期，第 40~42 页。

场。四川最早实现两个电影发行渠道；浙江率先创建电影超市；杭州庆春电影大世界因其拥有 12 个电影放映厅，创造了每天 3 万~5 万元的票房收入，于 2000 年成为全国电影院票房之最；北京、上海等地还率先引入外资经营影院。电影业管理体制和经营机制的不断创新，促进了中国电影市场的竞争，极大提高了经济效益。比如这一时期拍摄的《甲方乙方》《没完没了》《不见不散》等贺岁片虽投资几十万元，票房收入却达千万元。张艺谋执导的影片《英雄》，投资 3 000 万美元，国内音像版权则拍出 1 780 万美元的天价，欧美发行权售价也高达 2 000 万美元，在北京、上海等地的首映式上更出现了一票难求的场面[1]。高票房电影成为国产商业电影成功运作的典范，也对中国电影行业的发展带来了深远影响。

改革开放之初，电影业一度是全国人民最重要的文化娱乐方式，但随着电视的普及和全社会文化娱乐方式的多样化，以及电影发行机制、定价方式的长期僵化和投资不足等原因，电影业从 20 世纪 80 年代中后期开始衰落。《人民日报》1995 年 5 月 5 日第五版文章《冲出困境再造辉煌》一文中写道：1992 年全国全年电影观众在 10 年内减少了 100 亿人次之后还剩 105 亿人次……而 1993 年全国的观众人次、放映场次和发行、入映总收入比 1992 年又有了不同程度下降。到 1994 年，观众年观影人次已经从 1979 年的 293 亿下降到了 3 亿[2]。1995～2002 年我国全年电影产量一直徘徊于 100 部以内[3]。当时中国电影的年票房不足 9 亿元，[4] 发展态势下滑，出现危机。

---

① 新华每日电讯：《燃〈激情〉，唤〈英雄〉》，2002 年。

② 《央视聚焦文化改革发展：探索全新创作和营销模式》，中国新闻网，2011 年 10 月 25 日，http：//www. chinanews. com/cj/2011/10－25/3411678. shtml。

③ 百度文库：《央视聚焦文化改革发展：探索全新创作和营销模式》，CCTV《经济半小时》，2011 年 10 月 25 日，http：//www. sina. com. cn。

④ 黄志杰：《体制改革为中国电影松绑》，载于《瞭望东方周刊》2010 年第 38 期，第 22 页。

在这一背景下，中国电影业的市场化从影片发行改革和票价开放开始。国家物价局于 1992 年 9 月正式宣布放开电影票价，由电影院根据影片质量、放映设施、观映环境等自行定价。1993 年 1 月，广播电影电视部印发了《关于当前深化电影行业机制改革的若干意见》，提出了电影票定价的两项改革意见：一是将国产故事片由中影公司统一发行改为由各制片单位直接与地方发行单位见面（进口影片仍统一由中影公司向各省、市、自治区公司发行）；二是电影票价原则上要放开，具体由各地方政府掌握①。这两项意见的提出，意味着电影业实行多年的国产片发行独家经营、统购统销的计划经济生产流通模式终结，电影票价市场化。1993～1994 年，影片开始自主发行。在此基础上，1995 年，当时的广播电影电视部开放了社会资本投资电影制作，并出台《关于改革故事影片摄制管理工作的规定》。该规定除放宽投资制作故事片的资格限制外，专门对"其他社会法人组织"投资拍摄故事片做了限制：其他社会法人组织向具有出品权的电影制片厂投资拍摄故事片，其投资额达 70% 以上，并能遵守电影艺术创作的有关规定和制片管理规定的，经总局电影局批准，可就该部影片与电影制片厂签订合同，共同署名"联合摄制"字样，影片由有出品权的电影制片厂出品②③。2002 年初，新的《电影管理条例》颁布，明确鼓励企业、事业单位和其他社会组织以及个人以资助、投资的形式参与摄制电影，并规定这些非制片单位与原国有制片厂拥有同样的权利和义务，进一步为社会资本进入电影产业开辟了通道④。至此，电影业基本实现了市场化。

---

① 张元：《关于当前深化电影行业机制改革的若干意见》，国际在线网，2004 年 12 月 14 日，http：//news. cri. cn/gb/3821/2004/12/14/1329@391358. htm。

② 《中国电影年鉴 1997》，中国电影出版社 1998 年版。

③ 《关于改革故事电影片摄制管理工作的规定》，正保法律教育网，1995 年 1 月 5 日，http：//www. chinalawedu. com/falvfagui/fg22598/25326. shtml。

④ 《电影管理条例（2001 年）》，中国政府网，2001 年 12 月 25 日，http：//www. gov. cn/gongbao/content/2002/content_61864. htm。

从表 3 – 5 的数据可以看出，中国的电影产业，自从 1994 年
开始建设市场经济后，故事片、美术片、科教片、纪录片等类影
片都呈现出产量逐年递减的趋势，考虑到故事片和美术片的进口
因素的影响，中国电影领域实际减少的是市场需求相对较弱、经
济效益相对较差的科教片和纪录片，这一数量的变化展现出文化
产业社会效益和经济效益之间的矛盾。

表 3 – 5　　　　　　1992～2000 年中国电影产量变化情况

年份	故事片（部）	美术片（部）	科教片（部）	纪录片（部）
1992	170	56	354	307
1993	154	47	252	300
1994	146	32	182	22
1995	146	37	40	111
1996	110	58	33	39
1997	88	28	34	95
1998	82	9	30	54
2000	91	1	49	10

资料来源：国家统计局：《中国统计年鉴 2001》，中国统计出版社 2001 年版。

2002 年，中国开始推行院线制改革，院线制的建立打破了
原有计划供给、层层发行的电影放映体制壁垒，使电影发行市场
化、规范化，进一步促进了中国电影市场的发展。2002 年，中
国准确统计的银幕数是 1 581 块；2003 年，中国电影全面推行产
业化改革，当年底银幕数增加至 2 296 块，一年间增加了 715
块①。自此，中国银幕数量开始平稳增长，电影业重新开始走向
繁荣。

① 《全球及中国电影院数量统计》，2013 年 10 月 19 日，https：//wenku. baidu.
com/view/b51bdb42af1ffc4ffe47ac48. html。

这一时期,中国经济体制改革尚未完成,因此广播影视行业
还存在一些问题亟待解决。首先是广播影视行业内部管理体制依
照事业单位模式运作;其次是广播影视行业产业链条单一,亟须
引入先进技术改革升级,扩大行业规模;最后是广播影视行业还
需突破原有计划经济体制弊端,建立健全市场体制机制和政策法
规体系,并采取多渠道盈利模式,进一步降低准入门槛,积极进
入多种资本促进发展。同时,这一时期广播影视行业的发展也出
现了一些新趋势。一是频道更加专业化、节目更加对象化;二是
广播影视数字化趋势显现并开始迅速覆盖全国各地;三是社会资
本开始进入广播影视领域,民营影视企业成为中国影视产业的重
要力量;四是广播影视行业制作出的产品,其内容与质量日益受
到关注与重视。

二、新闻出版行业

1993～2002年,文化市场迅速发展,中国新闻出版业整体
规模不断扩大,初步形成了门类比较齐全的产业体系[1]。根据中
国出版网数据统计,2003年全国出版图书、期刊、报纸总印张
为1 806.93亿印张,折合用纸量418.59万吨,与上年相比用纸
量增长10.75%[2]。其中:书籍用纸占总量14.11%,课本用纸占
总量11.77%,图片用纸占总量0.1%,期刊用纸占总量6.13%,
报纸用纸占总量达到67.89%[3]。

1993～2002年,中国新闻出版行业不断进行改革,主要表
现在三个方面:一是原有事业单位趋向现代企业与现代事业的分
化,编辑权与经营权相对分离,注重市场对新闻资源的重新分

① 联合国教科文组织:《2000年世界文化报告》,北京大学出版社2002年版。
②③ 新闻出版总署计划财务司:《2003年全国新闻出版业基本情况》,载于
《出版经济》2004年第6期。

配;① 二是在管理模式上，强调经济效益和社会效益"两手抓"，出现了商业型媒体和责任型媒体；三是大众化与小众化相结合，同等重视产品的销售与质量。2004 年，国务院发布《关于中国出版集团转制为中国出版集团公司并授权管理国有资产等有关问题的批复》，正式批准中国出版集团整体转制为中国出版集团公司，并获得国务院国有资产经营授权，成为中国第一家转制为企业的出版集团②。在改革中，报业和出版社分为事业单位性质不变的党报和重要媒体、转制为企业的出版社两类。后者可以在国有资本控股的前提下，吸收社会资本和上市。除此之外，新闻出版行业的批发、零售市场全面放开，发行格局更加多元化。

（一）音像业

1993～2002 年，音像日益成为一种不可缺少的文化传播介质，音像业进入全面发展时期。

2000 年，全国共有音像出版单位 290 家，音像复制单位 250 多家，音像批发单位 450 家，音像零售、出租和放映单位 13.9 万家。③ 根据全国新闻出版统计网发布的《2003 年全国新闻出版业基本情况》④ 可知：

（1）2003 年全国共有音像制品出版单位 320 家；电子出版物出版单位 121 家；全国共出版录音制品 13 333 种，出版数量 2.2 亿盒（张），发行数量 1.96 亿盒（张），发行总金额 13.25 亿元。与上年相比品种增长 8.43%，出版数量下降 2.55%，发

---

① 田萱、王慰：《新闻业管理体制改革的基本走向》，载于《新闻知识》2004 年第 2 期。

② 《国务院关于中国出版集团转制为中国出版集团公司并授权管理国有资产等有关问题的批复》，中国政府网，2004 年 3 月 25 日，http：//www. gov. cn/xxgk/pub/govpublic/mrlm/200803/t20080328_31860. html。

③ 《2000 年全国新闻出版业基本情况》，全国新闻出版统计网，2007 年 1 月 10 日，http：//www. ppsc. gov. cn/。

④ 《2003 年全国新闻出版业基本情况》，全国新闻出版统计网，2007 年 1 月 10 日，http：//www. ppsc. gov. cn/。

行数量下降 1.65%，发行总金额下降 2.94%。

（2）全国共出版录像制品 14 891 种，出版数量 3.54 亿盒（张），发行数量 2.6 亿盒（张），发行总金额 14.3 亿元。与上年相比品种增长 9.69%，出版数量增长 61.84%，发行数量增长 49.75%，发行总金额增长 29.74%。

（3）全国共出版电子出版物 4 961 种、9 320.89 万张。与上年相比品种增长 5.26%，数量下降 3.72%，其中只读光盘（CD - ROM）4 930 种、9 285.5 万张；高密度只读光盘（DVD - ROM）4 种、2.6 万张；其他光盘 27 种、32.79 万张。

这一时期，原文化部依托全国文化市场稽查体系对文化市场进行专项治理。其中，对音像市场的整治行动主要在 1999~2001年，这期间全国关闭了 277 家音像制品集中经营场所，市场正版率得到持续提升；2000 年主要开展了电子游戏机经营场所、歌舞娱乐场所专项整顿工作，全国电子游戏经营场所从 10 多万家压缩到约 2 万家[①]。

（二）图书出版报刊业

报纸领域是社会资本进入相对较早的行业，其契机是 1992年前后的"办报热"。1992 年前后，中国报业市场空前活跃，围绕"周末版""都市报""晚报"等报刊的创办，全国范围内掀起一股"办报热"。这场"办报热"不仅极大地促进了中国报业的市场化进程，还为各种社会资本进入报业提供了重要契机，包括内外资在内的各类社会资本被允许进入报业，广告公司或其他机构开始以"包版面"、租赁版面、参股报社经营、与报社组建合资公司、出资赞助报社以获取报头上的"协办"单位身份等各种方式参与报纸经营。截至 2002 年 12 月，全国共组建报业集团 39 家（见表 3-6）。

---

① 庹祖海：《文化市场管理的使命变迁》，载于《中国文化报》2008 年 9 月 3 日。

表 3－6 1992～2003 年中国报业发展历史

年份	单位/地点	事件	意义
1992	中国报协	允许报社从事跨行业经营	报业开始向业外扩张
1993	国务院	将"报刊经营管理"正式列入第三产业	推动了报业生产力发展
1994	上海	东方明珠上市	打响媒体资本运作第一枪
1995	北京新闻界编辑、记者	兴起"换笔"热	电脑成为报社新装备
1996	中宣部和国家新闻出版署批准	广州日报报业集团正式组建成立	中国第一家报业集团挂牌成立
1997	—	《人民日报》网络版进入国际互联网，成为第一家开设网站的中央媒体	—
1998	—	晚报盛行	晚报早出是中国特色
1999	—	国家对报刊业进行综合治理	—
2000	—	南京率先爆发报刊的价格战	—
2001	国务院	《印刷业管理条例》《出版管理条例》	国内报业管理走上制度化轨道
2002	广州	中国出版集团成立	第一家期刊集团成立
2003	部分地区	文化体制改革试点	部分报业单位开始试点

资料来源：作者根据相关资料整理。

　　根据统计数据显示，2003 年全国共出版报纸 2 119 种，平均每期印数 19 072.42 万份，总印数 383.12 亿份，总印张 1 235.59 亿印张，折合用纸量 284.18 万吨。与上年相比，种数下降 0.84%，平均期印数增长 1.88%，总印数增长 4.16%，总印张增长 15.76%[①]。

---

　　① 《2003 年全国新闻出版业基本情况》，全国新闻出版统计网，2007 年 1 月 10 日，http：//www.ppsc.gov.cn/。

从出版业看，1992年后，伴随着中国宏观经济体制改革，图书出版领域开始价格改革，图书定价问题显现。1993年图书价格改革开始，国家物价局和新闻出版署联合发出《关于改革书刊定价办法的通知》，确立了中国图书定价的市场化机制，从此图书定价正式进入了市场化阶段。图书价格在整体商品价格结构进行市场化调整的背景下，经历了由体制性释放所引发的价格上涨。与此同时，图书品种日益多样化，不断满足广大读者不同层次的文化需求。

1990年后，外资开始进入图书出版领域。1993年，商务印书馆与中国台湾商务印书馆、中国香港商务印书馆、新加坡商务印书馆及马来西亚商务印书馆在北京合资建立了商务出版国际有限公司①。1994年，人民邮电出版社与欧洲最大的出版商之一丹麦艾阁萌国际集团公司共同投资组建少儿读物出版公司"童趣出版公司"②。加入WTO后，境外资本投资内地新闻出版业的速度明显加快，仅2002年9月一个月内，就有4项较大的境内外合资企业成立。

在印刷领域，20世纪90年代中后期，上海、北京、天津、贵州等地的中外合资印刷企业陆续成立。1998年，随着国务院《印刷管理条例》的颁布，早期成立的外商独资印刷企业大都改制，成为合资企业③。此外，从20世纪80年代末开始，上海、广东、南京、北京等地还陆续成立了一些中外合资书店和图书发行企业。2002年，新闻出版总署、中华人民共和国对外贸易经济合作部发布《设立外商投资印刷企业暂行规定》④，允许外国

---

① 吴爱明、朱国斌、林震：《当代中国政府与政治》，中国人民大学出版社2010年版。

② 刘薇、缪立平：《"童趣"之路：国际化合作　本土化运作——访童趣出版有限公司》，载于《出版参考》2001年第11期。

③ 郝振省主编：《中国新闻出版改革开放30年》，人民出版社2008年版，第48页。

④ 新闻出版总署对外贸易经济合作部：《设立外商投资印刷企业暂行规定》，中国政府网，2002年1月29日，http://www.gov.cn/。

机构、公司、企业按照平等互利的原则，与中国公司、企业共同投资设立的中外合营（包括合资、合作）印刷企业和外方投资者投资设立外资印刷企业。国家允许设立从事出版物、包装装潢印刷品、其他印刷品印刷经营活动的中外合营印刷企业，允许设立从事包装装潢印刷品印刷、经营活动的外资印刷企业。

三、广告业

1992 年以后，广告逐渐渗透于电视、广播、报纸和杂志等传播媒介之中，并成为这些新闻媒体、出版单位的主要收入渠道。据统计，2001 年中国广告经营单位已有 78 339 户，从业人员 71 万人，广告营业总额达 795 亿元[①]。广告业的飞速发展，突出反映了中国经济生活的巨大变化。广告业刚出现时，多数经营者和消费者都没有认识到它的巨大作用，许多经营者把投资做广告看作是资金浪费。随着市场经济观念的不断深入，广告宣传功能充分显现出来，企业开始重视广告营销。秦池酒曾以 3.2 亿元夺得 1996 年中央电视台黄金时段的广告"标王"，创造广告业的奇迹；中央电视台 2002 年的广告收入达 70 亿元；全国各媒体的广告收入由 1990 年的 25 亿元增加到 2001 年的 795 亿元。当时，广告与人们的生活越来越息息相关，从报纸到路牌，从邮寄传单到促销活动，从广播到电视以及风起云涌的互联网，广告无处不在。广告经营规模的扩大也推动了制作水平的提高，集精练的广告用语、动感的画面、高科技的制作手段于一体的广告，成为消费者休闲活动中的一大视点，孩子们则把它等同于最喜欢看的动画片。

广告业是最早进入文化市场大门的行业，也是中国文化市场领域开放程度最高的行业之一。1992 年的《中共中央、国务院

---

① 谭晓雨：《中国传媒业的经营与发展报告》，国泰君安证券研究所，http://www.gtja.com/i/。

关于加快发展第三产业的决定》和 1993 年的《全国第三产业发展规划基本思路》中，都明确将广告行业列为第三产业的发展重点之一。1993 年 7 月，国家工商行政管理局和国家计划委员会联合发布《关于加快广告业发展的规划纲要》，进一步提出了广告业市场开放的政策措施。这些政策措施的开放度、市场化程度是文化领域其他行业远未达到的。

四、互联网业

自 20 世纪 90 年代后期中国开放互联网商业性接入和服务以来，作为信息与媒介交互平台的互联网快速发展，已远远超越其他媒体的增长速度，席卷中国大地。根据中国互联网络信息中心（CNNIC）发布的《中国互联网络发展状况统计报告》，截至 1997 年 10 月 31 日，中国共有上网计算机 29.9 万台，上网用户数 62 万，CN 下注册的域名 4 066 个，www 站点约 1 500 个，国际出口带宽 25.408M[1]。截至 2002 年 12 月 31 日，全国共有上网计算机 2 083 万台，网民人数 5 910 万，cn 下注册的域名数 179 544 个，www 站点数（包括 .cn、.com、.net、.org 下的网站）约 371 600 个，国际出口带宽 9 380M[2]。第 11 次 CNNIC 调查结果显示，就网民上网目的来看，获取信息是第一位的，53.1% 的人将其作为上网最主要的目的，其次是休闲娱乐，占 24.6%，交友排在第三位，占 7%[3]。

飞速发展的互联网对中国市场化变革中的文化市场格局产生了革命性影响。首先，作为人类史上最具有颠覆性、综合性的媒介革命，互联网极大地推动了中国媒介汇流的进程，直接孕育了一大批新的媒介和娱乐产业，改变了文化市场的业态格局。门户网站、垂直网站、搜索引擎等信息平台不断刷新着信息传媒的产

---

①②③ 《第 11 次中国互联网络发展状况调查统计报告》，中国互联网络信息中心网，1997 年 12 月 1 日，http://www.cnnic.net.cn/。

业格局，而网络音乐、网络广告、网络游戏、电子商务等新业态则不断改变着文化消费市场的地平线。所有这一切，只是文化市场互联网革命的一小部分，不断扩大的互联网业态以日新月异的速度抢占着传统媒体和文化市场的领地。短短数年间，一个爆炸式膨胀的庞大的互联网媒介和商业帝国成为中国文化市场最具活力的增长极。由于互联网市场天然的开放性，以中国互联网用户的巨大规模及其令人惊叹的增长速度，中国互联网文化市场也迅速成为全球最受瞩目和最具吸引力的互联网市场之一。

其次，互联网引发了中国传统文化产业部门的"触网"革命。互联网文化市场的崛起使文化市场有了"线上"这一新领域。面对互联网"线上"文化市场多种竞争优势的挑战，除艺术、演艺、观光、博览等需要现场体验的文化业态外，几乎所有的文化生产和营销领域都受到互联网业态的挤压和侵蚀。在这种背景下，传统文化生产部门纷纷"触网"，办起自己的网站，报纸杂志纷纷推出自己的网络版，出版社加速数字化出版的进程，广告公司利用互联网的传播优势，进行无处不在的网络推广，凡此种种，举不胜举。"触网"革命把长期以来习惯于面对传统的"线下"文化市场的中国传统文化产业部门推上了变化迅速、竞争激烈的"线上"文化市场，提升了中国传统文化产业部门的市场应变能力和综合创新能力。同时，"触网"革命也快速缩短了中国传统文化生产部门与发达国家文化传媒巨头之间的"数字化鸿沟"，为中国传统文化生产部门参与全球竞争奠定了重要基础。

最后，互联网的兴起促成了中国文化创意阶层的兴起和创意产业的崛起，极大地提升了中国文化产业的全球竞争力。互联网使人类的文化生产和传播能力空前的强大，在软、硬件装备充分的技术条件下，一台个人电脑能够储存的信息量足以匹敌数十年前一个民族国家所储存的信息量，一个普通电脑使用者所能够拥有的文化传播能力能够与数十年前一个民族国家的文化传播能力相匹敌。互联网在中国的迅速普及，使中国形成一个数量庞大、掌握了强大的现代媒介技术的年轻化的创意阶层。

五、文化艺术行业

文化艺术行业类型多样、表演内容丰富，是文化产业中市场化程度最高的行业之一，也是国家重点引导、鼓励、扶持的行业之一。根据原文化部 1998 年统计，到 1997 年底，全国文化系统共有艺术表演团体 2 663 个，15 万余人，全年国内演出 41.7 万场，观众 4.6 亿人。① 平均每团演出 157 场。演出收入 4 亿元，经费自给率 37.9%。② 艺术表演场所 1 935 座，座席数 170.7 万个，全年艺术演出场次 6 万场，观众人次 3 914 万，收入 8 567 万元。③ 截至 2003 年，全国文化系统 2 601 个艺术表演团体共演出 39 万场，平均每团演出 148 场，国内观众达到 3.9 亿人次，演出收入达到 7.2 亿元，比上年增加 0.7 亿元，增长 10.8%。④ 文物市场发展态势较好，目前从事艺术品拍卖的企业有 300 多家，专业从事艺术品拍卖的 59 家，年拍卖额 20 多亿元。⑤ 艺术教育、艺术培训业增长势头强劲，现有专门从事艺术培训的高等院校、中等专业学校、文化干部院校 205 个。⑥ 新兴文化产业中的网络游戏业异常火爆，2003 年中国网络游戏市场规模达到 24.3 亿元⑦。除此之外，这一阶段，中国文化演艺行业的投资体制随着市场化程度的提高而逐步多元化。如北京儿童艺术剧院成立了股份有限公司，坚持一业为主，多种经营，取得了良好的经济效益与社会效益。

1993～2002 年，文化艺术行业发展较缓，仍然存在投入资

---

①②③ 原文化部：《艺术表演团体》，中国网中国国情，2012 年 11 月 1 日，ht-tp：//www. china. com. cn/guoqing/2012 – 11/01/content_26974851. htm。

④⑤⑥ 贾江华：《历史与逻辑：中国外交战略发展 30 年》，郑州大学出版社 2008 年版。

⑦ 李建军：《从数据看 2003 年剧团剧目现代题材多》，载于《中国文化报》2004 年第 9 期。

金不足、专业人才缺乏和管理体制机制有待优化等问题，需要结合政府、市场和行业的力量，进一步改善，从而促进文化艺术繁荣发展。

六、文化旅游及会展行业

文化旅游业在 20 世纪 90 年代的成就更加突出。据统计，2000 年全年旅游业总收入达 4 519 亿元，其中，国际旅游收入达162.24 亿美元，在世界上的排位由 1978 年的第 41 位上升到第 7位；[①] 国内旅游收入 3 175.54 亿元，直接从业人员达 564.15 万人。[②] 无论在人们的时间上、消费能力上，还是在旅游产品、设施或服务上均已具备了良好条件。到 20 世纪初，"假日经济""休闲经济" 等新名词应运而生，出门、出境自费旅游与日俱增。为了促进城市旅游业的发展，带动经济增长，1995～2003年国家发布了系列文件，见表 3－7。

表 3－7　　　　1995～2003 年文化旅游发展的相关事件

时间	部门	文件/事件	意义
1995 年3 月	国家旅游局	《关于开展创建和评选中国优秀旅游城市活动的通知》	拉开了全国创优工作的序幕
1996 年4 月	国家旅游局	城市旅游工作座谈会	开始鼓励创建中国优秀旅游城市
1998 年	国家旅游局	《中国优秀旅游城市检查标准（试行）》《中国优秀旅游城市验收办法》创建中国优秀旅游城市指导委员会	为创优工作顺利开展提供组织保障
2003 年	国家旅游局	颁布了修订后的《中国优秀旅游城市检查标准》	为创优工作确立科学依据

资料来源：作者根据相关资料整理。

---

①②　原国家旅游局：《2000～2008 年中国旅游业统计公报》，百度文库，2013年 11 月 18 日，https：//wenku.baidu.com/view/97e4d012f18583d0496459d3.html。

在坚持以人为本的基础上，中国旅游业一方面重点规划并推出了众多优秀城市旅游品牌；另一方面采取等级的划分与评定的评估方法，自 1998 年开始创建中国优秀旅游城市以来，分 8 批 300 多座城市通过了验收，至 2003 年批准了 45 个优秀旅游城市。① 据相关数据统计，2004 年，中国入境旅游人数达到 1.09 亿人次，比 2003 年增长 18.96%，② 其中国外游客 1 693.25 万人次，比上年增长 48.49%，全年旅游外汇收入累计为 257.39 亿美元，比上年增长 47.87%。③

会展业与文化旅游密切相关，这一阶段，中国会展业伴随着国内旅游市场的扩大，逐步发展起来。在上海，会展数量以每年 20% 的速度递增，1999 年会展数量为 150 个，到 2000 年已达 200 个，2002 年上海会展的直接收入达 18 亿元，交易额达 550 亿元。④ 据统计，2004 年底，全国正式注册并具有举办经济技术展览会条件的展览馆有 118 个，其中 2004 年正式办展的展览馆为 90 个，共举办展览会 2 467 个。⑤

1993～2002 年，中国旅游不仅不断完善旅游基础设施，提高从业人员工作素质，并且逐步扩大开放程度、走出国内市场。同时，会展业与旅游紧密结合，逐步突破政府办展的单一模式，形成民营与政府合作、民营单独办展的多种商业模式。其中，广东知名会展业中民营展览占 60% 以上。从区域上看，展会的集中度较高，主要集中在北京、上海、广州等地，在办展数量上基本形成了三足鼎立的局面，其中上海展会收入占全国会展收入总量的 45%。⑥

1993～2002 年，中国的经济建设与社会发展取得重大进展。

---

① 《旅游城市》，https：//baike.baidu.com/item/旅游城市。

②③ 张向荣：《我国旅游标准化现状及对策研究》，载于《世界标准化与质量管理》2006 年第 2 期。

④⑤ 中国国际贸易促进委员会：《2004 年中国会展业经济年度报告》，载于《中国对外贸易》2005 年第 2 期。

⑥ 朱立文：《中国会展城市备忘录》，中国海关出版社 2003 年版。

在国家政策支持与文化体制深入改革的宏观背景下，文化产业茁壮成长。人们不再局限于对物质生活的满足，而对精神生活与文化产品的需求越来越多，文化产业生产日渐繁荣，文化消费渐成时尚。以新闻出版、广播影视、文化旅游与会展、互联网等业态为代表的文化产业在中国的迅速发展，是中国国民经济和社会发展取得突出成就的重要标志，将对中华文化的传承与发展、国民经济结构调整、国家文化软实力提升和综合国力的增强具有重要意义。

第四章

中国文化产业日臻成熟
（2003～2011年）

从 2003 年开始，中国文化产业发展进入一个崭新阶段。2002 年 11 月 8 日，江泽民同志在党的第十六次全国人民代表大会上指出"积极发展文化事业与文化产业，继续深化文化体制改革"，强调"发展文化产业是市场经济条件下繁荣社会主义文化、满足人民群众精神文化需要的重要途径""完善文化产业政策，支持文化产业发展，增强中国文化产业的整体实力和竞争力"。① 报告体现了在新的世纪大力发展中国文化产业和文化事业的必要性和紧迫性。中国正处于实现现代化建设第三步战略目标和全面建设小康社会的关键时期，发展文化产业对深化改革、优化产业结构、激发国内市场活力等具有重要作用。

第一节　事业产业二分下文化
产业主要功能定位

21 世纪以来，文化软实力成为各国综合国力的重要组成部

---

① 《江泽民在中国共产党第十六次全国代表大会上的报告》，中国政府网，2008年 8 月 1 日，http：//www.gov.cn/test/2008 - 08/01/content_1061490_7.htm。

分，并在国际综合国力竞争中发挥出越来越重要的作用，发展文化产业成为世界各国的重要战略。据世界银行统计，2002 年底，美国文化产业占 GDP 的比重为 12%①，2004 年底已经上升到 21%。② 日本于 1995 年确立了"文化立国"方略，韩国也相继制定了促进文化产业发展的政策发展规划，日韩两国的文化产业迅速发展。并且到 2004 年，日本文化产业占 GDP 比重达 18.5%③，占世界文化市场总额的 10%④。在欧洲，英国、意大利等国的文化产业发展也表现出极大的生产力。由此可见，文化产业成为国家经济发展支柱性产业的趋势势不可当。然而，由于受原有计划经济体制和文化管理体制的影响，当时中国文化产业的发展较为缓慢，中国对文化产业和文化事业的区分与定位尚不明晰，存在着许多认识与理论上的误区，阻碍了中国文化产业和文化事业的快速发展。尤其是加入 WTO 以来，为应对国外文化产业发展对中国文化市场的挑战，适应社会主义市场经济发展的要求，促进社会主义文化建设，国家对文化产业的扶持力度不断加大，并在理论和实践上取得了重要进展。

一、事业产业二分理论的提出

2002 年，党的十六大报告首次区分了文化产业和文化事业，明确提出"积极发展文化事业和文化产业"，并把文化产业定性为"繁荣社会主义文化、满足人民群众精神文化需求的重要途径。"⑤ 这标志着文化事业和文化产业"二分"的确立。

---

① 连玉明、武建忠主编：《中国国力报告》，中国时代出版社 2006 年第 1 版，第 255 页。

②③ 刘畅、白瀛：《文化产业已成中国新增长点》，载于《人民日报》（海外版）2006 年 1 月 10 日第 4 版。

④ 李舫：《文化产业呼唤"中国创造"》，载于《人民日报》2005 年 11 月 2 日第 5 版。

⑤ 孙国荣、鲁世山：《社会主义文化大发展大繁荣的价值分析》，载于《理论建设》2008 年第 4 期。

2003 年，《关于完善社会主义市场经济体制若干问题的决定》中提出文化事业、产业的改革方向和目标，将文化单位区分为公益性文化事业单位与经营性文化产业单位，分别采取不同政策措施、区别对待。① "二分"理论的提出，为突破传统思想束缚、深化文化体制改革、促进社会主义文化大发展大繁荣奠定了重要的思想前提与理论基础。

2003 年 9 月，原文化部再次强调文化产业对社会主义文化建设的重要作用，颁布《关于支持和促进文化产业发展的若干意见》，提出："文化产业与文化事业都是社会主义文化建设的重要组成部分。"② 2004 年，为促进文化产业快速发展，增强国家文化软实力，党的十六届四中全会通过《中共中央关于加强党的执政能力建设的决定》。③ 2007 年，党的十七大报告提出"推动社会主义文化大发展大繁荣"，强调"大力发展文化产业""激发全民族文化创造活力，提高国家文化软实力。"④⑤ 这些文件表明，中国政府对文化事业和文化产业的理论认识逐步深化。这些政策意见成为指导中国文化事业和文化产业在实践中发展的重要基础。

二、事业产业二分下文化产业主要功能定位

在社会主义市场经济条件下，文化事业与文化产业在概念理论上区分开了，但是两者在实际经营中却很难区分。"两区分"

---

① 高迎刚：《当代中国公共文化建设的历史回顾与现状分析》，载于《艺术百家》2013 年第 6 期。

② 原文化部：《关于支持和促进文化产业发展的意见》，金锄头文库网，2003 年 9 月，https://www.jinchutou.com/p-16245680.html。

③ 《中共中央关于加强党的执政能力建设的决定》，人民网，2004 年 11 月 17 日，http://www.people.com.cn/GB/40531/40746/2994977.html。

④ 《高举中国特色社会主义伟大旗帜 为夺取全面建设小康社会新胜利而奋斗》，人民出版社 2007 年版，第 33、36 页。

⑤ 周正刚：《论文化"两区分"理论的形成与贡献》，载于《马克思主义研究》2010 年第 10 期。

表明文化事业与文化产业是文化建设的两个部分，两者虽相互对立，但也相互联系、相互依存。因此，发挥文化产业推动国民经济发展的重要功能，首先必须明确文化事业与文化产业的关系，明确两者的定位与边界。

公益性文化事业和经营性文化产业都是文化发展的重要组成部分，两者属性不同但相互关联、相互渗透。文化事业与文化产业所承载的精神内涵、坚持的原则、指导思想是一致的，具有共同的意识形态属性：不论是公益性文化事业还是经营性文化产业都要坚持马克思主义在意识形态领域的指导地位，以人民群众为中心。它们的根本目的都是为了推动国家文化建设、满足人民文化需求并促进社会和谐与经济发展。但是两者各自凸显的功能、表现的形式、发挥作用的方式各有侧重、存在差异。因此，把握事业产业二分下文化产业的主要功能定位，明确文化产业的侧重点与发展目标，应当根据实际情况，科学动态地把握并区分，从而在实际的操作运营中充分发挥文化产业推动国民经济发展的重要功能。

（一）文化产业功能定位的政策导向

2003～2011年中国文化产业的功能定位建立在国家文化建设规划的政策基础上。国家文化建设规划是文化产业功能定位的政策前提与基础，为文化产业发展的总体方向与目标作出了指导。2006年9月，为推动文化事业和文化产业协调发展，原文化部印发《文化建设"十一五"规划》[1]，总结"十五"时期（2001～2005年）文化建设的成就和经验，并对2006～2010年中国的文化建设做出部署和安排，这是中国全面建设小康社会进程中指导文化建设的重要专项规划，[2] 对这一时期文化事业产业

---

[1]　原文化部：《关于印发〈文化建设"十一五"规划〉的通知》，中国政府网，2006年10月17日，http：//www. gov. cn/zwgk/2006－10/17/content_415028. htm。

[2]　《2006年文化政策选编　文化建设"十一五"规划》，引自《中国文化年鉴》，新华出版社2007年版。

二分下文化产业的功能定位指明了方向。

在总结"十五"时期文化建设的成就和经验基础上,中国对 2006～2010 年国家的文化建设作出了部署和安排,提出了具体的指导方针与发展目标,为文化产业功能的定位指明了方向。

在国家文化建设规划的引领下,文化产业功能定位主要有以下几点。一是文化产业发展以实现人的全面发展为目标,切实保障人民文化权益;二是文化产业发展把社会效益放在首位,坚持社会效益与经济效益相统一;三是通过发展文化产业,挖掘开发农村和中西部地区文化资源,促进城乡、区域协调发展;四是通过文化创新,形成文化系统的良好氛围,培育文化人才;五是充分利用国内外两种资源,扩大对外文化交流,增强中华文化影响力;六是通过发展文化产业,优化产业结构,改善市场格局,形成具有影响力、竞争力的文化品牌,拉动居民文化消费。除此之外,发展文化产业还具有保护历史文化遗产、提升公共文化服务等功能。

2003 年以来,为促进文化产业发展,国家出台了一系列政策,如《2003～2010 年文化市场发展纲要》《国家"十一五"时期文化发展规划纲要》《文化建设"十一五"规划》《文化产业振兴规划》等。这些政策,一方面体现了国家对文化产业发展的高度重视;另一方面成为文化产业自身功能定位与发展的政策指导依据。

(二) 文化产业将成为国民经济支柱性产业

2009 年 7 月颁布的《文化产业振兴规划》是中国第一部文化产业专项规划,标志着文化产业已经上升为国家的战略产业。① 为促进文化产业发展,国家在 2010 年发布的《关于制定国民经济和社会发展第十二个五年规划的建议》中提出:"繁荣发展文化事业和文化产业。"之后再次强调:"推动文化产业成

---

① 丁涛:《主持人的文化产业价值分析》,载于《新闻爱好者》2012 年第 16 期。

为国民经济支柱性产业".① 由此可见，文化产业的主要功能定位在于其对国家经济发展的重要支撑作用。

这一时期，社会主义市场经济快速发展，文化产业因其具有市场属性和产业属性，可以通过市场化、产业化的方式生产运营，在经济活动中具有潜在优势。文化产业的本体属性，也为其成为中国未来经济支柱产业提供了可能性与必然性。

1. 文化产业具有市场属性与产业属性

文化产业具有市场属性与产业属性，可以通过市场化、产业化的方式生产运营。在社会主义市场经济中，文化产业是指生产和经营文化及相关产品的企业活动的集合。文化产业具有以下几个特征：一是以文化为核心，具有一定意识形态特殊性；二是以盈利为目标，追求产品的价值补偿与增值；三是产业化运作、市场化运营，遵循市场经济规律。在现代社会的转型发展过程中，随着人们生活水平逐步提高，恩格尔系数不断下降。人们的精神需求逐渐增加，以休闲娱乐为特征的文化产品不断涌现，大众文化迅速发展。这为文化产业的规模化生产与经营提供了市场前提，文化产业的市场属性和产业属性在此基础上得以发挥。并且，在这一过程中，企业生产者可以根据市场需求调节生产规模，通过产业化运作实现资源的优化配置，促进企业与社会利润最大化，从而在经济效益与社会效益上共同推动国家发展。

2. 文化产业是激发文化发展的内生经济动力

在经济全球化的背景下，文化产业的强弱直接关系到一个国家的综合竞争力。文化的繁荣发展不仅体现在一个国家内在文化认同程度的提高与民族凝聚力的增强，更体现在国家文化创新能力的提升、文化与科技的融合发展、国家形象的提升和国家文化安全的保障。文化产业是激发文化发展的内生经济动力，为促进

---

① 《关于制定国民经济和社会发展第十二个五年规划的建议》，https：//baike. baidu. com/item/关于制定国民经济和社会发展第十二个五年规划的建议。

文化的繁荣发展提供了基本的经济基础与物质保障。

文化产业是文化的产业化，通过市场经营与产业化运作来积累财富。同时，文化产业承载着"文化"，以精神文化产品的生产流通，促进文化交流与传播，具有强大的竞争力，是促进国家文化发展的经济动力之一。文化产业的经济功能主要体现在以下几个方面：第一，文化产业具有的双重属性可以满足人们的精神文化需要，开拓国内文化消费市场；第二，发展文化产业能够带动文化消费，促进中国消费结构优化升级，推动经济增长由投资驱动、出口驱动向内在消费驱动转变，更好地维护国家经济安全；第三，文化产业具有高附加值、高联动性，会促进经济发展方式转变，推动经济结构调整与优化；第四，文化产业逐步成为世界各国新的经济增长点，在国家经济发展中的地位越来越重要，是促进国家经济发展的强大动力。

3. 文化产业成为国家支柱产业的可能性和必然性

2003 年以来，国际竞争愈加激烈，中国加入世界贸易组织后所面临的国内外环境变得更加复杂，中国产业发展进入了一个更具挑战性的阶段。在国家综合国力的竞争中，文化作为一种软实力，越来越成为各国经济新的增长点与提升国际竞争力的重要力量，文化产业逐渐发展为世界各国的支柱性产业。这一时期，伴随着市场经济体制改革逐步深化，中国文化产业日臻成熟，在提升国家综合国力方面的潜在优势迅速凸显。文化产业成为中国支柱产业的可能性与必然性大大增加，傅才武（2008）从文化产业本体属性的角度出发，论述在收入弹性、产业生产率、关联效应度及其产业比较优势等方面文化产业作为中国支柱性产业在理论分析和实践操作上都具有可行性。[1] 主要表现为以下几个方面。

---

① 傅才武、宋丹娜：《文化市场演进与文化产业发展：当代中国文化产业发展的理论与实践研究》，湖北人民出版社 2008 年版。

第一，从收入弹性基准看，随着人们人均可支配收入的提高和恩格尔系数的下降，人们的生活质量不断提高，基本的物质需要已经得到满足，逐步向享受型与发展型消费阶段发展，发展文化产业符合社会需求结构层次变化的要求。

第二，从生产上升率基准看，文化产业是生产率上升快、产值增长快的新兴产业。[①] 作为 21 世纪创意产业，文化产业融合了资源、技术、市场等多种优势，它的发展态势日益显示出其在国民经济发展中的重要地位，成为国际社会关注并重点建设的产业领域。

第三，从产业关联基准看，文化产业是产业体系庞大、产业链条伸展的高关联度、高联动产业。[②] 文化产业因其自身内容的广泛性与延展性，可以带动不同产业发展，如金融业、信息、旅游等，具有极其丰富的附加价值。

第四，从比较优势基准看，文化产业在生产、销售、需求上具有较大优势。这主要体现在文化产业与传统产业的比较上，相比传统支柱产业，文化产业所需要的资源非常丰富且易获得、易转化，成本低但利润高，具有传统支柱产业无法比拟的优势。

第五，发展文化产业是改善贸易结构和提高国际竞争力的要求。当今世界的国际贸易重心已经由原来的工、农产品向文化产品转移，各国尤其是西方各国的文化贸易额在对外贸易中的比重在不断增加。只有通过发展文化产业，提升城市文化产业竞争力，才能创造出具有深厚文化内涵而又极富市场价值的文化产品参与国际文化贸易，形成一批对外文化贸易的文化品牌，不断扩大中国文化产业发展的国际文化市场份额，逐步扭转中国文化产品对外贸易严重逆差局面。

---

① 陈庚、傅才武：《关于文化产业作为城市支柱产业的思考》，载于《长春市委党校学报》2007 年第 1 期。

② 傅才武、陈庚：《文化产业作为城市支柱产业的可行性及类型选择》，载于《武汉大学学报》（哲学社会科学版）2007 年第 3 期。

为推动文化产业成为中国国民经济支柱性产业，中国政府提出并制定了许多文化政策为文化产业发展服务。比如国家高度重视文化建设与文化产业发展，于 2011 年颁布《中共中央关于深化文化体制改革、推动社会主义文化大发展大繁荣若干重大问题的决定》。[①] 2012 年，中共十八大提出"文化产业成为国民经济支柱性产业"。[②] 标志着文化产业作为支柱性产业在国家层面逐步得到肯定，文化产业在国家综合国力竞争中的重要功能日益凸显。

第二节 文化体制改革与文化产业发展

2003～2011 年，中国文化体制改革从刚开始的模仿社会经济领域改革的模式，发展到文化行业自我意识逐步觉醒，开始迈上文化体制改革的特色之路，逐渐走出了一条自主型改革道路：从起初的政策主导逐步向法律主导转变；从单项式的改革措施逐步发展为整体推进，并提出总体性的改革的目标；从理论创新到"摸着石头过河"的实践创新再到新的制度创新；从传统的文化行政管理模式向公共服务型行政模式转变。

2003 年以来，伴随着文化体制改革的深入推进，中国文化事业和文化产业获得突破性发展，据有关部门和单位统计数据分析，2004 年，全国文化产业增加值为 3 440 亿元，2010 年跃上万亿元的新台阶。[③] 2010 年，昆明文化及相关产业增加值为 180.44

---

① 范周、杨裔：《改革开放四十年中国文化产业发展历程与成就》，载于《山东大学学报》（哲学社会科学版）2018 年第 4 期。
② 马多：《现代文化市场体系建设中若干问题的探讨》，吉林财经大学硕士学位论文，2014 年。
③ 《文化体制改革 5 周年，以创新实现繁荣发展》，搜狐网，2018 年 6 月 27 日，https：//www.sohu.com/a/237798406_100183465。

亿元，占 GDP 比重高达 8.53%，位居全国前列。[①] 北京文化创意产业占 GDP 的比重在 2011 年达 12.9%，成为北京经济支柱产业。[②] 同年，上海文化创意产业增加值约达 1 940 亿元，比上年增长 15.8%，占全市 GDP 约达 10%。[③]《中国文化产业年度发展报告（2013）》指出国内文化产业总产值 2012 年破 4 万亿元。[④] 以上统计数据表明，中国文化产业在 2003～2012 年稳步发展，并显现出成为国家支柱性产业的发展趋势。

一、中国文化体制与文化体制改革

胡惠林（2005）对文化体制的定义为："文化体制是一个国家关于文化与政治、经济关系的制度性体现和反映，集中体现了一个国家执政主体关于这三者关系的理论主张，以及在这种理论主张下建立起来的国家文化体制和政策系统。"[⑤] 本节中的文化体制是指中国改革开放以来的文化体系及相关组织制度安排，包括宏观文化管理体制、微观文化企事业单位运行机制与文化市场体制机制。

傅才武、陈庚（2009）提出：文化体制改革是指人们在文化行业和文化领域按照某种价值观有计划地改变与原有技术环境相配备的旧的制度安排，建立与现有技术环境相配备的新的制度体系，通过建立新的行为规则确立起新的利益关系、新的激励方式和新的组合方式。[⑥] 中国文化体制改革是在坚持社会主义基本制度的基础上，对不适应文化生产力与文化生产方式的体制机制进

① 杨文华、纳夏：《云南发展民族文化产业的理论与实践》，载于《云南社会科学》2015 年第 1 期。
②③ 《中国文化产业部分数据统计》，2013 年 5 月 22 日，https://wenku.baidu.com/view/89904803844769eae009ed56.html。
④ 《2012 年文化产业统计数据解读：向支柱产业迈进》，中国新闻网，2013 年 8 月 29 日，http://finance.chinanews.com/cj/2013/08-29/5221149.shtml。
⑤ 胡惠林：《论文化体制改革》，载于《中国文化产业评论》2004 年第 3 期。
⑥ 傅才武、陈庚：《三十年来的中国文化体制改革进程：一个宏观分析框架》，载于《福建论坛》（人文社会科学版）2009 年第 2 期。

行修改与调整，从而满足文化需求增长，促进文化市场发展，完善社会主义制度，解放与发展社会生产力。

二、中国文化体制改革与文化产业的发展历程

2003～2011 年属于中国文化体制改革的深化和拓展阶段，这一阶段文化体制改革加速推进，文化产业迅速发展。回顾中国文化体制改革与文化产业发展的历程，能够为新时代深化文化体制改革提供经验教训，促进新时期文化建设，加快文化发展，推进中国社会主义现代化强国建设。

（一）文化体制改革阶段的划分

目前国内外学者对文化体制改革阶段的划分主要有两种：一种是"三段分期"，以韩永进发表的《中国文化体制改革历程的回顾与启示》为代表，参照中央层面的政策规划与经济结构的市场化进程，将文化体制改革划分为三个时期：1978～1992 年；1993～2002 年；2002～2005 年。[①] 另一种是"二段分期"，以傅才武、陈庚发表的《中国文化体制改革的过程、路径与理论模型》为代表，将 1980 年以来的文化体制改革过程分为两个阶段：1979～2005 年目标和路径探索阶段；2005 年 12 月以后为深化和拓展改革阶段。[②] 综合考虑国家在文化领域的政策规划、经济体制改革历程与文化市场发展状况，本节文化体制改革的历程参照"二段分期"，将 2003～2011 年中国文化体制改革的历程称为文化体制改革的深化和拓展阶段，这一阶段文化体制改革加速推进。

---

① 韩永进：《中国文化体制改革历程的回顾与启示》，引自《中国文化产业发展报告》，社会科学文献出版社 2006 年版。

② 傅才武、陈庚：《我国文化体制改革的过程、路径与理论模型》，载于《江汉论坛》2009 年第 6 期。

（二）文化体制改革加速推进

2002 年，中国共产党第十六次代表大会的召开深刻论述了"三个代表"思想的历史地位与指导意义；深刻总结了改革开放三十年来的实践经验；明确了 21 世纪国内外的发展形势；深刻论述了社会主义政治文明和精神文明建设的重要问题；并准确把握新形势下文化建设的重大意义，充分认识到文化体制和解放与发展生产力要求不相适应的问题，指出了中国现行文化体制的不足之处，表明了文化体制改革的迫切性。同时，十六大对于文化事业和文化产业的区分以及对各自发展路径的阐述进一步推动了文化体制改革总体方案的确立，此后，中国文化体制更加快速、全面地向前推进，在理论和实践上实现了一系列重大突破。2003~2011 年，中国文化体制改革的具体推进历程见表 4-1。

表 4-1   2003~2011 年中国文化体制改革的推进历程

时间	会议/文件	主要内容
2003 年 6 月	全国文化体制改革试点工作会议	决定 9 省和 35 个宣传文化单位改革试点
2003 年 10 月	十六届三中全会	明确提出了文化体制改革总目标
		分别提出文化事业、产业改革方向与目标
2004 年 9 月	十六届四中全会	提出"深化文化体制改革，解放和发展文化生产力"
2005 年 12 月	《深化文化体制改革若干意见》	纲领性文件
		形成比较完备的理论形态
		明确文化体制改革指导思想、原则要求、目标任务
		对文化体制改革理论与实践全面部署

时间	会议/文件	主要内容
2006 年 10 月	十六届六中全会	文化体制改革摆到更加突出位置
		文化体制改革由点到面、逐步铺开
		在试点基础上实现整体性突破
		文化体制改革进入攻坚阶段
2007 年 10 月	中国共产党第十七次全国代表大会上的报告	明确战略地位；继续深入改革
2009 年 7 月	《文化产业振兴规划》	首次将文化产业上升到国家战略
2009 年 8 月	十六届四中全会中国文化体制改革经验交流会（南京）	将改革摆在更加突出的位置
		进一步明确改革目标任务、时间进度和责任主体
		形成文化体制改革时间表、路线图
		标志着改革全面展开
2010 年 4 月	《中央宣传部关于党的十六大以来文化体制改革及文化事业文化产业发展情况和下一步工作意见》	指出 2012 年前文化体制改革主要任务
2010 年 10 月	十七届五中全会	推动文化产业成为国民经济支柱性产业
		全面部署下一阶段文化体制改革

资料来源：《文化体制改革》，https：//baike. baidu. com/item/文化体制改革/。

（三）文化体制改革与文化产业发展的成效

2003～2011 年中国文化体制改革与文化产业发展的主要表现在于文化体制改革试点和经营性事业单位转企改制两个方面取得的成就，具体成就如下：

其一，在实践上，从 2003 年文化体制改革试点先行探索到 2006 年由点及面，逐步推开，实践中的文化体制改革取得了显著的效果，为文化体制改革总体方案的调整与完善积累了宝贵的经验。"十五"期间，杭州市安排各类文化事业经费达 6 亿元，全市累计投入文化基础设施建设达 50 亿元。①

其二，经营性事业单位转企改制迅速推进，新型市场主体得到发展。以影视制作领域为例，2003 年以前，国产电影年产量不到 100 部，2010 年已经达到 526 部，全国城市票房总收入突破 100 亿元，连续六年保持 30% 以上增长，并且，改变了进口大片主导中国电影市场的局面。② 长春电影制片厂经过股份制改造，形成了电影、电视、洗印、旅游四大产业，年利润稳定在 3 000 万元以上。③

到 2012 年，中国全面完成了国有经营性文化单位转企改制的任务，文化体制改革的阶段性任务基本完成。2012 年 10 月 24 日，原文化部部长蔡武向全国人大常委会作报告时提出："全国目前承担改革任务的电视剧制作机构、出版社、电影制作发行放映单位等已全部完成转企改制；全国共注销经营性文化事业单位法人 6 900 多家、核销事业编制 29 万多个。"④ 据有关数据统计，全国文化系统承担改革任务的国有文艺院团中，已有 2 061 家完成改革任务，完成率达 98%，非时政类报刊完成转制 1 600 多家，22 个省区市实现省内广电传输网络整合。⑤ 中国在文化体制改革方面取得重大进展。

这一时期，中国文化产业成为国民经济新的增长点，许多省市提出了"文化大省、强省"的发展目标；文化企业规模化、市场化程度进一步提高；文学创作日益繁荣，图书出版、电子出

① 《杭州市文化体制改革成效显著》，载于《杭州日报》2006 年 9 月 4 日，http://www.hangzhou.com.cn/20060801/ca1183219.htm。

②③ 《中共十六大以来中国文化体制改革成就综述》，中国新闻网，2011 年 10 月 12 日，http://www.chinanews.com/cul/2011/10-13/3385402.shtml。

④ 蔡武：《中国已全面完成国有文化单位转企改制》，中国经济网，2012 年 10 月 25 日，http://www.ce.cn/culture/gd/201210/25/t20121025_23785871.shtml。

⑤ 刘阳：《文化体制改革——乘风破浪启新程》，中国共产党新闻网，2012 年 10 月 17 日，http://cpc.people.com.cn/n/2012/1017/c83083-19288244.html。

版居世界前列，电视电影产出类型和数量获得进一步发展，民营影视企业成为中国影视产业的中坚力量；人民的基本文化权益得到了更好的保障，以五项惠民工程为主要内容的公共文化服务体系基本建立；政府职能进一步转变，文化管理体制进一步优化。

从 2003 年到 2011 年，中国文化发展领域成就斐然，主要表现为：（1）中国文化体制机制改革已取得突破性进展。首先，各项深化文化体制改革的政策相继出台；其次，各项推进公共文化机构法人治理结构改革、公共文化服务体系建设的重点措施得以落实；再次，文化扶贫工作取得重大进展；最后，在文化市场改革方面，政府简政放权，推行一系列融资举措，鼓励文化企业进入市场，减轻企业负担，释放市场活力、主体动力和社会潜力。① （2）文化产业迅速发展，成为国民经济支柱性产业；文化事业蓬勃发展，公共文化服务体系基本建成。（3）文化建设在国民经济中的地位稳步提升，关于"文化发展繁荣"的有关政策措施不断出台。（4）文化自信彰显，文化软实力提升，中华文化逐步走向全世界。

中国文化产业发展站在历史的交汇点上，要推进文化体制改革，发挥文化体制改革在促进文化产业发展中的作用，必须站在新的时代背景下，把握新的时代潮流与发展趋势；加快产业转型升级，深入推进供给侧改革，提升供给水平与质量；坚持"创新驱动发展战略"，推动数字技术、互联网信息技术与产业融合发展；加快农村文化体制改革，完善公共文化服务体系，补齐民生短板，突破精准扶贫重点难点；通过创作文化精品、培育文化品牌、促进国际文化贸易，逐步提升国家文化软实力，增强国家文化安全。

---

① 习近平：《决胜全面建成小康社会　夺取新时代中国特色社会主义伟大胜利——在中国共产党第十九次全国代表大会上的报告》，新华网，2017 年 10 月 27 日，http：//www. xinhuanet. com//2017 – 10/27/c_1121867529. htm。

第三节 文化产业投融资逐步发展

中国文化产业投融资是伴随着国家经济体制改革和文化体制改革的进程而逐步发展的。随着市场经济体制的建立与发展，文化市场逐步显现，大众的文化需求日益增加，文化产业乘势发展并逐步成为中国国民经济的支柱性产业。国家对文化产业的重视程度与日俱增，并颁布了一系列的政策法规，对其进行引导与扶持。2003~2011年，为促进文化与金融结合发展，发挥财政金融对文化产业的重要支撑作用，国家开始重视对文化产业投融资领域的引导与规划，并实施了一系列政策措施。

本节的文化产业投融资，指的是国家、社会、企业及个人等主体，在文化市场或金融市场中，围绕文化产业做出的相关投融资活动的总称，它不仅包含宏观层面的国家战略部署，中观层面的产业发展规划，还包括微观层面投融资活动的具体运营。随着中国经济体制改革和文化体制改革的深入发展，中国文化产业获得了前所未有的生机与活力，文化与金融融合越来越密切。

一、文化产业投融资及其特点

投融资是投资与融资的合称，一般而言，投资是指一定的市场主体为了获得预期的经济效益而对某一经济活动投入资产的行为；融资是与投资相反的一个概念，主要指资产的融入。产业投融资是产业经济学与投融资的结合，是指对具有相同或相似生产特征的经济活动进行投融资的行为。相比较而言，文化产业投融资更偏向于文化领域，是以文化产业为核心而进行的投融资活动。

（一）文化产业投融资

文化产业投融资是指在特定的经济与文化制度环境中，通过文化经济政策的规范以及国家文化投入的引导，将社会资本配置到文化产业中，以期实现文化产业的健康快速发展和产业结构优化的经济活动。① 文化资源的产业化是文化产业获得发展的关键，而文化资源要实现产业化，必须有充分的物质保障与经济支撑，只有把握机遇，促进文化产业领域投融资，才能为文化产业的发展提供充足的动力来源，加快构建社会效益与经济效益相统一的文化产业体制机制，推动文化事业和文化产业的发展。

（二）文化产业投融资的特点

由于文化产业具有经济属性和意识形态双重属性，② 所以文化产业投融资既有投融资活动的一般性特征，也具有区别于其他产业的个性化特征。中国文化产业投融资发展的特征可以概括为以下两个方面。

1. 文化产业投融资的一般性特征

第一，文化产业投融资中收益与风险并存。收益和风险是投融资活动的天然特征，也是本质特征。一切投融资活动都是为了获得既定经济效益，而风险是投融资的机会成本，文化产业投融资的风险与收益呈正比关系。

第二，文化产业投融资渠道广泛，方式多样。文化产业投融资的主体包括政府、社会机构、企业和个人等，每个主体又可以通过多种方式对文化项目进行投融资。比如在国家层面，可以通过财政投融资、财政预算、财政补贴、文化专项扶持资金、税收减免、资助性信贷政策等方式投资文化产业。同时还可以利用金融工具进行文化产业投融资，如股票、信托、债券、产权交易等。

第三，文化产业投融资的主体受到制约，且具有外部性特

---

① 魏鹏举：《中国文化产业投融资体系研究》，云南人民出版社 2014 年版，第 27 页。
② 侯贵文、栗志刚：《文化软实力研究述评》，载于《理论月刊》2008 年第 9 期。

征。文化产业投融资的主体首先要具备一定的投资或融资能力，要有稳定的资金来源和财务风险担保。其次，文化产业投融资的主体受到国家政策的制约。文化产业具有特殊性，国家会对其进行政策性约束，如对一些经济行为设置鼓励、限制、禁止。最后，由于投融资活动的不可控与高风险，文化产业投融资的主体要承受来自外界因素的影响。

第四，文化产业投融资的体制机制与特定的经济、政治和文化环境相适应。文化产业投融资体制机制的建立需要有一定的资本市场做支撑，资本市场的发展与国家市场经济的发展程度息息相关。为维护国家安全，在国家政治体制限定的领域不允许社会或私人资本的介入，如新闻媒介领域。文化产业投融资的体制机制会在国家社会主义属性的政治经济体制的引导和控制下做出调整或改变。

第五，文化产业投融资的规模不是越大越好，投融资结构与产业结构具有一致性。

第六，投融资反映着一个国家的经济发展状态与水平。文化产业属于第三产业，文化产业的发展状况反映了一个国家的经济结构状态；文化产业在一定程度上可以满足人们的精神文化需求，代表着高层次的消费需求，反映了人民的贫富程度；文化产业的发展与科学技术息息相关，反映了一个国家的科技水平；文化产业的发展需要有一定的市场需求与规模，反映了一个国家的市场经济状况。

2. 文化产业投融资的个性化特征

文化产业投融资的个性化特征主要来源于文化产品的双重属性。因此，文化产业投融资具有显著的政策引导性、社会性和外部性特征。

首先，以精神为核心文化产业所提供的文化产品具有意识形态属性，需要国家在意识层面进行引导与规范，确保国家文化安全，国民价值取向正确；其次，由于人们的偏好多样化、个性化，文化产品所包含的精神文化内涵不一定能得到社会的认可，只有符合社会历史发展的、满足广大群众需求的文化产业才能得到生存和发展；最后，文化产业还具有社会效益，投资人不仅需要承担产品本身存在的风险或收益，还会承担来自他人和社会带来的风险或收益。

二、中国文化产业投融资逐步发展

金雪涛在《文化产业投融资：理论与案例》中，将中国文化产业融资的发展历程分为：第一，中央拨款阶段，从 1978 年到 1992 年，这一时期中国文化产业开始萌芽，文化市场开始兴起，市场经济制度初步探索，政府主导文化产业的发展并为其提供发展资金；第二，市场萌芽阶段，从 1992 年到 2002 年，以"文化产业"概念的正式启用为界，[①] 之后，文化产业开始显示出社会效应与经济效应；第三，市场融资成长阶段，从 2002 年至今，以业内公认的文化产业发展转折点为界，即"积极发展文化事业和文化产业"的提出，文化产业成为国家发展的重点产业之一，[②] 国家通过一系列的政策措施扶持文化产业投融资，包括实施财政金融手段、完善投融资运营模式、拓展投融资渠道、丰富投资主体、创新体制机制等各个方面。

陆岷峰、张慧（2012）从文化经济学和产业经济学的角度，将中国文化产业与金融产业融合发展的过程分为四个阶段：国家财政保障文化事业发展阶段、政策金融支持传统文化产业阶段、商业金融投资现代文化产业阶段和现代金融文化产业融合发展阶段。[③]

综合考虑中国的经济发展状况与文化产业发展历程，可以将

① 赵才欣：《有效教研：基础教育教研工作导论》，上海教育出版社 2008 年版。
② 《将文化产业税收减免政策进行到底》，载于《中国文化报》2012 年 1 月 7 日。
③ 陆岷峰、张慧：《文化产业大发展的金融支持系统研究》，载于《江西财经大学学报》2012 年第 2 期。

文化产业投融资的发展分为四个阶段，即国家财政保障阶段（1978～1992年）、金融市场初步发展阶段（1992～2001年）、文化金融成长阶段（2002～2009年）和文化金融融合阶段（2010年至今）。2002～2011年，是文化产业投融资逐步发展的重要阶段，也是文化金融融合发展趋势逐步显现的阶段。

（一）文化产业投融资逐步发展

2002年11月，中国共产党第十六次全国代表大会上的报告中提出："明确区分文化事业、产业概念，分别制定文化产业、事业相关政策，进一步深化经济体制改革。"[1] 这是中国文化产业发展的重大转折点，国家通过将经济体制改革应用于文化领域，有利于推动文化产业投融资体制机制建立和完善。2003～2009年，国家宏观经济调整的重点主要在：第一，让市场发挥对资源的基础性作用，国家辅以宏观调控；调整三大产业结构，引导文化产业发展；推动银行股权改革，促进资金市场发展及其运作。第二，在文化金融融合方面，科技和文化开始融合，内容产品逐步出现；产业市场集中化，社会各界更加着重对产品的价值判断；国家放开金融市场，企业市场融资发展。第三，在金融领域，信贷金融企业深入发展，各种所有制的金融企业相继成立，金融资产管理公司的运行机制不断改善，以利率市场化和安全高效的支付清算系统为代表的金融调控机制更加健全，以维护竞争有序的金融市场为目的的金融监管体制逐步完善。第四，在财税体制上，通过推进税收改革、实施税收改革制度，明确各级政府财政支出责任；深化预算管理、加强监督，逐步建立绩效评价体系，从而推进财政管理改革，从而深化金融改革。

2003年，《中共中央关于完善社会主义市场经济体制若干问

---

[1]　江泽民：《全面建设小康社会，开创中国特色社会主义事业新局面》，中国共产党新闻网，2002年12月8日，http://cpc.people.com.cn/GB/64162/64168/64569/65444/4429125.html。

题的决定》统筹规划市场经济体制改革，为经济发展和社会进步注入了强大动力。① 同年，《文化体制改革试点中支持文化产业发展的规定（试行）》发布，提出"鼓励、支持、引导社会资本以股份制、民营等形式，兴办文化企业，并享受同国有文化企业同等待遇""通过股份制改造实现投资主体多元化的文化企业"。② 2003 年原文化部公布《关于支持和促进文化产业发展的若干意见》，要求降低市场准入条件，引导外资和民营资本进入文化产业。③ 2004 年，《关于鼓励、支持和引导非公有制经济发展文化产业的意见》提出进一步放宽市场准入，允许非公有制经济进入文化产业领域。④ 这些政策文件的发布，为文化产业投融资的发展奠定了重要的政策基础与实施依据。

2005 年 4 月，国务院公布《关于非公有资本进入文化产业的若干规定》，明确提出"鼓励非公有资本进入文化产业领域，从事文化产业出口业务并参与国有文化企业改制建设"⑤，并对非公有资本不得经营的文化领域作出了明确规定。2005 年 7 月，原文化部、广电总局、新闻出版总署、国家发展改革委员会、商务部发布《关于文化领域引进外资的若干意见》，对可引进外资的文化产业领域和外资性质等方面作出了明确规定。⑥ 2005 年 12 月，中共中央、国务院《关于深化文化体制改革的若干意见》，允许转制为企业的文化单位，可以吸收部分社会资本，进行投资

---

① 白永秀、吴振磊：《中国经济学演进轨迹：自七个历史阶段生发》，载于《改革》2009 年第 10 期。

② 《文化体制改革试点中支持文化产业发展的规定（试行）》，中国政府网，2003 年 12 月 21 日，http：//www. gov. cn/zhengce/content/2016 – 09/21/content_5110267. htm。

③ 《关于支持和促进文化产业发展的若干意见》，金锄头文库，2003 年 9 月 4 日，https：//www. jinchutou. com/p – 16245680. html。

④ 《关于鼓励、支持和引导非公有制经济发展文化产业的意见》，点网，2016 年 3 月 4 日，http：//www. zaidian. com/show/0311799204. html。

⑤ 《关于非公有资本进入文化产业的若干规定》，中央政府网，2008 年 3 月 28 日，http：//www. gov. cn/zhengce/content/2008 – 03/28/content_5680. htm。

⑥ 威海市发展和改革委员会：《关于文化领域引进外资的若干意见》，2012 年 5 月 18 日，http：//www. whdpc. gov. cn/art/2012/5/18/art_4196_255664. html。

主体多元化的股份制改革；允许符合资格的文化企业上市融资，鼓励民间资本和外资进入政策允许的文化产业领域，使文化领域投融资主体更加多元化。^① 2006 年 9 月，在《国家"十一五"时期文化发展规划纲要》中提出了：一要鼓励公民以知识产权作为出资，依法创办中小文化企业；二要支持社会力量建立风险投资和担保公司，为中小文化企业发展提供服务，有效缓减了中小文化企业融资难的困境；三要积极培育文化产业战略投资者，培育和发展一批实力雄厚的国有或国有控股大型文化企业和企业集团，使其成为文化市场的主导力量和文化产业的战略投资者；四要充分利用国内外资本市场，拓展文化产业投融资渠道；建立文化产业投融资的保障机制。这是国家作出的关于文化产业投融资的一个全方位的政策规划与发展方略，文化产业投融资的重要性进一步提升。^② 2008 年，国务院办公厅关于印发《文化体制改革中经营性文化事业单位转制为企业和支持文化企业发展两个规定的通知》提出，设立文化产业投资基金、对文化产品出口贴息、完善担保体系、鼓励上市融资等政策。^③ 2009 年 4 月，商务部、原文化部、广电总局、新闻出版总署、中国进出口银行联合发布《关于金融支持文化出口的指导意见》，针对支持范围、金融服务项目、协调机制等方面作出了明确的规定，加强对文化产业出口业务的扶持。^④ 同年 9 月，原文化部制定《文化产业投资指导目录》，将文化产业投融资的范围分为鼓励类、限制

---

① 《中共中央国务院关于深化文化体制改革的若干意见》，人民网，2006 年 1 月 13 日，http：//politics. people. com. cn/GB/1026/4023638. html。

② 《国家"十一五"时期文化发展规划纲要（全文）》，中央政府网，2006 年 9 月 13 日，http：//www. gov. cn/jrzg/2006 – 09/13/content_388046. htm。

③ 百度百科：《国务院办公厅关于印发文化体制改革中经营性文化事业单位转制为企业和进一步支持文化企业发展两个规定的通知》，https：//baike. baidu. com/item/。

④ 《关于金融支持文化出口的指导意见》，科印网，2010 年 7 月 14 日，http：//www. keyin. cn/library/zcfg/hyfg/201007/14 – 307916. shtml。

类、允许类和禁制类四类①, 进一步加强对文化产业投融资的管理与规范。

2009年9月,《文化产业振兴规划》的出台是国家第一次专门对文化产业做出定位与战略规划, 并在文件中提出要鼓励担保机构加强对文化产业的金融力度, 设立中国文化产业投资基金,② 深入推进发展文化产业投融资。

(二) 文化金融融合发展趋势显现

2009年之前, 没有专门促进文化产业投融资方面的文件出台。2010年,《关于金融支持文化产业振兴和发展繁荣的指导意见》(以下简称《意见》) 出台, 标志着文化产业与金融在国家政策层面上实现全面对接。③ 该《意见》提出:"银行部门应在涉及文化企业信贷需求业务方面给予优惠, 降低文化产业财务成本; 证券部门要积极推动文化企业上市融资和债券市场融资, 并探索多元化的融资渠道, 引导保险基金、风险投资基金、私募股权投资基金进入文化产业; 保险部门增加其在文化产业中的覆盖率和渗透率。"④ 同年, 保监会鼓励保险业对于文化企业债券、文化产业投资基金进行投资⑤。2011年1月,《2010年金融机构贷款投向统计报告》指出:"文化产业中长期贷款增速创历史新高"⑥, 这是央行年度报告中第一次将文化产业摆在如此重要的

① 《文化部文化产业投资指导目录 (2009年)》, 人民网, 2012年10月22日, http://artbank.people.com.cn/n/2012/1022/c209283 - 19344909. html。

② 国务院:《关于印发文化产业振兴规划的通知》, 百度文库, https://wenku.baidu.com/view/752efa21ccbff121dd368388.html。

③ 杨国平:《我国文化产业政策的演进与发展逻辑》, 载于《商业时代》2013年第28期。

④ 中央宣传部、中国人民银行、财政部、文化部等九部:《关于金融支持文化产业振兴和发展繁荣的指导意见》, 中央政府网, 2010年4月8日, http://www.gov.cn/zwgk/2010 - 04/08/content_1576181.htm。

⑤ 百度百科:《关于金融支持文化产业振兴和发展繁荣的指导意见》, https://baike.baidu.com/item/。

⑥ 中国人民银行:《2010年金融机构贷款投向统计报告》, 中国政府网, 2011年1月26日, http://www.gov.cn/gzdt/2011 - 01/26/content_1793220.htm。

地方，标志着文化产业融资规模取得突破性进展。

2009～2011 年，国家宏观经济调整的重点逐步转变为：推进全面协同改革，稳步发展体制机制；逐步优化资源配置，消除结构短板；发展新兴产业，推动文化金融融合。[①] 在文化金融融合发展方面主要表现为：各大产业渗透交融，文化产品多元复杂；经济杠杆发挥核心作用，文化产业的公益性与经济性并重；文化金融融合发展趋势显现，资金注入渠道多元化。

2003～2011 年，文化与金融融合趋势不断显现，文化产业对金融支持的需求持续加大，主要表现在银行、资本市场、文化企业、保险、投资基金等方面。首先，文化产业需要银行增加信贷投放总量，提供更加丰富的信贷产品、更加优质的服务形式。其次，在深交所、广交所、美国纳斯达克等国内外主要交易所上市融资的企业不断增加，融资规模逐渐加大，涉及的文化产业领域有所扩展，但是主要集中在传统媒体和新兴媒体领域，动漫等新兴文化产业门类所占比重较少。然后，由于中国债务市场规模较小，发行企业债的门槛较高，文化企业发行企业债还处于起步阶段。中国人保、中国信保、中国太保在支持文化产业中进行了积极尝试，但是保险支持文化产业的程度还很低。除此之外，最早在 2002 年中国多数省市已经开始尝试设立担保机构和文化产权交易所，但是文化产业投资基金多数由政府主导设立，比如中国文化产业投资基金。

三、文化产业投融资的规模与效益

据相关数据统计，2011 年中国文化及相关产业增加值达到 18 071 亿元，比 2010 年增长了约 21.96%，2011 年文化及相关产业增加值占 GDP 比重达 2.85%，再次上升 0.1 个百分点，[②] 展

---

① 陆岷峰、张惠：《文化产业大发展的金融支持系统研究》，载于《江西财经大学学报》2012 年第 2 期。

② 许和连、郑川、吴钢：《后金融危机时代的全球文化产品贸易格局：社会网络分析视角》，载于《现代财经》（天津财经大学学报）2014 年第 2 期。

示出文化产业发展的良好势头，表明文化产业成为推动国民经济支柱性产业的趋势向好。根据图 4 - 1 可以得出，自 2004 年以来，中国文化产业及相关产业增加值和文化产业及相关产业增加值占 GDP 的比重都呈现出逐步上升的趋势，文化产业在国家经济发展中的地位与作用稳步提升。

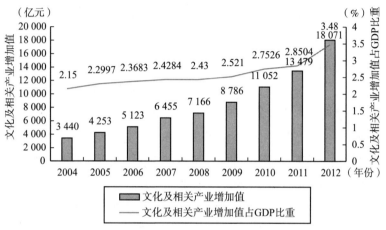

图 4 - 1　2004 ~ 2012 年文化产业发展趋势

资料来源：原文化部、国家统计局、中宣部和原国家新闻出版广电总局。

（一）政府投入力度持续加强，文化事业平稳发展

根据国家统计局数据显示，2011 年全社会固定资产投资为311 485.1 亿元，文化、体育和娱乐业全社会固定资产投资约为3 177.2 亿元，占全社会固定资产投资的 1.02%。2006 ~ 2010年，随着中国全社会固定资产投资的增加，文化、体育和娱乐业全社会固定资产也在增加，并且其占全社会固定资产投资的比重也呈稳步上升趋势（见图 4 - 2），虽然 2011 年文化、体育和娱乐业全社会固定资产投资下降，但是在 2012 年出现了回升，表明近年来政府对文化产业的投入力度呈不断增加的趋势。从图 4 - 3 中可以看出，自 2005 年以来，虽然文化事业费总支出占国家财政投入的比重有缓慢下降的趋势，但随着国家财政总支出

额的不断增加，文化事业费总支出平稳发展，国家对文化事业的
支持基本保持稳定。

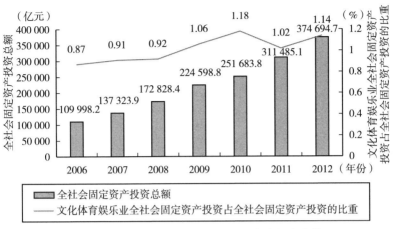

图4-2　2006～2012年全社会固定资产投资趋势

资料来源：国家统计局。

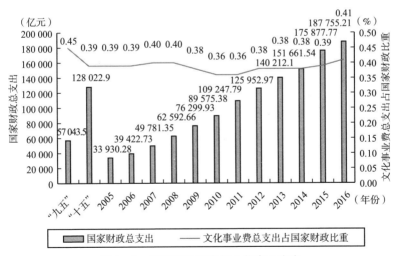

图4-3　国家财政支出与文化事业支出

资料来源：原文化部、国家统计局、中宣部和原国家新闻出版广电总局。

（二）文化企业规模有待扩大，证券市场初步发展

这一阶段，中国文化企业有一定程度的发展，但是主要以中小企业为主，且间接融资占绝大多数，处于初步发展时期。根据民生银行数据显示，文化产业直接融资占比不超过22%。[①] 从文化企业的规模来看，大部分还是中小文化企业，从整个文化企业的构成来看，90%的企业是处于初创期，7%的企业处于成长期，2%的企业处于成熟期。[②]

由图4-4可以看出，国家文化、体育和娱乐产业公司上市数量呈曲折上升趋势，全国上市公司增长率在2010年达到顶峰，随后于2012年跌入谷底，又再次上升。表明在2012年之前，中国

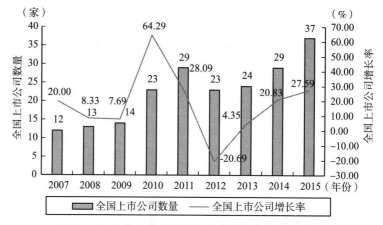

图4-4　文化、体育和娱乐产业公司上市情况统计

资料来源：中国证监会、中国上市公司协会、上海证券交易所、深圳证券交易所。

---

① 王双双：《文化对接金融　做大间接投资发力直接投资》，载于《中国出版传媒商报》2014年5月23日，http：//www.cnepaper.com/zgtssb/html/2014-05/23/content_28_1.htm。
② 万晓芳：《设立文产专营金融机构是深化文化金融合作有效途径》，中国经济网，2014年3月29日，http：//www.ce.cn/culture/gd/201403/29/t20140329_2569064.shtml。

文化、体育和娱乐产业公司上市情况不佳，文化、体育和娱乐产品竞争力不强，文化、体育和娱乐企业实力有待提升，文化产业投融资证券市场有待进一步开发。

（三）部行合作推动文化信贷发展

2012年及以前，原文化部将政府部门的组织协调优势和政策引导功能与金融机构积极开拓文化产业市场主动性结合，先后与多家银行建立了部行合作关系，搭建起企业与银行机构之间的公共服务渠道。[①] 到2011年末，全国文化产业本外币中长期贷款余额为861亿元，有待继续增长。

国家统计局统计数据显示，2004～2009年，文化、体育和娱乐业中国家开发银行贷款较少，自2010年开始，国家开发银行对文化、体育和娱乐业的贷款不断上升，银行机构对文化企业的信贷投资力度逐步增长，部行合作制取得初步成效（见图4-5）。

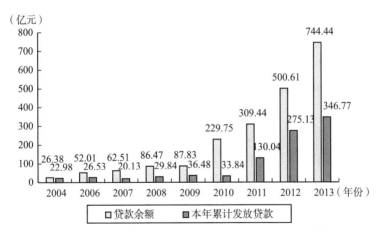

图4-5 国家开发银行对文化、体育和娱乐业的贷款情况

资料来源：国家统计局。

---

① 《十八大以来文化金融发展综述：构建起多层次的投融资体系》，搜狐网，2017年10月11日，http：//www.sohu.com/a/197439573_161623。

经济力量是国家综合国力中的支配性实力，文化力量是影响国家发展潜力和感召力的重要因素，经济与文化的结合成为当前全球经济一体化背景下各国提升综合实力与国际竞争力的重要途径。随着文化产业逐步成为各国经济发展的支柱性产业，国家财政、社会资金、风险投资等开始加大对文化产业的支持，文化与金融、文化与科技加速融合，逐步衍生出新的文化产业形态，文化金融在国家经济发展、综合国力提升中的重要作用日益凸显。但是，文化产业投融资领域依然存在着诸多困境与问题，需要进一步的分析与解决，以更好地推动文化金融深度融合，文化市场繁荣发展。

第四节　文化企业成长成熟

2003～2011 年，在国家实施文化产业发展战略的积极推动下，中国文化产业日臻成熟，为文化企业的发展提供了新的机遇和发展机会，文化企业进入了快速发展的黄金时期。

文化企业是提供文化产品和服务的盈利性组织，[①] 与其他产业相比，具有资源比较优势，其主要通过资源转化实现资产增值、产业发展。随着文化体制改革和经济快速发展，文化产业领域涌现出了许多优秀企业。在国家政策的支持、鼓励下，文化企业市场潜力日益凸显，经济效益不断提高，竞争力与日俱增，成为经济全球化背景下，提高国家文化软实力、综合国力、国际竞争力的重要主体。

2004 年 11 月 10 日，为进一步深化文化体制改革，促进文化事业全面繁荣和文化产业快速发展，原文化部为表现突出的文化

---

① 杨春丽、史萌：《浅谈文化企业的特性和发展对策》，载于《山东经济》2009 年第 3 期，第 141 页。

企业命名了第一批 42 家国家文化产业示范基地①。2006 年 2 月 13 日，《国家文化产业示范基地评选命名管理办法》发布，促进了文化产业市场主体的培育与发展，增强了文化产业微观活力，有利于提升文化产业的总体实力和竞争力，促进中国文化产业持续健康快速发展。随后，原文化部于 2006 年 5 月 18 日和 2008 年 9 月 17 日又命名了第二批和第三批国家文化产业示范基地。② 实践证明，中国文化企业在国家政策支持、体制改革推动下，逐步成长成熟，日益在国家产业发展和经济增长中发挥表率、带头作用。

一、国有文化企业快速成长

在国家各项政策利好、文化体制改革深入推进的背景下，文化企业特别是国有文化企业迅速成长。2003 年后，中国文化产业进入加速发展时期。《国有文化企业发展报告（2012）》显示，国有文化企业已经成为国有经济的一支新生力量。③ 据统计，截至 2011 年末，全国国有文化企业共 10 365 户，资产总额 15 966.44 亿元，全年累计实现营业总收入 7 976.95 亿元，增加值 1 994.95 亿元，利润总额 849.94 亿元。④ 与 2010 年相比，2011 年国有文化企业的营业总收入增长了 17.1%，利润总额增长了 21.7%，净利润增长了 23.7%，资产总额增加了 18.7%。⑤

---

① 孙志国、定光平等：《咸宁非物质文化遗产保护进展与对策分析》，载于《江西农业学报》2012 年第 7 期。

② 百度百科：《国家文化产业示范基地评选命名管理办法》，https：//baike. baidu. com/item/。

③ 百度百科：《国有文化企业发展报告（2012）》，https：//baike. baidu. com/item/。

④ 《全国国有文化企业超万户》，中国经济网，2013 年 1 月 1 日，http：//www. ce. cn/culture/gd/201301/01/t20130101_23992080. shtml。

⑤ 《中宣部等四部门负责人就深化文化体制改革进行新闻发布》，人民网，2011 年 2 月 28 日，http：//politics. people. com. cn/GB/1027/14025575. html。

（一）文化单位转企改制，国有文化企业、集团纷纷成立

2006～2010年，经过一系列的改革，国有经营性事业单位转企改制取得决定性进展，文化体制改革迈出关键步伐,[①] 国有文化企业、集团纷纷成立。

首先，通过改革，中国精减了事业单位人员编制、优化了单位内部管理体制，形成了一批大型文化企业或集团。据初步统计，全国共核销事业编制172 000多名，中央直属单位就核销了近20 000名，全国共注销事业单位4 300多个。[②] 其次，公益性文化单位通过改革，一方面优化了内部权责分配、明晰了责任义务；另一方面提高了运行效率与服务质量，发挥出显著的公共文化服务功能，如博物馆、文化馆等。然后，在转企改制过程中，政府与市场的角色定位更加明晰，逐步形成政策调节、市场监管、社会管理的文化宏观管理体制，各省市不断推进文化市场综合执法机构的建立与执法能力的增强。比如，新闻出版和广电系统实现政企分开，政府职能进一步转换，公共服务的能力显著增强。[③] 除此之外，中国通过文化资产管理体制改革，成立和建立了一大批的文化企业或集团。到2010年底，已组建46家演艺集团公司、204家省市电影公司、100多家报刊集团和出版传媒企业集团。[④]

（二）国有文化企业逐步做大做强

在国家深入推进国有文化资产改革背景下，中国国有文化企业逐步做大做强。这具体体现在国家通过一系列政策举措，对其

---

① 《文化体制改革迈出关键步伐 转企改制取得进展》，搜狐新闻，2011年2月28日，http://news.sohu.com/20110228/n279573366.shtml。

② 《中宣部等4部门负责人就深化文化体制改革进行新闻发布》，人民网，2011年2月28日，http://politics.people.com.cn/GB/1027/14025575.html。

③ 刘利成：《支持文化创意产业发展的财政政策研究》，财政部财政科学研究所博士学位论文，2011年。

④ 《深化文化体制改革，开创文化建设新局面——中宣部等四部门负责人就深化文化体制改革进行新闻发布》，新华网，2011年2月28日。

进行规划和引导，逐步推进国有文化企业发展。

　　首先，2007年9月，以《关于在文化体制改革中加强国有文化资产管理的通知》的发布为标志，有关国有文化资产管理问题正式纳入文化体制改革议程。① 其次，国家通过对文化体制改革优秀的国有文化企业进行公开评选与表彰，为国有文化企业提供学习范例；② 通过部门联合发布相关转企改制、资产管理规范的通知，明确国有文化企业资产管理标准与规范。然后，2011年10月，关于国有文化资产管理的具体要求、基本思路和目标在中国共产党第十七届六中全会上得以确定，即"加强国有文化资产管理，建立和完善'管人管事管资产管导向相结合的国有文化资产管理体制'。"③ 除此之外，为继续深入推进国有文化资产管理体制改革，全国各省市各地区纷纷颁布相关政策法规，并加强资产监督管理，④ 形成了国有文化资产监督管理的深圳模式和上海模式、重庆模式、江苏模式、山东模式和中央模式。

　　2011年10月，党的十七届六中全会通过《中共中央关于深化文化体制改革、推动社会主义文化大发展大繁荣若干重大问题的决定》（以下简称《决定》），明确提出："加快发展文化产业，必须毫不动摇地支持和壮大国有或国有控股文化企业，培育一批核心竞争力强的国有或国有控股大型文化企业或企业集团"，⑤ 为国有文化企业的深入发展、实力提升注入了政策动力和战略目标。《决定》明确提出"支持国有文化企业面向资本市场融资，

---

① 财政部科教司：《文化体制改革中要加强国有文化资产管理》，中华人民共和国财政部网站，2008年6月25日，http：//www. mof. gov. cn/mofhome/jiaokewensi/zhengwuxinxi/lilunyanjiu/200806/t20080625_53453. html。

② 《全国文化体制改革工作会议在京召开》，文化发展论坛网，2008年4月11日，http：//www. ccmedu. com/bbs2_60462. html。

③ 《中共中央关于深化文化体制改革　推动社会主义文化大发展大繁荣若干重大问题的决定》，新华网，2011年10月25日，http：//www. xinhuanet. com/。

④ 陈庚：《国有文化资产管理体制建构：理论范式与实践逻辑》，载于《学习与实践》2012年第7期。

⑤ 《中共中央关于深化文化体制改革的决定》，新浪新闻，2011年10月26日，http：//www. sina. com. cn。

支持其吸引社会资本进行股份制改造"①，为减轻国家财政压力、促进国有文化企业投资力量多元化、体制机制市场化奠定了政策基础，指明了发展方向。

在市场经济改革推动下，国有文化企业通过股份制改造逐步建立现代企业制度，具体表现为：通过优化产权结构、吸引多元投资主体、加强权力监督制衡，明晰企业产权、激发企业活力。另外，国有文化企业通过实施以股份制为主要形式的产权改革和搭建多元化投融资平台，建立现代文化产权制度，从而发挥国有企业在国家经济发展中的控制力和引导力，促进文化资源整合与开发，全面加强中国文化产业综合实力。2011年底，文化传媒板块在A股资本市场融资金额共170亿元。② 《2011中国文化产业企业上市研究报告》显示，目前已经公布上市计划的文化产业企业达到180多家，其中包括通过股份制改造和国内外上市走向国际市场的大型企业和国有文化企业。③ 这体现了中国国有文化企业实行股份制改造、建立现代企业制度的正确性和优越性。

通过改革发展，国有文化企业逐步做大做强，不仅发挥出其在文化产业发展中的巨大优势，而且成为提升国家文化软实力、增强国家竞争力的中坚力量。国有文化企业在推动建设中国社会主义文化强国中具有重要战略地位，将发挥出强大的基础支撑和方向引领作用。

二、民营文化企业成长成熟

2003~2011年，国家推出了一系列鼓励和支持民间资本进入文化产业的政策，民营文化企业如雨后春笋般涌现出来，并随

---

① 《中共中央关于深化文化体制改革的决定》，新浪新闻，2011年10月26日，http://www.sina.com.cn。

② 《2011年中国股市十大热点题材》，东方财富网，2011年12月19日，http://finance.eastmoney.com/news/。

③ 《文化强国路径明确 新元文智助力文化产业腾飞_新元文化产业俱乐部》，新浪博客，http://blog.sina.com.cn/s/blog_530fe6a70100x4qw.html。

着其数量的不断增加，经济产值的贡献越来越大，民营文化企业的发展为推动文化产业发展和城乡居民文化消费水平提升发挥了重要作用，为增强国家文化软实力作出了重要贡献。

这一时期，民营文化企业通过改革自身内部管理运行模式，不仅市场规模扩大、产业比重上升，促进了中国文化市场的繁荣发展，而且在推动产业转型、区域发展方面发挥了重要作用。在文化市场发展不断现代化的过程中，民营文化企业开发出多元化、个性化的文化产品，吸引了广大消费者的注意力，成为激发市场活力的重要力量。具体而言，可以从民营文化企业产业比重上升、区域发展良好和运营管理逐步现代化三个方面说明其发展成效。

（一）民营文化企业市场份额扩大、产业比重上升

2003～2011年，民营文化企业迅速发展，市场份额不断扩大，产业比重不断上升，从以下统计数据中可以说明。

第一，2004年民营文化企业在整个文化产业活动单位数中占61.1%，约2/3的比重，从业人员占整体从业人员的40.7%，资产总计达25.8%，创造了约1/3的增加值和营业收入。[①] 第二，民营文化企业在新兴文化产业领域热情高涨。比如，网络游戏企业"巨人网络"，在2007年以42亿美元市值成功在美国纽约证券交易所挂牌上市，成为在美国发行规模最大的中国民营企业。[②] 第三，民营文化企业占据了出版业市场中书刊销量、音像制品领域的半壁江山。根据2007年的数据，全国民营出版物总发行企业达13家，连锁经营企业8家，发行网点占全国总数的

---

① 文化部文化产业司"民营文化企业发展"调研课题组：《中国民营文化企业发展中的问题及政策建议》，载于《华中师范大学学报》（人文社会科学版）2007年第4期。

② 姜曼：《论中小型民营文化企业的发展现状及前景》，首都师范大学硕士学位论文，2011年。

69%，占全国一般图书市场 50% 份额。①

除此之外，截至 2010 年，全国民营文艺表演团体近 7 000 家，民营电视节目制作企业 2 800 余家，民营电影制片发行公司近 400 家，中外合资、合作或外商投资书报刊发行企业 40 多家，印刷企业 2 500 多家，期刊版权合作 50 多家，中外图书合作年均 600 多种。②③ 由此可以看出民营文化企业在文化产业领域所占份额数量越来越大，并且，一些小型民营文化企业在市场的激烈竞争中生存下来并发展壮大，逐渐成为文化行业的领军。

（二）民营文化企业区域发展趋势良好

从区域发展态势来看，民营文化企业的生长繁荣，对促进产业转型、区域发展具有重要作用。其中，湖南省、浙江省、陕西省是中国中、东、西部省份的典型代表。

湖南省民营文化企业是发展较早、较好的典型案例，据不完全统计，在文化产业领域，2007 年湖南省民营文化企业中的非公有制经济所创造的文化产业增加值已经占到全部文化产业增加值的近 1/3，就业人数占到近 2/3。④ 截至 2008 年底，浙江省共有规模以上民营文化企业 3.5 万余家，投资总规模达到 1 300 亿元以上，吸纳就业人员 75 万余人，涉及多个文化行业领域。⑤ 民营文化企业已经成长为陕西省文化产业发展的生力军，2008 年陕西全省民营文化企业有 7.5 万家，包括个体经营者，从业人员

---

① 成思行：《改革开放 30 年我国文化发展和体制变迁之路》，2008 年 10 月 7 日，中国共产党新闻网，http：//theory. people. com. cn/GB/49150/49152/8138622. html。

② 蔡武：《中国文化产业有喜有忧》，载于《人民日报》（海外版）2010 年 4 月 29 日第 4 版，http：//paper. people. com. cn/rmrbhwb/html/2010 - 04/29/content_503964. htm。

③ 《千帆竞发浪潮涌 百舸争流正逢时——十八大以来我国文化产业发展成就综述》，新华社，2017 年 5 月 11 日，http：//www. xinhuanet. com//2017 - 05/11/c_1120957907. htm。

④ 柏定国：《湖南省民营文化企业发展状况调查报告 2007 年中国文化品牌报告》，中国市场出版社 2007 年版，第 434 页。

⑤ 《浙江省文化产业发展规划（2010～2015）》，载于《浙江经济》2011 年第 17 期。

资产总额、文化产业增加值分别为 23.08 万元、196.91 亿元和 97.88 亿元，占全省文化产业比重分别为 70.2%、49.5%、52.4%。据海关统计数据显示，截至 2010 年 1 月，陕西文化产业出口 795 万美元，其中民营企业文化出口 395 万美元，增长 16.5%，约占出口总量的 50%。① 民营影视机构发展到 164 家，年产影视作品占全省 90% 以上。② 西安地区文化企业中有 90% 为民营文化企业，特别是在对非公有资本和外资开放的领域，民营文化企业快速发展③，如影视制作、文化创意、会展等。

（三）民营文化企业运营管理逐渐现代化

2003～2011 年，各种民营影院院线、剧场、出版社等纷纷登陆各大中小城市。在市场经济的驱动下，民营文化企业不断在实现形式、管理模式和文化建设等方面提高效率；通过运用现代化的组织、运营、管理方法，提高自身竞争力与影响力，充分发挥文化产业对繁荣中国文化市场、满足人民精神文化需求的作用，实现经济效益与社会效益相统一，为社会主义文化建设贡献自己的力量。

在实现形式上，中小文化企业绝大多为股份制或合伙制。其中，有限责任公司占 52%，股份有限公司占 3.2%，私营合伙企业占 5.7%，三者总计占 60.9%。④ 并且，这些文化企业会引入多元力量，减轻自身财务压力。在管理模式方面，中小型民营文化企业逐渐变得现代化、开放化，一是采取传统家族管理模式，二是采取效率较高、运营更加科学的非家族管理模式。在管理方

---

① 《印刷包装等发展迅速　西安领跑文化产业》，慧聪印刷网，2010 年 9 月 28 日，http://info.printing.hc360.com/2010/09/280945264891.shtml。

② 陕西省发展和改革委员会发展规划处：《改革开放，快速发展的强大动力——陕西"十一五"经济社会发展综述之六》，2011 年 1 月 19 日，http://www.sndrc.gov.cn/newstyle/pub_newsshow.asp? id=1006073&chid=100225。

③ 西安市社会科学院课题组：《西安文化产业发展报告》，引自石英、王长寿、杨尚勤：《陕西文化发展报告（2009）》，社会科学文献出版社 2009 年版。

④ 陈冰洁：《价值链视角下文化企业竞争力影响因素研究》，南京航空航天大学硕士学位论文，2012 年。

式方面，中小文化企业更加注重现代电子信息、互联网技术的运用，使管理便捷化、网络化。在管理思想上，企业文化建设逐步受到重视，中小民营企业开始围绕文化进行组织建设与思想引导。在社会主义市场经济体制改革的背景下，中小文化企业顺应时代潮流，对自身现代化建设的方方面面进行审视与变革，逐步形成职责分明、管理科学、人心所向的现代化组织机构。

虽然中国民营文化企业取得了众多发展成果，但也要看到，当前中国文化产业政策体系尚不健全，有些政策还比较原则和笼统，加上地方政府没有及时出台实施细则或办法，一些相关配套政策措施没有及时跟进，民营文化企业发展还面临"卷帘门""玻璃门""旋转门"，一些地区的民营文艺团体、民营传媒企业等发展缓慢，缺乏市场竞争力。因此，各地区政府部门也不断调整政策措施，从实际出发，逐步提高工作艺术和管理水平，加强政策协调性，并制定相关配套举措，在行动中量化评估，推动各项政策逐一落实，让民营文化企业从政策中增强获得感。

第五章

中国文化产业竞争力稳步提升
（2012～2018 年）

在经济社会发展仍将处于"新常态"的时代背景下，集合了创意经济、高端制造业、旅游业等诸多经济业态的文化产业愈发成为中国经济升级转型的重要倚靠力量。中央各有关部门进一步加大对文化产业的政策扶持力度，研究制定并出台了一系列市场主体认可度高、操作性强的政策与法律法规，在相关职能部门与各文化市场主体的共同努力下，中国文化产业占国民经济的比重不断提高，文化贸易日趋活跃，"文化＋科技"发展迅速，特色文化产业蓬勃发展，文化市场结构不断优化，涌现出一大批市场反响强烈同时具备优秀价值观的文化产品。

第一节　文化产业总量稳步提高

党的十八大以来，中国文化产业总量稳步提升，始终保持两位数的增长速度，这和党中央、国务院的顶层设计，以及全面推进文化体制机制改革创新等工作不可分割。在中央层面，党的十八大制定实施《深化文化体制改革实施方案》《国家"十三五"时期文化发展改革规划纲要》等文件，党的十八届三中全会强调文化产业在文化体制改革中的特殊作用，十八届四中全会明确提出要"制定文化产业促进法,把行之有效的文化经济政策法定化,健全促进社会效益和经济效益有机统一的制度规范",对文化产业立法提出了明确要求。十八届五中全会再次提出"到2020年,文化产业成为国民经济支柱性产业",为新时期文化产业发展提供了重要指引。习近平总书记在党的十九大开幕会上作的报告中指出,"推动文化事业和文化产业发展。满足人民过上美好生活的新期待,必须提供丰富的精神食粮。要深化文化体制改革,完善文化管理体制,加快构建把社会效益放在首位、社会效益和经济效益相统一的体制机制。"在地方层面,众多一线与"新一线"城市快速响应:北京市委出台了《关于繁荣发展首都社会主义文艺的实施意见》,上海市出台了《关于加快上海文化创意产业创新发展的若干意见》,厦门市人民政府出台了《关于印发进一步促进文化产业发展补充规定》,重庆市出台了《重庆市长江文化产业带提升报告》等地方政策,这一时期,中国文化产业在总体经济呈现"L"形发展趋势的背景下保持了持续快速发展的态势,文化产业总量持续增长,主要体现在以下两个方面:

一是文化产业成为经济发展新常态时期的重要增长点。2017年全国文化及相关产业增加值为34 722亿元,占GDP的比重为4.2%,比上年提高0.06个百分点;按现价计算(下同),比2016年增长了12.8%,比同期GDP名义增速高1.6个百分点(见表5 – 1)。

表5 – 1　　2017年文化及其相关产业增加值示意表(按行业分)

项目	2017年增加值(亿元)	占文化及相关产业增加值的比重(%)	增加值相比2016年的增长幅度(%)
文化制造业	12 094	34.8	1.7
文化批发零售业	3 328	9.6	15.9
文化服务业	19 300	55.6	20.4

资料来源:国家统计局:《2017年中国文化及相关产业增加值占GDP比重为4.2%》。2018年10月10日,http://www.stats.gov.cn/tjsj/zxfb/201810/t20181010_1626867.html。

　　按活动性质分，文化核心领域创造的增加值为 22 500 亿元，
比上年增长 14.5%，占文化及相关产业增加值的比重为 64.8%；
文化相关领域创造的增加值为 12 222 亿元，增长 9.8%，占比为
35.2%。2017 年文化及相关产业增加值保持平稳快速增长，占
GDP 比重稳步上升，在加快产业格局的新旧动能转换、推动经济
高质量发展中发挥了积极作用（见表 5 - 2）。①

表 5 - 2　　　　　　　2017 年文化及相关产业增加值

类别名称	绝对额（亿元）	构成占比（%）
文化及相关产业	34 722	100
第一部分　文化核心领域	22 500	64.8
一、新闻信息服务	4 864	14
二、内容创作生产	7 587	21.9
三、创意设计服务	4 537	13.1
四、文化传播渠道	2 896	8.3
五、文化投资运营	190	0.5
六、文化娱乐休闲服务	2 426	7
第二部分　文化相关领域	12 222	35.2
七、文化辅助生产和中介服务	5 973	17.2
八、文化装备生产	1 981	5.7
九、文化消费终端生产	4 268	12.3

　　资料来源：《2017 年中国文化及相关产业增加值占 GDP 比重为 4.2%》，国家统计
局官网，2018 年 10 月 10 日，http：//www. stats. gov. cn/tjsj/zxfb/201810/t20181010 _
1626867. html，2018 - 10 - 10。

　　二是从文化产业占国民经济的比重变化情况看（见图 5 - 1），
文化产业增加值占 GDP 的比重由 2012 年的 3.48% 提高到 2017

_____

　　①　《2017 年中国文化及相关产业增加值占 GDP 比重为 4.2%》，国家统计局官网，
2018 年 10 月 10 日，http：//www. stats. gov. cn/tjsj/zxfb/201810/t20181010_1626867. html。

年的4.2%，增加了0.72个百分点，占比呈逐年增高的态势。值得注意的是，在中国GDP总量已经突破80万亿元的基础上，文化产业增加值占GDP比重仅用5年时间便上升了近1个百分点，表明文化产业的发展势能较好，同时文化产业增加值占GDP的比重还不大，意味着文化产业未来的发展前景依旧可观。

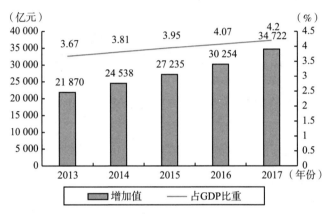

图5-1　2013～2017年中国文化产业增加值与占国民生产总值比重示意图

资料来源：《中华人民共和国文化部2013年文化发展统计公报》《中华人民共和国文化部2014年文化发展统计公报》《中华人民共和国文化部2015年文化发展统计公报》《中华人民共和国文化部2016年文化发展统计公报》《中华人民共和国文化和旅游部2017年文化发展统计公报》。

第二节　文化贸易日趋活跃

党的十八大以来，我国文化产业突飞猛进，不仅在国内稳步增长，同时中国的对外文化贸易也日趋活跃，进一步提升了中国文化的国际传播能力和影响力。这一时期，文化产品与服务贸易已经成为世界贸易体系的重要组成部分。无论是从权威国际组织的统计报告看，还是从相关单位出台的支持性政策与文件看，抑或从相关部门的统计数据看，均显示出中国文化贸易量质齐升，文化贸易支撑体系不断完善，由此可见，日趋活跃的文化贸易充分发挥了对外文化交流的拳头作用。

一、中国成为世界文化产品出口领军者

中国文化出口战略由来已久，新时期，文化作为国家软实力，不仅承担着弘扬和传播中华优秀传统文化、展示国家形象的责任，在市场经济方面，文化产业也承担着提高国民经济发展水平的责任。党的十八大以来，有关部门先后印发了《关于进一步加强和改进中华文化走出去工作的指导意见》《关于加快发展对外文化贸易的意见》《关于加强"一带一路"软力量建设的指导意见》等文件，积极推进中国文化"走出去"。目前，中国文化产品出口已经取得了一定成就，从权威国际组织的统计报告看，2016 年 3 月，联合国教科文组织统计研究所发布含 192 页、121 个图表的世界文化贸易专题报告《文化贸易的全球化：消费的转变——2004～2013 年国际文化商品和服务流动》，该报告提供了161 个国家的统计数据。同年 5 月 11 日，《人民日报》发文《我们的文化产品，比想象中走得远》指出，"该报告打破了许多人的固有认知：早在 2010 年，中国就已是世界文化产品出口第一大国。"①

二、文化贸易政策体系日益完备

这一时期，国家相关部门支持文化产业发展，助力文化产业发展的众多政策措施出台：

2013 年 3 月 21 日，原文化部与日本、韩国各有关机构启动首届"东亚文化之都"（2014 东亚文化之都）评选工作，选出一

① 王玲：《国际文化商品和服务流动趋势及中国文化贸易崛起——解读联合国教科文组织〈文化贸易的全球化：消费的转变〉》，载于《思想战线》2017 年第 4 期，第 144 页。

国一市即 3 个城市共同当选。开展对"东亚文化之都"的评选活动是立足长远，积极推动中日韩文化务实合作创新与升级，深化东亚三国文化产品与服务贸易行业互信的重要举措，也是中日韩 3 国文化领域中长期战略性项目；2013 年 9 月 18～20 日，原文化部艺术发展中心在北京市中国农业展览馆举办"2013 中国国际文化艺术博览会"，为参展机构、艺术家以及艺术投资人、收藏家、艺术爱好者搭建一个专业、开放、国际化的艺术品交易平台。

　　2014 年是涉及文化贸易的相关政策文件与扶持措施密集出台的一年。3 月 3 日，国务院印发《关于加快发展对外文化贸易的意见》，该意见鼓励各种所有制文化企业从事对外文化贸易业务；2014 年 3 月 17 日，原文化部发布《关于贯彻落实〈国务院关于推进文化创意和设计服务与相关产业融合发展的若干意见〉的实施意见》，要求综合运用多种政策手段，对文化服务出口、境外投资、营销渠道建设、市场开拓、公共服务平台建设、文化贸易人才培养等方面给予支持；2014 年 10 月 16 日，原文化部启动 2015 年度全国对港澳文化交流重点项目申报工作，优先扶持与港澳专业文化团体、机构合作策划、创作、演出的项目与利用港澳在管理、人才等方面的优势，学习先进理念和运营手法，带动内地文化产业发展的项目；2014 年 11 月 27 日，财政部、海关总署、国家税务总局三部委联合下发《关于继续实施支持文化企业发展若干税收政策的通知》；2014 年 12 月 15 日，财政部宣布将下达 10 亿元人民币用于支持 72 家中央文化企业，财政部指出这笔资金将重点支持三个方向：一是支持中央文化企业作为兼并主体，通过购买、控股等方式取得其他文化企业所有权、控股权，或合并组建新企业、集团公司。二是支持中央文化企业进行数字化转型升级、数字资源库等项目建设。三是支持具有竞争优势、品牌优势和经营管理能力的中央文化企业与国外有实力的文化机构进行项目合作。

　　2015 年的政策关键词是"自贸区建设"。4 月 9 日，国务院印发《中国（福建）自由贸易试验区总体方案的通知》，力图拓展与 21 世纪海上丝绸之路沿线国家和地区交流合作的深度和广度。扩大对外文化贸易和版权贸易。2015 年 12 月 6 日，国务院下发《关于加快实施自由贸易区战略的若干意见》，进一步强调要加快发展对外文化贸易，创新对外文化贸易方式，推出更多体现中华优秀文化、展示当代中国形象、面向国际市场的文化产品和服务。讲好中国故事、传播好中国声音、阐释好中国特色，更好地推动中华文化"走出去"。

　　自 2016 年起，中国"十三五"计划正式开始实施。3 月 17 日，新华网发布《中华人民共和国国民经济和社会发展第十三个五年计划纲要》（以下简称《纲要》），《纲要》在"提高文化开放水平"一章中，明确提出了"加大中外人文交流力度，创新对外传播、文化交流、文化贸易方式"。凸显文化贸易在国家战略中的重要地位；2016 年 5 月 11 日，原文化部、国家发展和改革委员会、财政部、国家文物局四部委联合发布《关于推动文化文物单位文化创意产品开发的若干意见》，支持有条件的文化文物单位开展中外文化创意产品设计开发、经营管理人才的交流与合作，定期开展海外研习活动；2016 年 12 月 28 日，原文化部公布《"一带一路"文化发展行动计划》，将重点围绕演艺、电影、电视、广播、音乐、动漫、游戏、游艺、数字文化、创意设计、文化科技装备、艺术品及授权产品等领域，推动骨干和中小文化企业的联动整合、融合创新，带动文化生产与消费良性互动。

　　2017 年 4 月 20 日，原文化部印发《文化部"十三五"时期文化产业发展规划》，鼓励中国文化企业特别是龙头企业坚持开放发展，要加快中国优秀文化产品、服务和"走出去"的步伐，进一步提升中国文化产业的国际影响力与竞争力。

　　2018 年是承前启后、开拓文化外贸新局面的一年。2018 年 2 月 28 日，原文化部印发《2018 年文化部"一带一路"文化贸易与投资重点项目名单》，在重点投资项目名单中，既有反映中华民族悠远历史与辉煌过往的大型歌舞剧《郑和》《大唐玄奘》，也有诸如"高分子黏土手工特色文化互动数字平台""360度沉浸式动感飞行影院""数字化演艺装备与新媒体技术融合应用的全产业链设计"等文化科技融合项目，还有"皮雕皮画艺术之乡暨中俄蒙皮艺长廊""《织梦盒子》在'一带一路'沿线国家的设计运营"等中外文化交流推广项目……这些涉及不同领域的重点投资项目集中体现出了中国对外文化贸易的广度与深度。2018年4月3日，财政部办公厅、中宣部办公厅、商务部办公厅三部委引发《关于申报2018年度文化产业发展专项资金（重大项目方面）转移支付项目的通知》（以下简称《通知》），《通知》指出，专项资金（重大项目方面）转移支付项目采用直接补助方式，专项资金重大项目转移支付的主要内容就包括由商务部牵头负责的对外文化贸易，鼓励和支持中国文化企业参与国际竞争，扩大文化服务出口，推动中华文化"走出去"。对列入《2017～2018年度国家文化出口重点企业目录》且在2017年具有较好文化服务出口业绩的地方文化企业，根据2017年度文化服务出口额按比例予以奖励。

三、文化贸易在新时代迈向新层次

从相关部门的最新统计数据看，中国文化贸易在新时代继续呈现出高速增长的趋势。据商务部统计数据，2017年，中国文化产品和服务进出口总额为1 265.1亿美元，同比增长11.1%。其中，文化产品进出口总额971.2亿美元，同比增长10.2%；文化服务进出口总额293.9亿美元，同比增长14.4%。无论是文化产品进出口总额增长率还是文化服务的进出口增长率，均显著高于同期GDP增长率，并显示出以下特点：

一是出口实现快速增长。2017年文化产品出口881.9亿美元，同比增长12.4%；进口89.3亿美元，同比下降7.6%。顺差792.6亿美元，文化产品贸易顺差规模较2016年同期扩大15.2%。二是文化产品的出口结构趋于优化。文化产品出口的技术含量明显提升。三是国际市场更加多元，开拓新兴国家市场的能力进一步增强。据统计，美国、中国香港、荷兰、英国和日本为中国文化产品进出口前五大市场，合计占比为55.9%，较上年下降1.8个百分点。在继续加强与主要发达国家与地区的文化贸易交流的同时，中国文化企业积极响应"一带一路"倡议，大力开拓与"一带一路"沿线国家的文化贸易与文化交流，2017年，中国与"一带一路"沿线国家进出口额达176.2亿美元，增长18.5%，占比提高1.3个百分点至18.1%；与"金砖国家"进出口额为43亿美元，比上年增长48%。同时文化产品出口的国内区域布局相对集中。文化产品出口仍集中在东部地区，同比增长10.8%，占中国文化出口总额的93.4%；中西部地区出口增长势头迅猛，增速达43.5%，占比提高1.3个百分点至6.1%；东北地区出口增长15.3%，占0.5%。广东、浙江、江苏为中国文化产品出口前三位，合计占文化产品出口的79.4%。①

第三节 "文化＋科技"发展迅速

文化繁荣与科技进步密不可分，开明多元、积极进取的文化氛围奠定了科技创新的土壤，由科技创新带来的文化传播载体革命又助推了不同文明的碰撞与融合。随着中国产业升级的逐步推进，对高端科技的自主研发与产业化应用将成为新时代经济建设的潮流。对文化产业而言，在信息科技与网络技术迭代周期愈发

---

① 商务部召开例行新闻发布会（2018年2月8日），商务部官方网站，2018年2月8日，http://www.mofcom.gov.cn/xwfbh/20180208.shtml。

缩短、文化传播载体更新频繁的当下，文化与科技的融合已是大势所趋。党的十八大以来，中国文化与科技的融合发展能力不仅在应用领域上得到了扩宽，同时在融合深度上也得到了加深。关于文化科技创新，党的十九大提出"倡导创新文化，强化知识产权创造、保护、运用。培养造就一大批具有国际水平的战略科技人才、科技领军人才、青年科技人才和高水平创新团队。"新时代的文化产业要继续保持良好发展势头，关键在于科技创新，只有坚持走文化与科技融合之路，才能突破自身发展瓶颈，推进文化与科技深度融合，既体现了"全球化背景下的文化科技自觉"，又有助于以新型手段解决在传统文化改革模式下不能妥善解决的问题。

党的十八大以来，党中央与各相关部门深刻认识到科技对文化发展与文化产业的助推作用，出台了一系列兼具指导性与实践性的政策条例。2012年6月，《国家文化科技创新工程纲要》颁布以来，"文化＋科技"的创新工程取得了显著效果。科技部、中宣部、原文化部、原国家广电总局、原国家新闻出版总署，还在第八届深圳文博会上，联合发布了首批16家国家级文化和科技融合示范基地。2016年12月6日，国家文物局发布由国家文物局、国家发展和改革委员会、科学技术部、工业和信息化部、财政部五部委共同编写的《"互联网＋中华文明"三年行动计划》。该计划提出要以互联网思维与手段传承与发展中华优秀传统文化，同时指明"互联网＋中华文明"计划要在三年内完成四大主要任务，即推进文物信息资源开放共享、调动文物博物馆单位用活文物资源的积极性、激发企业创新主体活力、完善业态发展。要重点开展六项子任务，即互联网＋文物教育、互联网＋文物文创、互联网＋文物素材再造、互联网＋文物动漫游戏、互联网＋文物旅游，以及配套的渠道拓展与聚合等工作，努力形成一批以互联网技术为根基、创作团队年轻化、具有广泛影响和普遍示范效应的优秀文化产品与服务，充分挖掘科技对优秀传统文

化与文化遗产"资本化"的潜在作用，更好地促进文化产业的
升级转型；2017 年 1 月 4 日，为进一步构建与创新文化科技体
系，继续促进文化与科技融合，原文化部公布第二批重点实验室
名单，"书画保护"等 12 个重点实验室入选。原文化部指出，以
公布文化科技重点实验室名单为契机，争取在较短时间内打造出
专注于文化科技创新的"排头兵"，要求上述重点实验室要紧密
围绕文化行业的科技需求，积极开展工作，努力建设成为组织高
水平科学研究、聚集和培养优秀文化科技人才，开展学术交流的
文化科技基地；2017 年 4 月 11 日，原文化部发布了《关于推动
数字文化产业创新发展的指导意见》，这是中央部委层面上首个
明确提出"数字文化产业"概念的政策文件，对数字文化产业
的高质量发展具有重要的指导意义。该意见的出台引导着数字文
化产业的发展方向，明确了哪些重点领域需要突破，哪些传统优
势领域需要继续保持，也对建设数字文化产业创新生态体系提出
了总体性意见；2018 年 3 月 29 日，为加快推进文化和科技融合，
着力增强文化领域的科技应用和自主创新能力，落实《国家创新
驱动发展战略纲要》《国家"十三五"时期文化发展改革规划纲
要》《国家文化科技创新工程纲要》，规范国家文化和科技融合
示范基地的认定管理工作，引导和推动基地建设，根据国家有关
法规和政策，科技部、中宣部、中央网信办、文化和旅游部、广
播电视总局五部委联合印发《国家文化和科技融合示范基地认定
管理办法（试行）》；2018 年 7 月 20 日，科技部办公厅和中宣部
文改办发布了《关于加强现有国家级文化和科技融合示范基地规
范优化工作的通知》。通知中，两部委根据《国家文化和科技融
合示范基地认定管理办法（试行）》规定，向现有 34 家国家级
文化和科技融合示范基地提出四个要求：一是基地所在地政府必
须成立基地建设（管理）领导小组，加强对基地建设工作的组
织领导和统筹推进。二是基地应有明确的发展定位、目标和规
划，并在文化科技创新价值链的技术研发与集成应用、技术标准

制定、技术转移、产业技术联盟等方面，在全国或本省及区域内具有代表性和示范性。三是基地原则上应位于某一个或几个园区之内（不得以城市行政区域作为基地范围），有专业化管理及运营机构，有专职部门和专职工作人员负责推进文化和科技融合等工作。四是基地应搭建完善的专业公共服务平台，并建立或引入文化科技产业基金。

在政策红利与充裕资金的双重利好下，党的十八大以来，中国文化产业与先进科技的融合速度日趋加快，极大地促进了文化产业的创新发展，具体表现在：

一、以人工智能产品为代表的文化科技产品层出不穷

2017年底，由中国传媒大学、北京大学、清华大学、上海交通大学、武汉大学等国内数十家重点大学与科研机构联合千龙智库共同举办的"新时代的文化力量·中国文化产业跨年盛典（2018）"聚焦文化科技的新特点、新方向、新趋势，以最具突破性、最具示范性、最具实用性为评选标准，隆重推出"2017中国年度前沿文化科技产品榜单"。在这份彰显中国文化科技产品最高水平的榜单中，人工智能类、VR、AR类产品占据了绝对优势：获奖产品之一的爱奇艺奇遇VR（二代）一体机作为全球首款使用4K超清屏幕的VR产品，以自身平台强大的电影电视及纪录片资源库为依托，在奇遇一代的基础上对VR高清观影软件进行系统优化，使VR一体机与爱奇艺平台的一体化程度大大加强，用户使用此产品便能够体会到兼具沉浸、清晰、轻便的VR视听享受。而在2017年10~11月，爱奇艺奇遇VR进行跨界合作，携手凤凰网、中英人寿开展"星星点灯"公益活动，为偏远地区留守学校的孩子们带去最新科技产品，让他们亲身体会文化的魅力，激发他们对科技生活的向往以及探索世界的兴趣，以实际行动担负起科技企业的社会责任，打开留守儿童梦想

的大门;① 另一款基于互联网的优秀产品"城市博物馆"以数字技术的形式，收集并归类属于不同城市的细微历史记忆。"城市博物馆"可以通过应用商店下载，其 App 内自带的 AR 技术发挥了关键性作用，用户可以凭借"城市博物馆内置的 AR 技术"获取诸如数字化的图文简介、陈列物品的 720 度全维度浏览及语音一对一讲解等多方面服务。从而使用户在沉浸式的气氛中全方位、多角度地了解城市历史与隐藏在市井小巷中的城市记忆，足不出户就可以 720 度全景式漫游名人故居，极大满足了喜欢不同类型、不同风格文化的用户需求，同时其特有的记录功能为"大拆大建"下可能消失的城市文化痕迹留下了永不磨灭的印记；而融合了 VR、AR 与人工智能的康得新 3D 显示技术更是在文化领域有着极大的应用空间。一方面，其为文物展示提供了新的技术路径，即通过与深度感知、空间交互等技术相结合，可为博物馆、展览馆等的陈列物品提供全新的展示方式，这一技术不仅"活化"了静置千年的传统文物，使它们重新焕发生机，也让观众跨越时间的界限，仿佛置身于千百年前的真实场景中。事实上，故宫博物院就曾采用康得新的大屏触控技术和软件交互技术打造"数字故宫"，让故宫的珍贵文物"活起来"，引发强烈反响。在康得新 3D 显示技术发布后，一些博物馆、展览馆的负责人便对康得新 3D 显示技术表现出浓厚兴趣，认为其将有效提升展览展示的真实性、交互性与趣味性，并表达了强烈的进一步合作意向。另一方面，愈发智能的 3D 显示技术也为文化的跨时空、跨地域传播提供了更真实完美的解决方案。康得新旗下东方视界公司致力于成为全球最大的 3D 内容聚合与分发平台，目前东方视界打造的 App"3D 东东"上，已拥有上万小时的 3D 视频内容

---

① 创世科技情报:《爱奇艺奇遇 VR 荣获 16 所高校智库颁发"2017 中国前沿文化科技产品"大奖》，搜狐科技网，2018 年 1 月 6 日，https：//www. sohu. com/a/215090091_99963355。

和百余款 3D 游戏。据悉，多款采用康得新 3D 显示技术的手机、平板和笔记本已隆重上市，均搭载有 "3D 东东"，公众可在其上尽享丰富多彩的 3D 文化盛宴。① 这些产品以数字化方式助力文化产业、文物保护、文化遗产保护性开发等诸多领域，需要指出的是，这些集聚科学家创新精神与企业家市场精神的文化科技产品并不是凭空产生的，而是在党的十八大以来党中央与国家相关部门一以贯之的大力支持下，在广大科技企业与科研人员对文化市场需求的充分研究下，在 "大众创业、万众创新" 精神的指引下，依托先进科技能力厚积薄发而来，充分显示出了十八大以来中国文化科技领域尤其是人工智能领域紧跟时代潮流的进取精神，见证了中国智能产品经过多年的技术积累所呈现的井喷发展态势。

二、文化产业与科技跨行业融合更为深入

文化科技的迭代发展与迅速更新进一步推动了科技在诸多文化行业的广泛运用，跨行业融合的程度不断加深，科技成果的广泛应用也打破了文化产业发展的传统边界。党的十八大报告指出，促进文化和科技融合，发展新型文化产业态，提高文化产业规模化、集约化、专业化水平；十九大报告又进一步提出，要提高文化科技创新转化能力。在互联互通技术方兴未艾的当下，"互联网＋文化" 已是大势所趋，而互联网整合世界范围内优质文化资源和前沿产业信息的高效率将强有力地助推文化产业实现跨越式发展。

跨越式发展首当其冲地体现在大型文艺演出与科技的融合上，G20 杭州峰会的文艺演出均在室外水面上进行，除仅保留了

---

① KDX 康得新：《康得新 3D 显示技术荣获 "2017 中国前沿文化科技产品年度特别奖"》，搜狐科技网，2018 年 1 月 2 日，https：//www. sohu. com/a/214115570_608875。

《印象西湖》最后的一个机械装置和一个撩水的动作外，其余的视觉效果均由全息投影技术产生，科技手段和自然环境在杭州西湖得到了完美融合。在首届"一带一路"国际合作高峰论坛文艺晚会上，《千年之约》将古典音乐、传统古风舞蹈、戏曲等多门类的中国古老艺术形式融为一体。以莫高窟飞天仙女为原型的女演员与投射的全息影像共舞，虚拟与现实结合，在舞台上共同缔造了一幅磅礴大气、水乳交融的绝美画卷，其亦真亦幻的色彩仿佛带领国内外的政要们穿越到当年的莫高窟。在福建厦门举行的金砖国家领导人第九次会晤文艺晚会《扬帆未来》上，主办方通过使用近 240 通道无线传声器和 100 通道有线传声器，为金砖国家领导人及其配偶营造了如海风徐来般的环绕声效果，厦门的迤逦与闽南的风情在科技的助推下惊艳了世界。2018 年平昌冬奥闭幕式上，由张艺谋执导的"北京 8 分钟"，用现代最新科技手法和传统中华和合思维，奉献了一台既彰显中华古典思想之美又昭示新时代中华科技之盛的惊艳之作。两只在表演中贯穿始终的"滑冰"熊猫木偶之所以让人印象深刻，既在于文化符号的软力量，即熊猫作为中国的一个重要象征，已经成为中国的文化代表；又在于对制作工艺的持续创新，据悉，为了达到预期效果，制作团队在原有的工艺基础上不断进行改良和创新。他们在选材上先后尝试了人造纸藤、天然白藤、竹篾条、铝合金丝、碳纤维条、PVC 仿真藤条等多种材料，反复对比，进行了上百次测试，才最终确定了用铝合金和碳纤维条相结合，配合上 LED 灯的制作工艺。最终版的熊猫道具，高 2 米 35，却仅有 20 斤左右的重量，比初期的版本轻了几十斤。[①]

　　跨越式发展还体现在科技对文博行业产业化开发的巨大作用上。互联网与虚拟现实技术的联合应用让沉寂在博物馆里的文物

---

　　① 黄业：《"北京八分钟"震撼全场　向全世界展现魅力中国》，千龙网体育频道，2018 年 2 月 25 日，http：//sports. qianlong. com/2018/0226/2400063. shtml。

"重现生机",在秦始皇帝陵博物院与百度联合启动的"百度 AI 秦始皇兵马俑复原工程"项目上。群众只需通过手机百度 AR 功能扫描兵马俑二号坑"平面布局图""跪射俑灯箱""铜车马结构图"三个触发物,就可以亲眼看见依据历史真实形象而创造出的、"栩栩如生"的兵马俑等珍贵文物。① 2017 年底,故宫博物院、敦煌研究院相继与腾讯展开合作,发挥腾讯拥有的先进数字技术在文物收集、保存、修复、陈列、宣传和推广方面的优势,致力于为世界文化遗产的世代传承探索数字化方案和技术支撑。借助 VR、AR 等技术,故宫将现代文明成果和古代灿烂文化大胆融合,探索出一条"VR + 文创"的新型传播路径。通过与腾讯的合作,已经有 30 年辉煌历史的"数字敦煌"技术又迈上了新台阶:腾讯云将为敦煌研究院提供私有云存储解决方案,帮助其从传统存储模式向云端存储模式转变,为敦煌的数字化保护添砖加瓦。②

  跨越式发展更体现在科技带动文化产品特别是公共文化产品的供给方式革新上,例如,当前各地正在加速建设"城市街区 24 小时自助图书馆""图书自助发行网络平台"等图书自助服务系统,这种图书服务系统集成了自助借书、自助还书、申办新证、自助交易、查询服务等数字化服务功能于一体,③ 突破了传统图书借阅和分配服务模式的时间与区域限制,极大地提升了图书馆的图书借阅率和商业性流通图书的销售率。同时,信息革命所产生的海量数据对文化产业的升级转型更具价值,依托稠密而

---

  ① 韩元佳:《AI 和故宫牵手"AI 文化遗产复原计划"启动》,北晚新视觉,2018 年 1 月 26 日,http://www. takefoto. cn/viewnews – 1388386. html。
  ② 连晓芳:《"文化"+"科技",生活更美好》,中国文化报(数字版),2018 年 1 月 18 日,http://epaper. ccdy. cn/html/2018 –01/18/content_221129. htm。
  ③ 百度:《城市街区 24 小时自助图书馆》,百度百科,2018 年 12 月 2 日,https://baike. baidu. com/item/%E5%9F%8E%E5%B8%82%E8%A1%97%E5%8C%BA24%E5%B0%8F%E6%97%B6%E8%87%AA%E5%8A%A9%E5%9B%BE%E4%B9%A6%E9%A6%86/7799180? fr = aladdin。

庞大的信息流，文化产业业态得以再造，文化产品与服务更具定制性与针对性，极大提升其附加值。①

三、文化科技生活化、大众化

满足人民群众多样化的精神需求，是文化科技创新能力提高的一个重要方面，同时也是"新时代文化使命"的延续。应用尖端科技的文化产品若不能服务于广大人民群众，既不能发挥科技对文化产业的倍增器作用，也难以发挥"文化＋科技"对人民群众文化福祉的助推功能，文化科技工作者们坚持面向市场、面向大众的产品开发原则，相继创造出了一批与人民群众文化生活息息相关的、显著提高人民群众文化获得感的文化科技产品。2017年初，一场精心组织的"科技唤醒城市记忆"活动亮相北京市规划展览馆，借助AR技术，老北京"四九城"的城门景色和当时的民俗生活生动展现在观众面前。2017年5月，中国园林博物馆举办"看见圆明园"数字体验展，"看见圆明园"数字体验展采取实体搭建与AR、VR多种虚拟手段相结合的方法，使"万园之园"的壮丽景色得以重新出现在观众眼前。由秦始皇帝陵博物院与易游无限公司合作完成的VR互动类游戏《复活的军团》将兵马俑在不同仪态下所蕴含的历史故事与VR技术设备巧妙地结合在一起，使兵马俑遗址的珍贵场景以VR方式呈现，游览帝陵博物馆的观众戴上VR头盔就能穿越千年，尽览"赳赳老秦、共赴国难"的雄浑场景。② 这些高端科技在文博业、展览业、旅游业的广泛运用为广大社会公众创造出可由个体切身感受到的文化场景，这些文化场景能够极大地拉近公众与传统文化或文化产品的距离，显著地增强了公众的文化获得感。

---

① 蔡晓璐：《文化与科技走向深度融合》，中国社会科学网，2018年4月20日，http：//ex. cssn. cn/zx/bwyc/201804/t20180420_4158432. shtml。

② 连晓芳：《"文化"＋"科技"，生活更美好》，中国文化报（数字版），2018年1月18日，http：//epaper. ccdy. cn/html/2018-01/18/content_221129. htm。

第四节　特色文化产业蓬勃发展

　　文化产业的标志性特征就是"规模复制性"，这一特性奠定了文化产业的发展基础，但随着文化产业不断朝高度化、个性化演变，其固有的"流水线式生产"与产品的无差异性又制约了文化产业的进一步发展，而特色文化产业可以指依托各地独特的文化资源，通过创意转化、科技提升和市场运作，提供具有鲜明区域特点和民族特色的文化产品和服务①。这一产业形态所打造的文化产品与服务以当地独特的人文风俗为内容支撑，能够极大改变文化产品千篇一律、特色不彰的缺陷。习近平同志在党的十九大报告中充分肯定了十八大以来中国文化产业和文化事业取得的显著成绩，同时也指出目前中国文化产业处在一个历史发展时期的新入口，在社会主义新时代，文化产业的发展需要认清形势、找准优势、发挥特色，这样才能不辱使命，发挥产业和文化优势，积极满足人民群众对美好生活的需要。

　　中国是一个拥有着960万平方千米的大国，不同地域的不同文化资源各具特色，江南细作农业下的文化与北方雪山草原培育出的文化迥然不同，正所谓十里不同风，百里不同俗。中国的特色文化资源尤以民族文化遗产资源最为突出，包括民族特色节假日、民族特色手工业等。国家始终高度关注特色文化产业在促进民族地区致富脱贫、改善文化产业结构中所起的重要作用，2014年8月，原文化部、财政部联合印发《关于推动特色文化产业发展的指导意见》，该指导意见明确了发展重点领域、发展区域特色文化产业带、建设特色文化产业示范区、打造特色文化城镇和

---

　　①　范建华：《中国特色文化与特色文化产业论纲》，载于《学术探索》2017年第12期，第114页。

乡村等主要任务。在国家指导意见与地方扶持政策与措施的共同努力下，中国特色文化产业发展速度明显提升，逐渐形成了诸如"多彩贵州""好客山东"等具备一定国际知名度的特色文化品牌。这一时期，特色文化产业的大发展主要体现在三个方面，一是以特色民俗风情为依托的特色文化旅游业蓬勃发展，二是反映独特历史与民族风貌的特色文化产品大量涌现，三是以特色文化为基石的特色小镇不断兴起。

一、以特色民俗风情为依托的特色文化旅游业蓬勃发展

民俗文化，即民众的风俗、生活习惯的统称。中国作为多民族国家，不同民族之间"大杂居、小聚居"的特点使不同文化相互碰撞、交流，形成了诸多既有审美价值、文化价值与经济价值的民俗风情，为特色文化旅游业提供了重要的精神内核，由民族特色节庆日与民俗文化所衍生出的特色文化旅游业正在广袤的中国大地蓬勃发展，例如，作为广西壮族自治区各族人民共享的盛大节日，"壮族三月三"带来的狂欢热潮经久不衰，自治区政府果断抓住这一节日对文化旅游业的巨大推动作用，对外大力宣传，对内培育品牌，在数年的实践中，孵化出了"和谐在八桂""民族体育炫"等主题鲜明、丰富多彩的 1 000 多项欢庆活动与特色文化旅游品牌，这一广西少数民族传统节假日正日益成为一个集民族文化节庆、群众体育运动、风情旅游、特色文化消费于一体的民族文化嘉年华。其多元包容的特色吸引着全世界的游客前来体验，"壮族三月三"成为广西特色文化产业的金字招牌。①贵州省将"多彩贵州"的品牌建设作为推动全省经济转型的重要手段，秉承集中化、规模化、产业化的经营理念，投资 420 亿元建设集贵州特色民俗、历史文化、文创产品之大成的"多彩贵

---

① 赵娟：《广西：打造优秀民族特色文化品牌》，广西新闻网，2017 年 9 月 27 日，http://news.gxnews.com.cn/staticpages/20170927/newgx59cad632-16558416.shtml。

州城"，这一占地面积达 7 696 亩的文化旅游综合体包括多彩贵州文化展示中心、1958 文化创意园、黔文化艺术交流中心、太极田、多彩贵州城极地海洋世界、节庆街六个部分，作为"多彩贵州城"的主体建筑，多彩贵州文化展示中心将鼓楼、风雨桥、铜鼓和箫笛四大民族文化元素有机融合。鼓楼和风雨桥主体采用木纹原色，屋面以小青瓦装饰，屋顶则以铜鼓形象诠释贵州少数民族的太阳神文化。整个建筑气势雄浑，古朴庄重，层次分明，通过巧妙的建筑语言将贵州多彩的民族风情与极具特色的民俗文化充分展示了出来。而黔文化艺术交流中心不仅是贵州省文化交流的最高殿堂，也是贵州非物质文化遗产体验中心和传承发展应用研究中心，黔文化交流中心的精髓是三栋清代建筑，即"桢楞阁""英华楼""都统楼"，三栋楼房都承载着深厚的贵州人文与辉煌历史。① 多彩贵州城自开业以来，已经成为贵阳市乃至贵州省文化旅游的头号招牌，是国内外游客游览贵州时必去的打卡之地。

二、反映独特历史与民族风貌的特色文化产品大量涌现

不同于"规模复制性"的一般文化产品，特色文化产品积淀了独一无二的历史传统，反映了不同民族独特的思想精神内核，对特色文化产品的开发能够显著提升文化产品附加值，党的十八大以来，在相关部门的统筹协调下，在专业机构的深度介入下，在现代高新科技与先进营销手法的助力下，诸多有市场前景的、"藏在深闺人未识"的特色文化产品被开发出来。

一是以民族传统服饰为代表的特色文化产品不断涌现，并呈现出三个特征。首先是传统民族服饰创新愈发得到高端智力支持：清华大学美术学院染织与服饰艺术设计系副教授李迎军课题

---

① 《多彩概况》，多彩贵州官网，2018 年 12 月 20 日，http：//www. colorfulcity. cn/html/about/93/。

组通过对彝族服饰文化近一年的实地考察和理论研究，以现代设计语境为基础，在遵循主流的审美潮流和现有服饰市场环境的前提下，运用彝族传统服饰的美学特质来探究其在现代生活中的时尚转化，探索民族服饰的创新发展路径。设计了一系列彰显民族特色、时代感与时尚感并存的现代彝族服饰，并于 2018 年 9 月 22 日依托 2018 北京时装周的平台在中华世纪坛举行了盛大的走秀活动。① 其次是传统民族服饰制造愈发成为西部欠发达地区带领民众脱贫致富的重要业态：云南省雷山县以当地鲜明的民族特色为依托，大力发展民族服饰及其配件制造业，据当地有关部门统计，当地出产的银角、手镯、项圈、银帽等 50 余苗族银饰品，年市场需求量稳定在 10 万件以上，大部分销往北上广深等国内一线城市和欧美、东南亚等国外市场；服装、绣鞋、飘带裙等苗族刺绣、服饰品主要销往湖南、云南、北京等地，年市场需求量也突破 10 万件。② 最后是以民族服饰为主题的文化活动愈发受到社会关注：随着国家综合实力的快速增强，"汉服热"渐成气候，已连续举办六届的"西塘汉服文化周"正成为复兴汉族服饰的文化符号，在第六届"西塘汉服文化周"的现场，有以不同朝代服饰为主题的方阵游行，更有雍容华贵的民族传统服饰以及各种古代礼乐、歌舞、骑射、戏剧等精彩项目。③ 短短五天里，"着汉服，赏西塘，观礼仪，诵诗词"蔚然成风……"汉服周"也是汉服商家的盛会，在"汉服周"期间举办的"中国风市集和汉服体验"活动为广大卖家与买家搭建了沟通平台，有力地提高了传统服饰的产业化运营水平。

二是特色文化产品的跨地域交流力度不断加强。党的十八大

---

① 王建生：《创新发展非物质文化遗产与民族特色文化产业》，中国改革报官网，2018 年 9 月 27 日，http://www. crd. net. cn/2018 - 09/27/content_24736924. htm。

② 《雷山县民族手工艺品产业发展市场前景好》，云南民族服饰网，2018 年 8 月 10 日，http://www. ynmzfs. com/templ/news_det. html? categoryId = 2470&articleId = 345。

③ 《西塘汉服文化周：一场汉服文化的饕餮盛宴》，搜狐旅游网，2018 年 10 月 31 日，http://www. sohu. com/a/272426460_383515。

以来，以推进区域特色文化产品与文化创意交流的会展业发展迅速，并形成了一些具有国际吸引力、品牌效应强的博览会品牌。2018年11月2~5日，海峡两岸文博会在福建隆重开幕，据不完全统计，在短短几天内，由14家地方特色文化扶贫企业为参展主体的西藏昌都参展团累计接待国内外游客超过4万人次，累计成交额163.06万元，其中订单额146万元。除唐卡、藏香等声名在外的民族手工艺品继续受到市场追捧外，波罗木刻、木碗等昌都传统木制品和车载、生活、办公等文创产品也逐步得到接受与认同，① 凸显出文博会这一平台对尚不知名却有市场价值之特色文化产品的发现功能。2018年12月12日，2018年"一带一路"特色文化产业项目推介活动在广东清远启动，来自全国各地的20多家投融资机构代表，广东、广西、海南三地30多家文化企业代表，广东省各地文广新局负责人参加开幕式。2018年"一带一路"特色文化产业项目路演推介项目最终确认11个项目参加现场路演活动，包括动漫影视IP发展项目、创意文化产业发展项目、旅游影视产业发展项目、生物科技及旅游开发项目等。参与路演企业现场向来自全国各地的20多家投融资机构介绍项目的概况、投资和盈利模式、融资规划等内容，并由专家进行现场点评。② 凡是被专家认为有良好市场前景的特色文化产业项目，其开发者都可当场与投融资机构对接，极大缩短特色文化创意概念产业化落地的周期，显著挖掘特色文化产品的市场潜力。这些以特色文化产品为主题的会展业实际上承担着"宣传队"与"孵化器"的双重功能，为中国特色文化产业的良性发展提供了必需的市场曝光度，在互联互通思维的指引下，能够发

---

① 韩海兰：《西藏14家特色文化扶贫企业亮相海峡两岸文博会》，五彩藏区网，2018年11月12日，http：//www.sctv.com/wczq/dt/201811/t20181112_4007105.shtml。

② 张艳鸣：《2018 "一带一路"特色文化产业项目推介活动在清远启动》，中国新闻网（广东），2018年12月12日，http：//www.gd.chinanews.com/2018/2018 - 12 - 12/2/401102.shtml。

掘出具备优良市场潜力的民族特色文化品牌，向世界讲好民族文化故事与中国品牌故事。

三是以特色文化为基石的特色小镇不断兴起。"特色小镇"概念由浙江省在2013年首次提出，在"乡村振兴"成为国家重要战略后，特色小镇作为实现"乡村振兴"的手段之一，正愈发受到社会各界的重视。党的十八大以来，各地政府及相关文化市场主体大力挖掘当地的特色文化资源禀赋，打造了一批文化气息浓郁、风景秀美怡人的特色文化小镇。在云南楚雄，"彝人小镇"可谓无人不知，作为云南省30个文化产业建设重点项目之一，国家4A级旅游景区的彝人古镇游客量从2007年的130万人次跃升至2017年的1 150万人次。10年间增长近10倍，并解决了近2万当地人的就业问题，10年间累计撬动上下游产业投资约100亿元，已成为依托彝族特色文化拉动楚雄当地文化创意产业发展、创造居民就业、塑造楚雄经济新增长点的重要环节。"彝人小镇"之所以成为中国特色文化小镇的排头兵，就是坚持了"文化为魂"的基本原则，小镇开发之初就确立了三项建设思路，即以传承彝族文化遗产为魂、以坚持本土生计与仪式生活为本，同时兼容现代文化。把彝族文化作为古镇的灵魂，从建筑文化、民俗文化、风土人情等各个层面都独具彝族文化特质，这些物理场域建成后就成为宣传彝族文化的核心阵地，深受游客喜爱。在已有成就的基础上，古镇管理者们并没有故步自封，而是围绕着彝族文化这一核心，努力适应不同时期不同游客群体对特色文化产品的需求，彝人小镇的特色文化产品不断提升迭代，文化产品的体验性和场景感不断提升，使不同年龄、不同职业的游客群体在这里都可以体验到原汁原味的彝族原生态场景，使彝人小镇在游客心里有口皆碑。① 而在四川省江油市，以"药养文

① 《彝人古镇：如此特色小镇运营让99%的人都心动了!》，搜狐旅游网，2018年10月16日，http：//www.sohu.com/a/259752736_100188964。

化"为核心概念的特色小镇建设已成为"乡村振兴"的又一模板，江油市战旗镇三清村利用其独特的地理与气候优势，走出一条中医药文化特色的富民强镇之路，如今的三清村，平坦宽敞的快速沥青道路可直达绵阳、江油城区，600余亩中药材产业园，700余亩果桑农场，200余亩金丝皇菊园已然在这里扎根，名贵珍稀的石斛、金黄灿烂的菊花、如黑珍珠般的桑葚儿、青翠欲滴的花椒不断地吸引省内外的游客与客户前来把玩、品尝和购买。事实证明，战旗镇在三清村改革试点的"小区域、大规模"优势种植模式成效显著，有力地促进了多种种植产业的融合发展，捡起了历史传统，保证了农民持续增收致富，"药养文化"滋润下的三清村正拥抱着美好的未来。① 这些典型案例证明特色文化小镇只要坚守文化传承这一底线，在相关配套措施的大力配合下，就能够在弘扬优秀文化、提升居民人文素养、改善生态环境等诸多方面发挥出重要作用。

第五节　文化市场结构逐步优化

党的十八大以来，中国文化市场日益繁荣，到了十九大，习近平总书记在十九大报告中向全党全国人民发出了"坚定文化自信，推动社会主义文化繁荣兴盛"的伟大号召。这不仅意味着中国的文化市场受到了前所未有的重视，同时也对中国文化市场的结构提出了更高的要求。2013年公布的《中共中央关于全面深化改革若干重大问题的决定》对建立健全现代文化市场体系提出了三点要求：一是要完善文化市场准入和退出机制，鼓励各类市

---

① 王岚、谭玲：《江油：走中医药文化特色富民强镇之路——江油市战旗镇打造中医药文化产业园发展纪实》，四川新闻网，2018年11月23日，http://my.newssc.org/system/20181123/002558790.html。

场主体公平竞争、优胜劣汰，促进文化资源在全国范围内流动；二是要鼓励非公有制文化企业发展；三是要在坚持出版权、播出权特许经营前提下，允许制作和出版、制作和播出分开。2016年 3 月，国务院印发《中华人民共和国国民经济和社会发展第十三个五年规划纲要》（以下简称《纲要》），《纲要》指出要健全现代文化市场体系，继续推动文化企业建立有文化特色的现代企业制度。健全国有文化资产管理体制。降低社会资本进入门槛，鼓励非公有制文化企业发展。开展新闻出版传媒企业特殊管理股试点。落实完善文化经济政策。深入开展"扫黄打非"，加强市场监管，提升综合执法能力。2016 年 4 月，中共中央办公厅、国务院办公厅下发《关于进一步深化文化市场执法改革的意见》，强调要高度重视文化市场管理问题，更好地促进文化事业文化产业繁荣发展。在相关法律法规与指导性意见的引领下，在中国文化监管部门与各文化市场主体的共同努力下，中国文化市场结构逐步优化，文化企业市场主体性不断增强，文化资源市场化配置水平更加高效，文化消费能力显著提高，市场监管体系快速完善。

一、文化企业市场主体性不断增强

文化企业不振则文化市场不兴，作为文化市场的基本构成要素，文化企业既是实现自身市场价值的主体，又是推动社会主义文化走向千家万户的重要力量。党中央、国务院始终将培育与扶持文化企业成长当作构建现代文化市场体系的重要环节，一方面继续深入文化体制改革，推动有条件的经营性文化事业转企改制；另一方面引导民营文化企业的转型与升级：2014 年 4 月，国务院办公厅发布经营性文化事业单位转企改制纲领性文件即《文化体制改革中经营性文化事业单位转制为企业单位的规定》和《进一步支持文化企业发展的规定》，国有文化企业要加快公司制股份制改造，推进董事会、监事会建设，规范总会计师管理，健全协调运转、有效制衡的公司法人治理结构。2017 年 3 月，原文化部印发《文化部关于推动文化娱乐行业转型升级的意见》，要求各文化市场监管主体要坚持监管与服务并重，实现有效监管，主动服务，良性互动，为行业发展创造良好市场环境；注重发挥企业的主体作用和行业协会的服务功能，落实主体责任，维护合法权益，激发企业创新发展的内生动力，为人民群众提供内容健康、积极向上的文化娱乐产品和服务。从文化企业实际运营状况来看，作为文化企业的核心力量，在 A 股上市的数十家文化企业业绩一直是业界观察文化市场是否景气的重要指标，2018 年 2 月，38 家文化类上市公司相继发布 2017 年业绩预报，27 家公司均表示业绩为历史最高值，占比超过七成，其中实现归属于上市公司股东的净利润与 2016 年相比增长最大的是中文在线，较上年同期增长 118.54%，其次为金科文化，增长 90.13%，第三名为慈文传媒，增长 47.62%。① 可以看出，绝大部分文化类上市公司经营情况持续好转，盈利能力不断进步。另统计数据表明，2017 年全国文化市场经营单位 25.74 万家，比 2016 年增加 1.47 万家；从业人员 173.37 万人，增加 12.42 万人；2017 年全国共有娱乐场所 78 616 个，从业人员 60.01 万人，全年营业总收入 546.87 亿元，增长 1.5%，营业利润 130.69 亿元，增长 3.9%（见图 5 - 2）。② 以上数据均显示出，无论是转企改制后的经营性文化事业单位，或是由政策扶持、市场培育出的民营文化企业，其经营水平与发展层次均迈上新台阶。

---

① 刘园香：《二月文化产业投融资复盘：超七成上市文化企业业绩预喜》，中国经济网，2018 年 3 月 2 日，http：//www.ce.cn/culture/gd/201803/02/t20180302_28315434.shtml。

② 中华人民共和国原文化部：《中华人民共和国文化和旅游部 2017 年文化发展统计公报》，第 6 页。

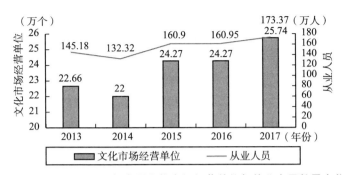

图5-2　2013～2017年中国文化市场经营单位与从业人员数量变化

资料来源：《中华人民共和国文化部2013年文化发展统计公报》《中华人民共和国文化部2014年文化发展统计公报》《中华人民共和国文化部2015年文化发展统计公报》《中华人民共和国文化部2016年文化发展统计公报》《中华人民共和国文化和旅游部2017年文化发展统计公报》。

二、文化资源市场化配置水平更加高效

文化市场是文化产品、服务、资源与人才按照市场原则进行权威性分配的场所。党的十八大以来，文化市场诸要素的市场化配置水平更加高效，主要表现在：

一是以文化产权交易为代表的新兴交易方式日趋活跃。所谓文化产权交易，指的是以文化版权、股权、物权、债权等各类文化产权作为交易对象、以各类文化产权交易所作为交易平台的市场交易方式。文化产权交易能够便捷地实现文化创意拥有者与渠道运营商的对接，从而快速响应市场需求。随着现代网络信息技术的飞速前进，以信息技术为支撑的网络竞价系统、电子交易系统迭代速度同步提升，文化产权交易所依仗的技术体系渐趋成熟，诸多文化产权交易所相继成立，并取得一些成就，主要体现在四个方面：首先是紧跟高端科技创新潮流，开发出运用前沿科技的文化产权交易新方式。由深圳文化产权交易所、数字创意创新发展中心（文化艺术品版权区块链应用基地）、大数据国家工程实验室深圳文交所区块链应用中心共同研发的文产商城系统改版（文版通）以区块链技术为依托，能够通过区块链技术打造

出可信账本，实现版权资产的确权与溯源，从而在源头上解决长期困扰行业发展的艺术品征信的问题，"文版通"系统还可以通过部署智能合约，构建项目方发行与资产相对应的版通，完成资产和版通区块链技术的结合，这一特性不仅能够有效解决文化产业市场融资渠道少、销售终端少的问题，也为解决文化资产存在的征信难困境提供了基于"区块链"的解决方案，甚至还能为创造新的文化消费模式赋能。[1] 其次是探索研发金融类产权交易产品。2018 年 11 月 23 日，深圳文化产权交易所推出中国首个艺术品金融产品"艺投资 1 号"，百余位文化艺术界知名人士与意向投资者参加了"艺投资 1 号"的推介会。深圳文化产权交易所相关负责人表示，该交易所作为国家级文化产权交易和投融资综合服务平台，秉承改革开放的"排头兵"精神，以"文化 + 金融"先行先试的政策导向为契机，力求开发出能够服务文化产业实体经济的艺术金融产品，这一产品的主要服务对象是优秀文艺工作者和非遗传承人，并提供设计生产、宣传展示、孵化交流、金融投资等全链条服务。"艺投资 1 号"作为一个良好的开端，能为未来更多艺术品金融系列产品的推出提供经验与参考，为艺术品买卖市场公平、公正、公开的交易保驾护航，从而真正实现艺术品文化审美价值、藏品价值、投资价值的最大化，为打造公平公正、数据至上、金融深化、制度规范与广泛吸引力的文化艺术金融产业集群做出应有贡献。[2] 再次是成立跨区域合作联盟，降低乃至消除文化产权交易的区域壁垒。2018 年 7 月 28 日，"十省（市）文化产权交易所联盟"在武汉正式宣告成立，"十省（市）文化产权交易联盟"由江苏省文化产权交易所、湖北

---

　　① 傅江平：《深圳文化产权交易所借助区块链技术推出新版文产商城系统》，中国质量新闻网，2018 年 12 月 6 日，http：//www. cqn. com. cn/zgzlb/content/2018 - 12/06/content_6542701. htm。

　　② 党文婷：《深圳文化产权交易所推出首个文化金融产品》，光明地方网，2018 年 11 月 26 日，http：//difang. gmw. cn/sz/2018 - 11/26/content_32049826. htm。

华中文化产权交易所等 10 家在国内具备一定影响力的文化产权交易机构联合发起成立，旨在加强省域间文化产权交易机构协作。联盟将秉持"平等互利、优势互补、资源共享、长期共赢"的原则，各联盟单位现已在各自门户网站主页上开设"十省（市）文化产权交易所联盟信息"栏目，同步展示各地文化产权交易项目信息，充分实现信息共享，促进区域文化产权市场的联动发展。联盟单位还将建立常态化的培训合作交流机制，成员单位之间可互派干部员工学习交流，共同开发新产品，共同提升业务管理水平，为行业规范长远发展携手努力共创未来。联盟的成立将对现代文化市场体系和要素市场的建立健全起到积极作用。[1] 最后是以版权议题为核心议题的高端论坛渐成气候。2018年 11 月 30 日，由中国版权保护中心、上海市文化创意产业领导小组办公室领导，上海市闵行区人民政府、国家对外文化交流研究基地、《中国版权》杂志社联合筹划的 2018（首届）版权强国闵行论坛在上海举行。论坛以"促创新·兴文化"为主题，将文化产业版权问题置于突出位置，与会专家学者普遍认为，版权是知识产权概念的重要延伸，版权经济既是现代经济体系的重要组成部分，也是助推文化产业繁荣的关键力量。[2] 2018 年 12 月21 日，国家文创实验区首届文化产业版权论坛成功举办，活动通过政产学研多个层面的交流沟通，聚焦版权保护工作，激发国家文创实验区文化企业的内生动力，推动文化产业高质量发展。在论坛举行期间，全国首家"国家文创实验区版权服务中心"正式揭牌成立，据相关人士介绍，国内首家"文创实验区版权服务中心"的业务范围包括专利服务、商标服务、版权服务、政府

---

[1] 江苏省文化产权交易所：《"十省（市）文化产权交易所联盟"在武汉成立》，江苏省文化产权交易所官网，2018 年 7 月 30 日，http：//www. jscaee. cn/index. php？case＝archive&act＝show&aid＝500。

[2] 成琪：《"促创新·兴文化"2018（首届）版权强国闵行论坛在上海举行》，中国经济网，2018 年 1 月 30 日，http：//www. ce. cn/culture/gd/201811/30/t20181130_30915532. shtml。

项目申报、企业资质认证、技术成果转化、财务服务、法律服务、知识产权金融、企业教育等，可以为文创企业提供版权方面的专业支持，从而提升企业的核心竞争力。①

二是文化产业投融资体系日渐完善。这一时期，在国家利好政策的引导和各级政府的大力支持下，中国文化市场的投融资总额增长迅速，文化投资规模持续扩大，并呈现出以国有投融资力量为主体、社会投融资力量逐渐成长的发展格局。

在文化产业投资方面，统计数据表明，中国文化产业固定资产投资规模逐年加大，在总量增加的同时，更注重向发展水平较低的中西部地区倾斜，使文化产业固定投资的空间布局更趋合理：2017 年，中国文化产业固定资产投资额（不含农户）达38 280 亿元，比 2012 年增加 22 637 亿元，增长 2.45 倍，文化产业固定资产投资占全社会固定资产投资的比重为 6.1%，比 2012年提高 1.8 个百分点（见图 5 – 3）。

图 5 – 3 2012 ~ 2017 年文化产业固定资产投资与占全社会固定资产投资比重的变化情况

资料来源：国家统计局社科文司：《文化事业建设不断加强 文化产业发展成绩显著——改革开放 40 年经济社会发展成就系列报告之十七》，国家统计局官网，2018 年 9月 13 日，http：//www. stats. gov. cn/ztjc/ztfx/ggkf40n/201809/t20180913_1622703. html。

① 王成、张阿慧：《国家文创实验区首届文化产业版权论坛成功举办》，北青网，2018 年 12 月 24 日，http：//news. ynet. com/2018/12/24/1589365t70. html。

　　分地区看，2017年，西部地区文化产业固定资产投资额为
10 470亿元，所占比重为27.3%；中部地区为10 472亿元，
所占比重为27.4%；东部地区为15 891亿元，所占比重为
41.5%；东北地区为1 447亿元，所占比重为3.8%。2012～
2017年5年间，东部地区投资总额增长达8 305亿元，年均增
长1 661亿元，中部地区为6 390亿元，年均增长1 278亿元，
西部地区增长7 889亿元，年均增长1 577.8亿元（见图5-4）；
东部地区所占比重由48.4%下降至41.5%，中部地区保持稳
定，由26.1%微升至27.4%，西部上升幅度最大，由2012年
的16.5%上升至2017年的27.3%，而东北地区持续萎缩（见
表5-3）。

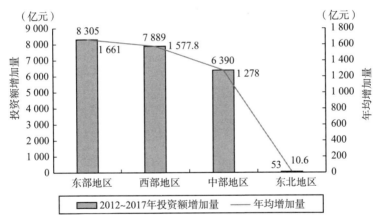

图5-4　2012～2017年各地区文化产业固定资产
投资总额增长情况及年均增长量示意图

　　资料来源：国家统计局社科文司：《文化事业建设不断加强　文化产业发展成
绩显著——改革开放40年经济社会发展成就系列报告之十七》，国家统计局官网，
2018年9月13日，http：//www.stats.gov.cn/ztjc/ztfx/ggkf40n/201809/t20180913_
1622703.html。

表 5 - 3　　2012 ～ 2017 年各地区文化产业固定资产投资总额与比重

项目	2012 年投资额 （亿元）	2017 年投资额 （亿元）	2012 年所占比重 （%）	2017 年所占比重 （%）
东部地区	7 586	15 891	48. 4	41. 5
中部地区	4 082	10 472	26. 1	27. 4
西部地区	2 581	10 470	16. 5	27. 3
东北地区	1 394	1 447	9. 0	3. 8

资料来源：①殷国俊、陈伊丽：《文化强国建设稳步推进　文化改革发展成绩显著——党的十八大以来经济社会发展成就系列之十七》，国家统计局官网，2017 年 7 月 28 日，http：//www. stats. gov. cn/ztjc/ztfx/18fzcj/201802/t20180212_1583201. html。
②国家统计局社科文司：《文化事业建设不断加强　文化产业发展成绩显著——改革开放 40 年经济社会发展成就系列报告之十七》，国家统计局官网，2018 年 9 月 13 日，http：//www. stats. gov. cn/ztjc/ztfx/ggkf40n/201809/t20180913_1622703. html。

　　不同地区 5 年间文化固定资产投资额增长幅度和占全国比重的变化反映出东部地区因其良好的经济环境，文化产业投资总额增长与年均增长量依旧领先全国，与此同时，中国文化产业投资重点区域由条件较好的东部沿海与大城市群向辽阔的中西部欠发达地区倾斜，西部地区在国家持续的转移支付下，文化投资环境得到迅速改善，缩小了文化产业发展的区域差距，而东北地区作为老工业基地，投资额增长量与年均增长量、占全国比重等指标都处于不利态势，意味着在未来的文化产业固定资产投资分配上要尽可能地向该地区倾斜。

　　在文化产业融资方面，原文化部等主管部门充分发挥体制优势，做强做大文化产业融资"国家队"，2014 年 4 月，原文化部、财政部、中国人民银行三部委联合发布《关于深入推进文化金融合作的意见》（以下简称《意见》），《意见》要求各相关支持单位按照差异化、精细化、科学化原则，继续加大对重点文化产业项目的信贷与金融支持。2016 年，原文化部与财政部联合组织中央财政文化产业发展专项资金等重大项目的申报评审工作，共推荐385个项目，支持金额7.17亿元。2016年4月，在中宣部和财政部共同指导下，由中国资产评估协会制定并发布了《文化企业无形资产评估指导意见》，对文化企业无形资产评估的基本要求、评估对象和范围、操作要求、披露要求等方面都做出了详细的规定。截至2016年末，审核通过的专项建设基金支持文化领域资金总额超过130亿元，预计可以拉动文化旅游领域约1 000亿元的社会投资。① 2017年，国家进一步完善《文化与金融合作示范区创建工作方案》，确定北京市东城区、浙江省宁波市为首批国家文化与金融合作示范区创建候选地区，深化文化金融合作。继续组织开展2017年度中央财政文化产业发展专项资金重大项目征集遴选工作，共推荐446个申报项目，金额共计5.88亿元。开展第四批PPP示范项目申报工作，推动450个文化基础设施项目和624个文化旅游项目纳入财政部PPP综合信息平台，投资额共计8 287亿元。② 2017年8月，国家发改委印发《社会领域产业专项债券发行指引》（以下简称《指引》），《指引》中规定社会领域产业专项债券投资领域包括健康、养老、教育、文化、体育和旅游等项目，首次提出"文化产业专项债券概念"，并指出文化产业专项债券的适用领域为新闻出版发行、广播电视电影、文化艺术服务、文化创意和设计服务等文化产品生产项目，以及直接为文化产品生产服务的文化产业园区等项目。

随着相关政策文件与金融扶持项目连年出台，目前，中国文化产业已基本形成包括债券融资、银行信贷融资、社会投资、资本市场融资等在内的多层级、多方位、立体的投融资体系。其中，资本市场融资体系建设最为完善，有着"中国纳斯达克"之称的全国中小企业股份转让系统（俗称"新三板"）成为中小

---

① 中华人民共和国原文化部：《中华人民共和国文化部2016年文化发展统计公报》，第7页。
② 中华人民共和国原文化部：《中华人民共和国文化和旅游部2017年文化发展统计公报》，第7页。

微文化企业寻求融资、壮大实力的"风水宝地"。统计数据显示，自 2014 年起，中国文化类企业就已经开始了在全国中小企业股份转让系统上市的热潮。截至 2015 年，就有 358 家文化企业挂牌新三板，平均一天一家，而 2016 年 1～4 月，新三板文化企业挂牌数量就达到 255 家。① 2018 年 2 月，17 家文化类新三板企业公布了 2017 年年报业绩预告，其中归属于公司股东的净利润实现增长的企业达到 10 家，显示出新三板在推动文化企业做大做强、创新经营模式等方面具备平台优势。而银行信贷融资的创新步伐也逐渐加快，南京银行作为首批获得文化银行授牌的大型商业银行。以服务文化类小微企业为宗旨，开发了"鑫动文化"八大系列贷款产品，分别为演艺贷款、出版贷款、影视贷款、动漫贷款、广告贷款、设计贷款、文教贷款、旅游贷款，全面覆盖文化企业日常生产经营的各项资金需求。这些贷款产品因及时响应了诸多文化类小微企业的融资需求，取得了不俗的市场成绩，旗下的科技文化支行在南京市场 9 家文化银行中，业务占比达到 65% 以上，连续两年获得南京市文化银行综合考核第一名。②

三、文化消费水平显著提高

消费是目前中国经济增长的首要动力，党的十八大报告指出"要牢牢把握扩大内需这一战略基本点，加快建立扩大消费需求长效机制，扩大国内市场规模"，扩大文化消费是扩大内需的重要组成部分，对拉动积极增长具有积极作用。在党的十九大报告中，消费也被多次提及，其中"完善文化管理体制"和"完善

① 张晶雪：《十八大以来文化金融发展综述：构建起多层次的投融资体系》，中国经济网，2017 年 10 月 11 日，http://www.ce.cn/culture/gd/201710/11/t20171011_26496652.shtml。
② 陈海辉：《南京文化贷款投放占比超 65%　南京银行用"鑫动"助推文化产业发展》，大众证券网，2016 年 10 月 29 日，http://www.dzzq.com.cn/finance/34694421.html。

文化经济政策"对深化文化消费领域的体制机制改革意义颇深。文化消费是文化市场的最终环节，是文化产品与服务的最后归宿，公民对文化消费的热衷度在一定程度上反映出文化市场建设的成功与否。在政策环境、市场环境、营商环境的持续优化下，中国文化消费市场成长迅速，文化产品供需匹配程度渐次提高，居民文化消费总量增长显著。

2015 年 2 月 5 日，北京市政府率先在全国发布促进文化消费的政策规范性文件，即《北京市人民政府关于促进文化消费的意见》（以下简称《意见》），《意见》充分认可了文化消费在整体消费领域和人民精神文化生活中的突出地位；2015 年 11 月 22 日，国务院办公厅正式发布《国务院办公厅关于加快发展生活性服务业促进消费结构升级的指导意见》，该意见从供给侧角度出发，要求文化市场经营主体要着力提升文化服务内涵和品质，鼓励创造兼具思想性艺术性观赏性、人民群众喜闻乐见的优秀文化服务产品。2015 年 11 月 23 日，国务院印发了《关于积极发挥新消费引领作用加快培育形成新供给新动力的指导意见》，该意见在文化消费领域的具体要求是"鼓励有条件的城市运用市场手段以购物节、时装周等为载体，提升各类国际文化体育会展活动的质量和水平"。2016 年 4 月 28 日，原文化部、财政部联合印发了《关于开展引导城乡居民文化消费试点项目的通知》，该通知认为，培育文化消费成为新的经济增长点和经济转型升级新的支撑点，有利于推动文化产业成为国民经济支柱性产业，为稳增长、促改革、调结构、惠民生和推进供给侧结构性改革做出重要贡献。2016 年 5 月《关于推动文化文物单位文化创意产品开发的若干意见》提出，深入发掘文化文物单位馆藏文化资源，推动文化创意产品开发，对弘扬中华优秀传统文化、传承中华文明、推进经济社会协调发展，具有重要意义。《关于推动文化文物单位文化创意产品开发的若干意见》的出台，事实上就已经允许文化文物单位充分利用自身资源优势开发文化创意产品，这是文化创意产业领域的重大政策突破。2016 年 6 月 23 日，原文化部办公厅公布了经财政部确定的第一批第一次 26 个国家文化消费试点城市名单，标志着探索中国文化消费模式的试点工作全面展开，2018 年 9 月 20 日，新华社授权全文发布《中共中央　国务院关于完善促进消费体制机制　进一步激发居民消费潜力的若干意见》，值得注意的是，该意见把稳妥把握和处理好文化消费商品属性与意识形态属性的关系放在首位，提出要促进包容审慎监管与开放准入有效结合，努力提供更多优秀文化产品和优质文化服务。2018 年 10 月 11 日，国务院办公厅下发《国务院办公厅关于印发完善促进消费体制机制实施方案（2018～2020 年）的通知》，该通知强调，在吸收过往工作经验的基础上，2018～2020 年，文化消费领域的工作主要包括九个方面，即：在文化服务领域开展行政审批标准化试点；继续坚定不移地推进经营性文化事业单位转企改制、公益性文化事业单位改革和国有文化企业公司制股份制改造；制订实施深化电影院线制改革方案；推动"互联网＋电影"业务创新；完善规范电影票网络销售及服务相关政策；促进点播影院业务规范发展，拓展数字影音、动漫游戏、网络文学等数字文化内容；完善游戏游艺设备分类，严格设备类型与内容准入；总结推广引导城乡居民扩大文化消费试点工作经验和有效模式；扩大文化文物单位文化创意产品开发试点范围，清晰界定文物的所有权、保管权和收藏权，破解体制机制障碍，完善文物合法流通交易体制机制。

一系列鼓励文化消费的政策措施与行为规范的出台，有力地提高了居民文化消费水平需求。根据国家统计局与原文化部发布的数据，2016 年全国居民用于文化娱乐的人均消费支出为 800 元，比 2013 年增长 38.7%；年均增长 11.5%，人均绝对值增量 223.3 元，增速比同期全部人均消费支出高 2.5 个百分点；2016 年文化娱乐消费支出占全部消费支出的 4.7%，高于 2013 年 4.4% 的水平（见图 5-5）。

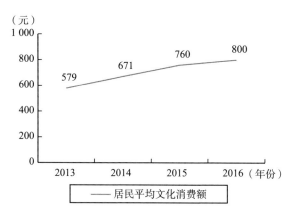

图5-5　2013～2016年中国人均文化消费支出示意图

资料来源：①中华人民共和国原文化部，《中华人民共和国文化部2013年文化发展统计公报》《中华人民共和国文化部2014年文化发展统计公报》《中华人民共和国文化部2015年文化发展统计公报》《中华人民共和国文化部2016年文化发展统计公报》。②殷国俊、陈伊丽：《文化强国建设稳步推进　文化改革发展成绩显著》，国家统计局官网，2017年7月27日，http：//www. stats. gov. cn/tjsj/sjjd/201707/t20170727_1517428. html。

以文化消费试点城市为契机，中国城市居民文化消费的三种模式逐渐形成：一是以北京市东城区为代表的O2O模式，具体来说，它是一个消费平台集成系统，在线上建设文化消费集成平台，在线下向广大城市居民发放"文化消费专属信用卡"，除此之外，政府还与中国人民大学课题组合作，开发出一个与京东、阿里巴巴等网站接通的专门网站，如果城市居民在这个网站购买相关文化产品，那么政府会提供相应补助，这实际上是线上文化消费促销模式。① 二是以武汉、合肥为代表的居民文化消费评价激励模式，在武汉成为全国首批文化消费试点城市后，武汉市委市政府于2017年10月9日出台了《武汉市开展引导城乡居民扩大文化消费试点工作实施方案》，10月17日正式宣布文化消费综合信息服务平台"武汉文惠通"上线，"武汉文惠通"鼓励城

---

① 傅才武：《国家文化消费试点城市政策思路与实践模式探索》，载于《人文天下》2017年第5期，第3页。

乡居民参与公共文化服务绩效评价，并可根据城乡居民文化消费情况，在大数据平台的支持下，精准探明不同层次、不同年龄、不同职业人群的文化消费需求。"武汉文惠通"上线两年多以来，已经形成了三大特色，即政府引导与市场化手段操作相结合（政府不直接参与"文惠通"的运行，采用间接补贴机制，注重财政扶持资金的引流效应与杠杆效应，让更多、更优质的文化企业加入对补贴经费的竞争中，从而达到提升文化产品供给规模与质量的预期目标），文化事业评价与文化消费优惠相结合（以市民参与公共文化服务活动并打分的方式获取文化消费积分，再通过文化消费积分兑换电子文化消费券，并凭电子文化消费券获得相应折扣服务，既培育了公众参与公共文化服务活动的热情，又提升了城乡居民文化消费的积极性，显著释放了市民的文化消费能力，扩大了武汉文化消费规模），基础性公共文化服务与个性化中端文化消费相结合（通过实行文化消费结构的差异化补贴，让弘扬时代主旋律以及受城乡居民喜爱的文化艺术产品与服务得到更多补贴，更高程度地实现文化产品的供需对接）。[①] 三是以贵州遵义为代表的消费税收返补模式，即对居民文化消费支出中实际纳税（费）的部分按照给定的比例给予财政返还。据遵义市相关部门统计，文化消费按基点进行财政返还措施的施行，引发了遵义市社会各界对文化消费的关注，激起了市民对文化消费的激情，在 2016 年 10 月至 2018 年 8 月的试点期限里，遵义市以实施"571"文化消费工程为抓手，开展了一系列文化消费补贴项目，共计 13 个，直接拉动文化消费规模 9 900.88 万元，其中居民实际支出规模 5 999.14 万元。较高程度地达到了使人民受益、文化企业受益、社会受益、政府受益的预期目标。[②]

---

① 《武汉打造引导城乡居民扩大文化消费的新模式》，中国文化传媒网，2017年 12 月 22 日，http://www.ccdy.cn/chanye/201712/t20171222_1368037.htm。

② 陈玉兰：《"文化消费试点城市"引爆文化消费》，搜狐政务网，2018 年 8 月 9 日，http://www.sohu.com/a/246242849_99970774。

四、文化市场监管体系更加完善

文化市场监管对健全完善现代文化市场体系具有重要意义，与其他市场监管不同的是，文化市场监管的特殊性在于文化产品不仅是物质产品，其作用于精神的固有属性与对国家文化安全的重要性决定了文化市场的监管方式，即监管跨度的全时性，监管范围的全域性，监管手段以事中、事后监管为主。

这一时期，中国文化市场监管体系建设不断取得新进展，主要表现在三个方面：一是适用于文化市场监管的法律法规体系不断扩充，已经形成了覆盖范围广、针对性强的文化市场法律法规体系，如针对广播电视电影发行单位的《广播电视管理条例》《电影管理条例》；针对经营性文化娱乐单位的《营业性演出管理条例》《互联网上网服务营业场所管理条例》；针对新闻及音像出版单位的《出版管理条例》《印刷业管理条例》《音像制品管理条例》；针对实体书籍或网络作品出版单位《中华人民共和国著作权法》《著作权法实施条例》《著作权集体管理条例》《信息网络传播权保护条例》；针对文物流通市场的《中华人民共和国文物保护法》《中华人民共和国文物保护法实施条例》《文物拍卖管理办法》《文物拍卖标的审核办法》《文物进出境审核管理办法》等。二是积极适应文化市场的发展实际，不断更新对新兴领域的管理方法，并努力引导文化市场经营主体以社会效益为先。2016年，针对艺术品经营市场发展问题，原文化部出台《艺术品经营管理办法》，正式建立明示担保、尽职调查、信用监管等制度，有效地推动了艺术品经营市场的顶层设计，促进该行业健康运行。针对网络游戏行业对事中、事后监管的需求刚性，原文化部出台《文化部关于规范网络游戏运营　加强事中事后监管工作的通知》，针对网络直播行业乱象，原文化部出台《网络表演经营活动管理办法》，2017年，针对在全国各地迅速发展的迷你KTV设施，原文化部印发《关于引导迷你歌咏亭市场健康发展的通知》，将全国 5.4 万个迷你歌咏亭纳入备案管理。这些规范性文件的出台进一步地维护了新兴文化市场的健康发展，切实地保障了人民群众与守法经营商家的合法利益。三是文化执法队伍执法能力显著提升，成功治理了一批社会影响大、群众关注度高的文化市场案件。自 2016 年始，中国文化执法队伍加强制度设计，逐步构建以"三名单两机制"（黑名单、警示名单和红名单及守信激励、失信惩戒机制）为核心的文化市场信用体系。2017 年，原文化部决定实施中西部地区文化市场综合执法能力提升（2017～2020 年）行动计划。① 2018 年 2 月，原文化部根据全国文化市场案件处理情况及案件性质，在综合考虑社会影响、执法重点、犯罪程度等诸多因素的基础上，公布了 2016～2017 年度全国文化市场十大案件和 103 个重大案件，有效打击了文化市场的侵权、犯罪行为，有力维护了广大人民群众的文化利益，显著净化了文化市场的经营环境。

---

① 中华人民共和国原文化部：《中华人民共和国文化和旅游部 2017 年文化发展统计公报》，第 6 页。

第六章

中国文化产业对社会
转型发展的影响

中国文化产业至今已走过几十年的发展历程，取得了多项显著成就。尤其是在促进中国社会顺利平稳转型上，中国文化产业发挥了重要作用，主要体现在居民生活、文化空间、经济增长和国际交流四个方面。居民生活方面，中国文化产业为居民生活提供了不可或缺的精神产品，在促进城市和农村居民生活水平的提升上具有不同效用；文化空间方面，文化空间存在感是居民美好生活的重要组成部分，而文化产业也正呈现出空间转向的趋势；经济增长方面，文化产业愈发成为"新常态"下拉动中国经济增长的"火车头"之一；国际交流方面，在构建政府间文化交流与合作网络的同时，中国对非政府间文化交流机制的重视程度与日俱增。随着中国特色社会主义进入新时期，中国社会必将产生新的变化、提出新的转型任务，因此，必须把握文化产业和社会转型的关系，为长远的转型发展提供有益指导。

第一节　文化产业与居民生活

文化产业具有优异的资源转换能力和情景代入能力，自诞生时起就充当着"高层次消费"的角色。如今，随着中国居民经济收入水平的逐步提升和居民闲暇时间的愈加丰富，文化产业已经成为居民休闲娱乐生活中的重要内容，可以说，文化产业的存在和发展改变了现代人的生存状态和生活方式。

首先，文化产业能够带动市场充分吸纳人民群众的文化需求，并向社会投放数量丰富、品种繁多的文化产品，满足人们的精神消费意愿。同时，文化产业所蕴含的丰富文化信息和文化意味着能够潜移默化地影响人们的精神世界，有利于提升居民幸福感和人居生活的总体文化氛围。鉴于中国城乡二元体制的存在及城乡文化产业发展的不平衡，文化产业对城市居民和农村居民的生活影响具有一定的差异。

一、中国文化产业对中国城市居民生活的影响

文化产业与居民生活是相互影响的关系。中国目前正处于从工业社会向后工业社会的转型阶段，文化产业也深刻影响了居民生活的方方面面。文化产业作为智慧型、知识型的第三产业，必须依托具备丰富高级人力资源的城市进行发展，因此，文化产业首先在城市兴起，文化产业首先作用于城市居民生活。

一是增加社会就业，提高城市居民收入。文化产业发展符合产业结构升级的发展趋势，文化产业提供的文化产品和服务符合消费结构升级的发展方向，具有较大发展潜力。通过增加社会就业，居民整体收入也不断提高，消费能力得到增强，恩格尔系数不断下降，国民生活得到改善，幸福指数相应上升。

二是实现日常生活的审美化，优化居民生活环境。随着社会发展，当物质满足的边际效益日益递减，精神文化和意义的需求便再次凸显。文化的价值被嵌入到商品中，消费者通过消费具有不同文化符号的商品而相互区隔开来。文化产

业与其他产业的融合极大地体现了文化在生活中的渗透力，人们生活的方方面面都能通过文化和艺术进行优化和提升。餐饮店将美学融入环境，通过独特的室内设计打造差异化的用餐环境以提升竞争力；城市工厂旧址通过艺术进行复兴，转而成为文化创意产业园区，成为城市同质化建设中的一抹亮色；一般日用产品也越来越注重用设计和美学进行自我包装，吸引购物者眼球，贴上"文化的""审美的"标签。社会呈现出一种"泛文化"的现象，任何商品都可能在物质产品之外新增一种符号意义和精神追求，文化内涵与价值意义成为体现产品异质性和附加值的关键。日常生活审美化营造了一个充分审美的社区环境，居民从早到晚的饮食起居、工作上学，都在或多或少地进行审美活动。由此，居民生活环境得到优化，居民的美学教育在日常生活中充分展开，促进公民素养的提升。

三是促进城市的功能协调，丰富居民文化生活。从历史发展角度来看，城市经历了一个不断丰富和完善自身功能的过程。早期的城市建设是出于安全的需要，军事功能放在首位，随后新增政治功能，一个国家的中心城市往往担负起政治枢纽的职能。接着，城市的经济功能逐渐凸显，越来越多的工厂和企业大楼在城市中出现。随着文化产业的发展，当下的城市开始注意到文化功能，并不断协调自身各功能成分，达到平衡状态，鼓励居民在经济和政治行为以外开拓文化生活。多个城市通过工厂外迁弱化第二产业的占比，腾出的大量空地中部分用作文化产业办公区和居民文化休闲区。例如，成都东郊记忆原来是红光电子管厂，也是目前成都中心城区里留存下来的规模大且历史悠久的工业建筑群遗址，建筑类型包括了 20 世纪 50 年代苏联援建的办公楼到 20 世纪 90 代初修建的各类厂房，2012 年正式改名为东郊记忆。园区以音乐产业为核心集聚相关视觉艺术、表演艺术等艺术门类，并建设相关的配套服务设施，成为融合音乐、影视、艺术、戏剧、摄影等多元文化形态的文化园区，是成都对接现代化、国际化的文化创意产业高地。建成后的几年内便吸引了众多当地居民和外地游客专程前来游玩驻足，体验以地下音乐为代表的潮流先锋文化。北京方家胡同 46 号前身是北京第一机床厂，21 世纪初遭到闲置，暂时被改建为北京现代舞团的排练厅，随后陆续有多家文创、咖啡等小店入驻，将胡同打造成为文化创意园区。园区包含现代化特色的小剧场、电影沙龙、经济型酒店、文创企业、影视动漫基地、设计体验空间、特色店铺、视听艺术中心和相关配套餐厅、咖啡厅等，在将旧有厂房改造并保护历史文化的同时，实现资源的最大化利用，同时，在建设过程中，以点带面扩大以方家胡同为特色商业街区的影响力。[①] 游客不仅能参与文化创意空间互动，还能切身体验传统的胡同文化，了解北京过去的日常居民生活。通过发展文化产业，城市的行政和经济功能有所弱化，文化功能则不断增大，城市的功能分布得到有效协调，为居民生活注入浓墨重彩的文化内涵。

二、中国文化产业对中国农村居民生活的影响

由于城乡二元体制的束缚，中国农村地区长期落后于城市地区，社会发展极不平衡。随着近些年国家政策向农村地区倾斜，农村文化产业得到一定发展。相比城市文化产业的成熟形态及其对居民生活的直接影响，农村居民生活受文化产业的直接影响要小得多，但仍产生一定的联系，主要体现在通过发展文化产业来肯定农村地区的民间文化，激活社区居民的文化活力，弥补农村与城市的文化生活差距。

一是激发农村居民的文化自信及文化活力。在很长一段时间内，代表阶级利益的主流文化形态主导了话语权，人们往往忽略

---

① 《成功改造典范 旧厂房如何蜕变为文化创意产业园？》，赢商网，2015 年 9 月 6 日，http：//down. winshang. com/ghshow – 1438. html。

主流文化之外的其他文化形态。随着社会阶层持续分化和研究的深入，文化内部差异愈发明显，文化研究视角从整体观走向差异观，农村地区民间文化的价值得到前所未有的肯定。中国民间文化的正名历程发端于五四运动前后的民谣收集运动，北大在内的高校师生向民间征集地方诗歌民谣，将民间文化视作可以推动建立新文化、改造旧文化的新鲜力量。直到近几年中国在文化遗产保护运动上的开展和深耕以及农村文化遗产在经济上的开发潜力，农村地区民间文化的价值和地位得到前所未有的肯定，农村居民的生活创造得到重视和欣赏。湘西土家族音乐文化源远流长、至今仍为传唱，历经数千年的历史变迁与时代发展，现已成为土家族人心中神圣的精神文化与力量源泉。在中国西部大开发的浪潮中，湘西土家族苗族自治州把握住了机遇，利用自身的地理优势和少数民族独特的艺术文化资源，选择了民族文化旅游和红色旅游产业开发，土家族传统音乐文化迎来了新的生机和活力，土家族民歌入选第一批省级非遗名录，许多民间音乐、民歌和民族舞蹈通过创新搬上舞台，迎合了游客和观众的眼球又传承了本民族艺术文化。[①]　木兰传说是中国家喻户晓的民间故事，成功塑造了木兰这一经典人物形象。多年来，湖北黄陂和河南虞城等五地都将自身定位为木兰故里，并进行一系列的传承和保护。湖北黄陂长期致力于通过发掘木兰文化来激活地方经济和居民生活，一方面，对木兰传说文本进行全面搜集和汇总，出版了一系列著作，先后举办多届木兰文化研讨会和两岸木兰文化交流会，提升木兰文化研究水平，对木兰殿、木兰坊等遗址遗迹做以旧换旧的保护，保持其原有的历史面貌，借助其他媒介载体和艺术形式传播木兰故事，如大型音舞诗画《木兰山组歌》在北京人民大剧院上演，多幕楚剧《少年花木兰》赴台湾演出。另一方面，

---

① 李朋朋：《湘西土家族音乐文化在旅游产业开发中的传承与创新研究》，载于《贵州民族研究》2016 年第 7 期，第 94～97 页。

整合包括木兰山、木兰天池、木兰草原、木兰云雾山等多个景区建立全域性旅游的木兰文化生态旅游区，将木兰这一古老人物形象重新带回到如今的居民生活和旅游经济之中。文化产业与农村文化的结合，既发展了地方经济、提高了居民创收，又促进了民间文化的传承，让当地农村居民的生活更具文化自信，更具文化氛围。

二是农村居民生活呈现新媒体化。在传统媒介占主导的时期，由于城乡的地域距离，农村文化信息的传达速度和获取量远远落后于城市，自身诉求反馈也不及时，这给农村居民生活造成极大不便，也加剧了城乡的资源不平等。然而，当下以网络和智能手机等为主要载体的新媒体发展迅猛，为农民更为便捷地获取信息、表达自身诉求等提供了新方式。与此同时，互联网也为农村居民的生存之道提供了无限的可能性。就与互联网紧密结合的新媒体人而言，根据一份调查基数是 2 887 人的数据，分布在一二线城市的新媒体人最多，占 59%；分布在三四线城市的从业者人数比例是 33%，而另外的 7% 则分布在农村地区。这 7% 正体现了新媒体文化产业对农村居民生活的翻天覆地的改变。如山东省北部的一个小农村里，一群农民自发成立自媒体运营工作室，通过撰写网络爆款文章赚取收入，2018 年人均收入已达到 7 594 元，后又成立培训业务，将经验传达至更广的农村地区。[①]而在新媒体阅读方面，根据第十四次国民阅读调查报告，62.4% 的成年国民在 2016 年进行过微信阅读，较 2015 年上升了 10.5 个百分点。让人惊讶的是，农村居民微信阅读时长为 42.70 分钟，已经超过城镇居民的 40.99 分钟。手机阅读的产生，为农村地区居民提供了一种新的渠道，随着各种手机软件和平台的推

---

① 石灿：《实地探访山东新媒体村，农妇做自媒体收入破万》，新浪科技网，2018 年 8 月 27 日，https://tech.sina.com.cn/i/2018-08-27/doc-ihiixyeu0289974.shtml。

出，优质的图书资源不断进入手机，通过手机阅读的农村居民也在不断增加，城乡之间阅读量、阅读率的鸿沟得到了弥补。就微信而言，过去更多是社交功能，随着技术的进步，带来了阅读媒介的改变。农村地区由于受到条件的限制，其他的阅读方式不太充分。微信为农村居民提供了新的阅读方式，可以更为便利地获取图书。[①] 近几年流行起来的短视频 App，则进入众多农村地区居民的生活，不断创作反映自身生活短视频作品，向外人直观地展示当下的农村环境。借助这类新媒体，农村居民可以突破地域限制，直接与农村以外地区进行对话和交流，接收最新的信息资讯。

　　三是促进对农村生活的肯定和正名。在城乡二元体制下，中国城市往往代表着进步、富有、文明，农村则几乎沦为贫穷、落后、野蛮的代名词。可以说，农村在资源分配上不仅遭到不公平待遇，甚至还在文化语境中遭受污名。在此背景下，文化产业通过揭示城市在高速发展中暴露的诸多问题，引发人们对城市化的反思，以及对农村生活的新认知。在农村文化旅游的推波助澜下，农村逐渐褪下污名化标签，开始作为城市化问题的对立面出现在人们视野。人们开始发现农村生活质朴美好的一面，并将农村视为拯救城市病的良药。尽管这一对立视角过于简单，但的确能扭转农村生活被否定的局面，促进农村居民及其生活文化的正名。台湾本土的大米品牌掌生谷粒鲜明地体现了文化产业对农村劳作物的增值以及居民生活的肯定作用。有感于一般大米品牌缺乏乡土气息、缺乏文化灵魂的营销，掌生谷粒品牌凭借着动人的品牌故事和精致的包装外形，以及对米食的深入了解，走出一条

---

　　① 孙山：《报告显示：62.4% 成年国民在 2016 年进行过微信阅读》，中青在线，2017 年 4 月 20 日，http://media.people.com.cn/n1/2017/0420/c40606-29222853.html。

独特的大米文创之路，该品牌具有独特的散文诗样的文案，以及泥土芳香的设计，憨厚的包装为它赢得了广大受众的青睐，先后荣获 2010 年台湾文创精品金奖、2011 年德国红点设计大奖和 2011 年亚洲最具影响力设计大奖在内的诸多奖项。同时，掌生谷粒没有采用大量采购以求压低农家的价钱和利润的传统大盘商经营手法，而是反其道而行，请农家自行开出合理的米价，从不还价，让农家优先获利，充分体现对农民的尊重，对农业的尊重。除了以文字图像等对产品进行深度剖析与记录外，掌生谷粒还邀请消费者深入体验乡土人情，组织消费者走进乡土田间，与食材亲密接触，与农民一同劳作，增进对食物的了解，向大自然的馈赠与务农人的辛劳表示感恩①。借助文化产业的包装和内涵注入，传统农业的附加值得到大大提升，使得农村居民的生活更受尊重。

第二节　文化产业与中国文化空间

随着经济的发展，人们的物质生活水平得到了显著提高。当基本的物质需求获得满足之后，人们开始转而寻求精神空间的充盈。此时，文化产业的发展趋势也开始自发应对居民文化需求的转向，从实体文化产品的开发转向探索文化空间氛围的营造。文化空间存在感是居民美好生活的重要组成部分，改革开放四十年的巨变，旧的文化空间体系破裂，新型的、以满足人民生活情感需要为目标的文化空间亟待建设。文化空间，意味着它不仅拥有物质外壳，或者说物质外壳只是作为它的形态载体，真正使其发挥作用的，是充斥其中的文化氛围和文化感

---

① 小日月：《掌生谷粒简直是广告清新王》，数英网，2016 年 12 月 6 日，https：//www.digitaling.com/articles/32938.html。

知物。置身于文化空间之中，人们可以尽情体验其他物质产品所不能给予的文化愉悦感，这是一种可以由内而外对人产生影响的文化活动。它不着眼于短时而是追求长效，它的作用形式不是强加而是自然吸收。人们可以因人而异地接收到文化空间给予他们的感受和情绪，引起共鸣并接受熏陶。因此，文化空间的建设无疑是人们在城市的钢铁森林中寻求真我的重要途径，它是解药，是千斤顶，帮助人们挣脱现代社会的快节奏和重压。它的作用不在于劝说人们逃避现实，而是引导人们获得心灵的救赎。那么，同一种类型的文化空间是否能够对接各式各样人群的精神需求呢？答案必然是否定的。这就需要我们不断探索文化空间构成要素的框架和模式，以创造出不同的文化情景，更好地服务于不同社会阶层、不同文化层次、不同艺术群体的精神文化需求。

一、文化产业生活化空间日渐兴起

书店已经成为现代城市生活中不可或缺的部分，它提高了城市的文化底蕴，升华了居民的文化素养，运营良好的书店甚至可以成为城市的文化地标，书店在时代的变幻中逐渐演变成综合性的公共文化空间，例如，苏州的一些书店作为"诚品书店"颠覆了对书店的传统定义，它通过对书籍、电影、音乐、咖啡等"大文化商品"的融合，创造出迥异的文化氛围和文化感知物，满足了不同文化需求的人群对精神文化空间的个性化需求。武汉的一些书店尝试着以书籍为媒介，打造武汉标志性的城市文化空间综合体，这些书店也是一个包含了读书区、咖啡区、文学讲堂、陶艺馆、艺元空间等一系列功能迥异又紧密联系的公共文化空间聚簇，空间层次分明，主体部分为读书区，书架、楼梯及墙体装饰以红木色调为主，营造出"大音希声"的静谧感。从阅读和看展，从咖啡到聊天，越来越多的书店已不仅仅是贩卖书籍的经营性文化场所，更是为广大市民提供一种全新的阅读和生活方式，成为人们找寻真我的新型文化空间。

二、创客型文化空间蓬勃发展

近年来，中国文化产业与文化事业愈发呈现融合发展趋势，公共文化福利空间与创客空间逐渐融为一体。作为公共文化福利设施的重要组成部分，公共图书馆既能够在知识的储存、管理、传播等方面为初创团队提供良好的创业环境，其作为一个社会共建共享的知识天地，又能够在创业信息、创业知识的交流、传播、共享方面发挥显著作用。西藏自治区作为民族文化资源极其丰富的地区，已经探索出以文化空间为载体的文化产业与文化事业双轮发展模式，阿里地区文化局于2014年10月建设西藏阿里地区图书馆文化众创空间，在保持图书馆原有功能不受影响的前提下，将公共图书馆转变为文化企业、创意团队开发新产品、积淀新思维的平台，大大开拓了图书馆作为公共服务设施的新功能。西藏本土的众创空间还深入挖掘地方非物质文化遗产资源和边贸资源，与措勤县、普兰县、札达县农牧民合作组织合作，群策群力，连续两年在藏博会上推出森郭服饰、普兰木碗、阿里神玉等地方文化特色产品，销量累计达到380万元。[①] 2015年6月，"成都图书馆·阅创空间"正式成立，吸引了近10家不同领域的初创团队加入，在三年多的发展中，"成都图书馆·阅创空间"已推出"创客散打""创客机器人""力剧场""灵慧亲子读书会""麋鹿青年成长计划"等阅创空间系列品牌活动。同时，阅创空间力图打造基于"互联网+"的文化创客空间，已经完

---

① 《文化产业＋双创：六大趋势助推形成经济发展新动能》，中国文化报（数字报），2017年9月26日，http://epaper.ccdy.cn/html/2017－09/26/content_213405.htm。

成了虚拟孵化器平台的搭建，并初步实现虚拟网站及 App 开发。①

第三节　文化产业与中国经济增长

文化产业愈发成为"新常态"下拉动中国经济增长的"火车头"之一：首先，文化产业作为创意密集型、环境友好型、产品附加值较高的新兴产业业态，在新时代的经济版图中已经占据了重要地位；其次，文化产业的产业交叉度高，产业链延伸长，文化产业相关层与外围层提供了文化产业发展所必需的人才、原材料与设备，而文化产业又为数字化娱乐业、房地产业等相关行业提供内生动力与丰富内容，学界研究成果与客观现实均证明，文化产业具备较强的前向关联与后向关联效应，能够有效带动各相关产业发展；最后，文化产业所产出的文化产品与服务天生地具备精神产品属性，能够影响受众的思维方式与行为方式，在中国经济发展仍将长期处于"L"形态势的当下，"信心比黄金更重要"，一个有能力满足人民日益增长文化需要的文化产业在一定程度上是助推中国经济迈向新台阶的重要激励型产业力量。

党的十八届三中、四中、五中全会都对文化产业发展做出了重要战略规划：党的十八届三中全会明确指出"建立健全现代文化市场体系"，充分肯定文化产业对建立现代文化市场体系的重要作用。十八届四中全会明确了文化产业立法的紧迫性，指明了文化产业立法的原则是"把行之有效的文化经济政策法定化，健全促进社会效益和经济效益有机统一的制度规范"，2015 年 9 月

---

① 新型城镇化研究中心：《创客空间：图书馆的空间再造运动》，搜狐文化网，2018 年 1 月 17 日，http://www.sohu.com/a/217166160_280164。

6 日，由原文化部主持，各相关部门在北京正式召开《文化产业促进法》起草工作会，2016 年，原文化部联合有关部门，在广泛开展调研论证、征求公众意见的基础上，形成《文化产业促进法草案（征求意见稿）》。党的十八届五中全会再次提出"建立社会主义文化强国"的目标，为新时期文化产业发展提供了重要指引。概括地看，文化产业对经济增长的拉动作用主要体现在以下两个方面：一是文化产业已经成为拉动经济增长的助推器；二是文化产业成为缩小区域发展差距的重要依靠力量。

一、文化产业已经成为拉动中国经济增长的助推器

文化产业对经济增长的拉动作用体现在以下四点：一是文化产业增加值的年均增速已明显超过中国国民生产总值年均增速，权威统计数据表明（见图 6 - 1、图 6 - 2），文化产业在"保增长""调结构"的重要作用凸显。

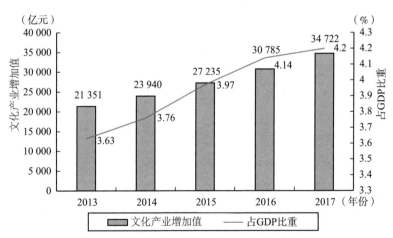

图 6 - 1　2013～2017 年中国文化产业增加值及占 GDP 比重示意图

资料来源：①殷国俊、陈伊丽：《文化强国建设稳步推进　文化改革发展成绩显著——党的十八大以来经济社会发展成就系列之十七》，国家统计局官网，2017 年 7 月 28 日，http://www.stats.gov.cn/ztjc/ztfx/18fzcj/201802/t20180212_1583201.html。
②中华人民共和国原文化部：《中华人民共和国文化和旅游部 2017 年文化发展统计公报》。

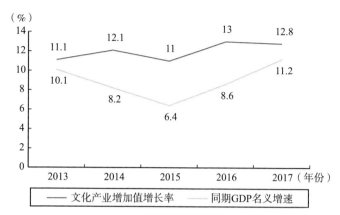

图 6 - 2　2013～2017 年中国文化产业增加值增长率与

同期 GDP 名义增速对比图

资料来源：①《2017 年中国文化及相关产业增加值占 GDP 比重为 4.2%》，国家统计局官网，2018 年 10 月 10 日，http：//www. stats. gov. cn/tjsj/zxfb/201810/t20181010_1626867. html。

②《2016 年我国文化及相关产业增加值比上年增长 13%》，中华人民共和国中央人民政府官网，2017 年 9 月 26 日，http：//www. gov. cn/xinwen/2017 - 09/26/content_5227621. htm。

③《2015 年我国文化及相关产业增加值比上年增长 11%》，国家统计局官网，2016 年 8 月 30 日，http：//www. stats. gov. cn/tjsj/zxfb/201608/t20160830_1394336. html。

④《2014 年我国文化及相关产业增加值比上年增长 12.1%》，国家统计局官网，2015 年 11 月 30 日，http：//www. stats. gov. cn/tjsj/zxfb/201511/t20151126_1281575. html。

⑤《2013 年我国文化及相关产业增加值超 2 万亿》，国家统计局官网，2015 年 11 月 13 日。http：//www. gov. cn/xinwen/2015 - 01/23/content_2809299. htm。

2013～2017 年，中国文化产业增加值由 21 351 亿元上升至 34 722 亿元，占 GDP 比重由 3.63% 上升至 4.2%，年均增长 3 342 亿元。二是文化产业新业态发展势头迅猛。党的十八大以来，"文化＋互联网""文化＋旅游""文化＋体育""文化＋文物"等跨行业融合趋势日趋明显，而在文化产业的 10 个行业类别中，"互联网＋文化"已成为当代文化产业的最重要特征，基于"互联网＋"的新兴文化产业业态正逐步成为新时代文化产业发展的主力军，特别是以"互联网＋"为主要形式的文化信息传输服务业实现了跨越式发展，从营业收入看，2017 年全国规模以上文化信息传输服务业营业收入为 7 990 亿元，比 2016 年增长 34.6%，从网络文化出口产品看，截至 2017 年，已有近千款国产电子竞技产品出口海外，近 200 部中国网络文学作品向国外网络用户授权下载，而以网络小说为蓝本改编而成的网络影视剧正受到越来越多的国外观众追捧。① 三是文化产业创造出更多就业机会，有效维持就业市场的稳定。文化产业门类众多，产业链条长，就业容量大，就业形式灵活多样，对促进就业具有重要意义。截至 2016 年底，中国文化产业法人单位共吸纳就业人员 2 178 万人，比 2013 年增长 23.8%，2016 年，文化服务业吸纳就业人员 1 143 万人，比 2013 年提高 6.5 个百分点。文化制造业从业人员 859 万人，增长 6.6%；文化批发和零售业从业人员 175 万人，增长 19.8%。②

二、文化产业成为缩小区域发展差距的重要力量

中国大地上，特色文化旅游项目遍地开花：安徽省宣城市泾县依托当地文化资源禀赋，重点推进"桃花潭"扶贫文化品牌，该县在专家学者的指导下，编制出《大桃花潭旅游区总体规划》和《历史文化名镇保护性规划》，该总体规划将"十里桃花长廊"工程作为连接桃花潭风景名胜区、查济古建筑群景区、太平湖景区等景区的重要纽带，力求在较短时间内形成大桃花潭景区格局。更值得注意的是，"桃花潭"景区正探索出"文化＋旅游＋体育"的新模式，其打造的龙舟水上体育旅游项目大获成功，据相关数据统计表明，每年一度的龙舟水上体育项目可以增加村集体经济收入 10.2 万元，同时带动 5 户贫困户就业，更加

---

① 薛帅：《"互联网＋"为文化插上翅膀——第四届世界互联网大会文化分论坛观察》，中国社会科学网，2017 年 12 月 11 日，http：//ex.cssn.cn/index/skpl/201712/t20171211_3775932_1.shtml。
② 殷国俊、陈伊丽：《文化事业建设不断加强 文化产业发展成绩显著——改革开放 40 年经济社会发展成就系列报告之十七》，国家统计局官网，2018 年 10 月 10 日，http：//www.stats.gov.cn/ztjc/ztfx/ggkf40n/201809/t20180913_1622703.html。

调动了景区周边村民保护环境、勤劳致富的积极性。① 贵州省黎平县坚持走经济发展特色化之路，充分落实文化引领战略，从文化旅游融合发展入手，走出了一条黎平特色的脱贫攻坚新路子。黎平县多方筹集资金，投资7.1亿元实施肇兴侗文化旅游景区、中国侗文化展示体验馆、府衙历史记忆工程、八舟河国际康养度假基地等多个重点文化工程。现已建成肇兴国家4A级景区，翘街国家3A级景区，完成肇兴侗文化遗产地、翘街古城墙等文化旅游项目建设，并以这些景区为基础，推出"百里侗寨"精品旅游线。如今，黎平县重金打造的文化旅游项目硕果颇丰，八舟河景区已被列为国家湿地公园，肇兴、翘街和"天香谷"已跻身为贵州省政府认定的重点旅游区，中国侗文化展示体验馆被贵州省委宣传部明确批示为"十三五"时期贵州省重点文化产业项目，2018年3月，肇兴侗文化旅游区被命名为第六批盛文化产业示范基地，着力打造以文化旅游为核心、多种特色文化产业并肩发展的"大文旅"格局，现已培育出茶馆、演艺、书法、印染、刺绣、银饰、微型博物馆等文化企业35家。②

中国大地上，以"互联网＋产品"为营销手段，以"公司＋农户＋合作社"为生产组织模式，以当地特色民俗民风资源为创作源泉的特色文化产品成为助力老少边穷地区民众脱贫的重要力量：海南省儋州市峨蔓镇创新产业扶贫模式，引导该镇下属的贫困村长荣村成立儋州市市长荣文化发展公司，将当地能歌善舞的村民组织起来，在全市开展以地方方言为特色的调声、小品、歌舞等农民喜闻乐见的文化演出，据相关负责人介绍，这些由当地民间传说或故事改编而成的、以方言为表达形式的演出平均收入达到4万元，极大地改善了长荣村村民的生活条件，弥补了长荣

①　张安：《泾县打造四大扶贫文化品牌，推动文化扶贫建设》，人民网安徽频道，2018年12月24日，http：//ah. people. com. cn/n2/2018/1220/c374164 - 32433859. html。

②　杨秀银：《黎平：走出一条文化产业脱贫新路子》，人民网贵州频道，2018年6月8日，http：//gz. people. com. cn/n2/2018/0608/c194849 - 31681291. html。

村因先天自然禀赋不足而无法发展特色农业、工业的不足。① 青海省班玛县大力发展以藏雪茶为主的林下产业，集种植、加工、包装和销售于一体，辐射带动林下经济，引领牧民增收。"公司＋基地＋农户"的产销模式，不仅有效抵御了市场风险，还激发了当地农牧民对产品创新的激情。在广大农户的创意支持下，藏雪茶产品实现了在传统手工艺基础上的形状、颜色创新，让藏黑陶更加适配市场不同细分群体的需求。这些经过市场化改良的特色产品在国际文化博览会、非物质文化遗产展览会、长江非物质文化遗产会议等文创产品推介会上大放异彩。② 青海省西宁市湟中县抓住政策性机遇，以国家级非遗代表性项目为创作蓝本，深入探索地方特色文化资源产业化开发模式，在政府有关部门与相关市场主体的共同努力下，开发出了以雕刻、藏毯、镶丝、银铜器八种国家级或省级非遗项目为主的"八瓣莲花"文化产业。在数年的发展中，全县文化企业注册总数达到 77 家，经营各类文化产品的个体经营户数量已达 500 余家，建成区外制作基地 300 多个，已经在青海省内构建了以 500 个外销网点为节点的销售体系，湟中县的特色文化产业既提高了当地知名度，显著带动了旅游业的发展，更有效缓解了当地贫困群众的就业困难，明显拓宽了当地群众增收的渠道。

第四节　文化产业与中国对外交流

自哈佛大学教授约瑟夫·奈（Joseph Nye，1990）提出以经

---

① 周月光、李珂：《儋州创新产业扶贫模式》，海南日报（数字版），2018 年 12 月 26 日，http://hnrb.hinews.cn/html/2018-12/26/content_4_3.htm。

② 姚斌、才让多杰、刁永萍：《产业扶贫："三色班玛"的"三面出击"》，中国社会科学网，2017 年 12 月 6 日，http://sub.cssn.cn/mzx/201610/t20161020_3243482.shtml。

济实力、军事实力、科技实力等为代表的"硬实力"和以文化伦理、价值观念、社会制度等为代表的"软实力"以来，文化产业因其意识形态的内隐性、消费群体的广泛性、作用于精神世界的特殊属性而成为"软实力"的重要象征之一，在国际交往中占据着重要位置。

中国文化产业"走出去"取得积极成效。2013 年，中国充分发挥海外中国文化中心的阵地作用，全年共举办各类文化活动近千场，参加人次超过 50 万人次。2014 年，为良好管理海外文化交流活动，原文化部制定了《海外中国文化中心管理办法（试行）》及《海外中国文化中心评估框架》，为海外中国文化中心的健康运营提供了制度保障。2015 年，原文化部积极响应国家"一带一路"倡议，举办第十四届亚洲艺术节暨第二届海上丝绸之路国际艺术节、"东亚文化之都"、中国—中东欧国家文化合作论坛等针对"一带一路"沿线国家的文化交流活动，继续巩固已有文化交流成果，相继举办中加、中英文化交流年、中美文化论坛、中俄文化大集、南非中国文化年、赫尔辛基艺术节中国主宾国等重点文化外交活动。2016 年，原文化部出台《"一带一路"文化发展行动计划（2016～2020 年）》（以下简称《计划》）。23 个国家文化部门负责人或代表受邀出席丝绸之路文博会文化部长圆桌会议并通过了《敦煌宣言》（以下简称《宣言》）《计划》的发布与《宣言》的诞生，标志着中国与"一带一路"沿线国家开展交流的机制化、高度化水平不断提升，经过数年的时间，中国已成功实现文化外交活动机制化目标，深度、高度、广度参与中俄、中美、中欧、中日等八大高级别人文交流机制。2017 年，中国继续深化"一带一路"文化交流机制建设，提倡并积极参与丝绸之路国际剧院、博物馆、艺术节、图书馆、美术馆联盟的建立健全。举办第四届"丝绸之路国际艺术节"、第三届"海上丝绸之路国际艺术节"和第二届丝绸之路（敦煌）国际文化博览会，参展参演国家和地区总数、演出场次、参展艺品数量、文创产品成交额等再创新高。在全球开展"一带一路"文化贸易与投资重点项目征集活动，重点培育一批国际竞争力强、市场知名度高的文化企业和文化项目，进一步推进与"一带一路"沿线国家文化贸易发展。①

在构建政府间文化交流与合作网络的同时，中国对非政府间文化交流机制的重视程度与日俱增。在一系列服务于"一带一路"倡议的文化交流项目中，丝绸之路国际剧院联盟交出的成绩单十分耀眼，该联盟由中国对外文化集团公司倡议发起，由多国文化演艺机构共同参与，联盟单位基本囊括了陆上与海上丝绸之路沿线国家和城市的重要文化艺术机构与标志性大剧院，并以各国丰富且各具特色的文化艺术资源为创作基础，成功打造了一批受众广、影响大、盈利多的大型多边国际演艺活动，已经成为大型的国际化演艺产业平台，实现了全球演艺产业创新性文化的联动发展与共赢增长。据统计，该联盟年演出总场次合计 3 万余场，年观众总量合计 2 400 万人次。② 国务院侨办致力于充分发挥外侨资源优势，借助民间资源推动中华文化"走出去"，在扶持建立 42 家华星艺术团的基础上，打造出"文化中国"侨务文化工作品牌，"以侨为桥"，为促进"一带一路"沿线国家文明互鉴、民心相通作出了突出贡献。③

---

① 以上数据来自中华人民共和国原文化部：《中华人民共和国文化部 2013 年文化发展统计公报》《中华人民共和国文化部 2014 年文化发展统计公报》《中华人民共和国文化部 2015 年文化发展统计公报》《中华人民共和国文化部 2016 年文化发展统计公报》《中华人民共和国文化和旅游部 2017 年文化发展统计公报》。

② 《"舞台共建，互联互通"——2017 丝绸之路国际剧院联盟发展论坛在穗召开》，搜狐文化网，2017 年 12 月 21 日，https：//www. sohu. com/a/211995574_802847。

③ 柯榜凯：《民间文化交流不只要"走出去"更要"走进去"》，中国日报中文网，2017 年 8 月 21 日，http：//cnews. chinadaily. com. cn/2017 － 08/21/content _ 30916953. htm。

参 考 文 献

1. 欧阳友权主编：《文化产业概论》，湖南人民出版社 2007 年版。

2. 国家统计局：《关于印发〈文化及相关产业分类（2018）〉的通知》，2018 年 4 月 25 日，http：//www. stats. gov. cn/tjgz/tzgb/201804/t20180423_1595390. html。

3. 欧阳友权、江晓军：《问题聚焦与政策论证：我国文化产业政策演变分析》，载于《国家行政学院学报》2018 年第 1 期。

4. 金元浦：《我国文化产业发展的历史进程与未来趋向》，载于《人民日报》2018 年 9 月 16 日。

5. 陈芳妹：《家国重器——商周贵族的青铜艺术》，引自郭继生《中国艺术之特质》，黄山书社 2012 年版。

6. ［日］加藤繁著，吴杰译：《汉代国家财政和帝室财政的区别以及帝室财政的一斑》，引自《中国经济史考证》第一卷，商务印书馆 1959 年版。

7. 李向民：《中国文化产业史》，湖南文艺出版社 2006 年版。

8. 《毛泽东选集》（第三卷），人民出版社 1991 年版，第 867 页。

9. 高宁：《中国特色社会主义文化生产方式》，暨南大学出版社 2016 年版。

10. 张岱年、方克立：《中国文化概论》，北京师范大学出版社 2004 年版。

11. 刘素华、胡惠林：《新文化生产方式：近代中国文化产业等发展范式》，载于《上海交通大学学报》（哲学社会科学版）2013 年第 6 期。

12. 政务院《关于戏曲改革工作的指示》，1951 年 5 月 5 日。

13. 《附录　全国书市精彩回放》，引自《中国出版年鉴》2006 年。

14. 陆杨、王毅：《文化研究导论》，复旦大学出版社 2006 年版。

15. 汤莉萍、殷瑜、殷俊：《世界文化产业案例精选》，四川大学出版社 2006 年版。

16. 马宏宇、蔡弘杨：《浅析阿多诺文化工业批判理论及当代价值》，载于《马克思主义研究》2018 年第 8 期。

17. 周和平：《文化强国战略》，海南出版社 2013 年版。

18. 美国电影协会：《艺术的经济价值》，美国电影协会官网，2018 年 12 月 15 日，https：//www. mpaa. org/press/nea/。

19. 祁述裕：《文化管理概论》，国家行政学院出版社 2013 年版。

20. 《文化创意产业："十二五"时期经济转型升级的新引擎——基于发达国家及地区经济发展实践与启示》，载于《经济研究导刊》，2010 年。

21. 明安香：《美国：超级传媒帝国》，社会科学文献出版社 2005 年版。

22. Department for Cluture , Media and Sport. Key Findings 2015，GOV · UK，2018 年 10 月 20 日，https：//www. gov. uk/government/publications/creative-industries-economic-estimates-october－2018。

23. 胡惠林等：《国家文化安全研究导论》，上海人民出版社 2013 年版。

24. 祁艳：《法国艺术资助制度研究》，载于《河南教育学院学报》（哲学社会科学版）2017 年第 7 期。

25. 张敏：《法国当代文化政策的特色及其发展》，载于《国外理论动态》2007 年第 3 期。

26. 王海冬：《法国的文化政策及对中国的历史启示》，载于《上海财经大学学报》2011 年第 3 期。

27. 郑雄伟：《全球文化产业发展报告》，上海财经大学出版社 2012 年版。

28. 王岳川：《大国文化创新与国家文化安全》，载于《社会科学战线》2008 年第 2 期。

29. 胡倩、常红：《中国文化产业成宏观经济发展中新的增长点》，人民网，2018 年 7 月 5 日，http：//world. people. com. cn/n1/2018/0705/c351610 – 30129543. html。

30. Newzoo, *Global Games Market Report* 2017, https：//newzoo. com/insights/trend-reports/newzoo-global-games-market-report – 2017-light-version/。

31. 程工等：《世界主要国家文化安全政策研究》，社会科学文献出版社 2014 年版。

32. 曹润青：《坚定文化自信 推动文化兴盛》，载于《经济日报》2018 年 8 月 30 日。

33.《实践是检验真理的唯一标准》，载于《光明日报》2018 年 11 月 9 日。

34. 吴敏先、张永新：《建国以来知识分子政策及政策调整研究评述》，载于《东北师范大学学报》（哲学社会科学版）2008 年第 2 期。

35.《邓小平文选》（第二卷），人民出版社 1994 年版，第 208 页。

36. 伊北、苏合：《风尚六十年：中国流行热潮 1949 ~ 2009》，中国经济出版社 2010 年版。

37. 张严：《改革开放以来上海第三产业发展的剖析》，载于《上海经济研究》2004 年第 2 期。

38. 祁述裕：《中国文化产业国际竞争力报告》，社会文献出版社 2004 年版。

39. 张书政：《要为"三馆"鼓与呼》，载于《人民日报》1986 年 9 月 3 日第 3 版。

40. 1984 年 10 月 20 日中共十二届三中全会举行会议通过《中共中央关于经济体制改革的决定》，人民网，2018 年 11 月 21 日，http：//www. people. com. cn/GB/historic/1020/3502. html/。

41. 《邓小平文选》（第三卷），人民出版社 1993 年版，第 145 页。

42. 《1986 年 12 月 28 日中共十二届六中全会通过中共中央关于社会主义精神文明建设指导方针的决议》，人民网，2018 年 11 月 21 日，http：//cpc. people. com. cn/GB/64184/64186/66695/4494872. html/。

43. 刘积斌：《解放思想　抓住机遇　促进以文补文活动更快更好地发展》，载于《财政》1992 年第 10 期。

44. 曲海润、郑琅：《改革开放中的文化艺术》，学习出版社 2000 年版。

45. 字秀春：《中国共产党大事记·1990 年》，人民网，2018 年 11 月 25 日，http：//theory. people. com. cn/GB/40557/67082/67088/4526530. html/。

46. 《中华人民共和国国家统计局关于 1990 年国民经济和社会发展的统计公报》，1991 年。

47. 《1990 年国民经济和社会发展统计公报》，中华人民共和国国家统计局，2018 年 11 月 25 日，http：//www. stats. gov. cn/tjsj/ tjgb/ndtjgb/qgndtjgb/200203/t20020331_30003. html/。

48. 《中华人民共和国国务院公报》1991 年第 24 期。

49. 《关于文化事业若干经济政策意见的报告》，http：//www. chinalawedu. com/falvfagui/fg22598/23449. shtml。

50. 《江泽民文选》（第一卷），人民出版社 2006 年版，第 238 页。

51. 《中共中央关于建立社会主义市场经济体制若干问题的决定》，载于《人民日报》1993 年 11 月 14 日第 2 版。

52. 马健：《中国文化产业理论研究：回顾与展望》，载于《改革与战略》2017 年第 2 期。

53. 冯天瑜：《中国文化生成史（上册）》，武汉大学出版社 2013 年版。

54. 王文锋、何春雨：《中国文化产业政策研究》，云南人民出版社 2015 年版。

55. 邹菁、蒋波：《〈少林寺 2〉启动　热血传承"少林精神"》，人民网，2019 年 1 月 19 日，http：//ent. people. com. cn/n1/2018/0625/c1012 – 30083991. html。

56. 《中国电影年鉴 1993》，中国电影出版社 1994 年版。

57. 《中国统计年鉴 1990》，中国统计出版社 1990 年版。

58. 遂今：《音乐社会学》，文化艺术出版社 1997 年版。

59. 金兆钧：《光天化日下的流行：亲历中国流行音乐》，人民音乐出版社 2002 年版。

60. 陈晓明：《守望剩余的文学性》，新星出版社 2013 年版。

61. 江蓝生、谢绳武主编：《中国文化产业发展报告》，社会科学文献出版社 2003 年版，第 25～26 页。

62. 徐敬亚：《1986：那一场诗的疾风暴雨》，经济观察网，2019 年 1 月 19 日，http：//www. eeo. com. cn/zt/ggkf30/zgssn/2007/07/09/75330. html。

63. 顾文豪：《阅读时代的幸运儿》，载于《中国经营报》（文艺版）2015 年 5 月 4 日第 2108 期。

64. 陈振凯、赵永琦：《红高粱地的朝圣》，载于《人民日报》（海外版）2013 年 11 月 12 日第 7 版。

65. 管尔东：《论新中国剧团体制改革》，载于《戏剧文学》2013 年第 6 期。

66. 王志宏、金若华：《吴晗画传》，团结出版社 2004 年版，第 132 页。

67. 曹普:《20 世纪 70 年代末以来的中国文化体制改革》,载于《当代中国史研究》2007 年第 5 期。

68. 蒋淑媛:《多维视角下北京市属国有文艺院团体制改革的实践与思考》,载于《现代传播》2015 年第 7 期,第 121 页。

69. 张爱敬:《艺术表演团体体制改革历程及展望》,人民网,2018 年 12 月 1 日,http://www.people.com.cn/GB/wenhua/27296/1930381.html。

70.《中共中央关于加强社会主义精神文明建设若干问题的决议》,载于《人民日报》1996 年 10 月 14 日。

71. 刘海岩、郝克路:《城市娱乐:歌舞厅、卡拉 OK 与电影院》,载于《城市》2007 年第 7 期。

72. 扶小兰:《论近代中国城市文化娱乐生活方式之变迁》,载于《西南交通大学学报》(社会科学版) 2007 年第 5 期。

73. 张塞:《文化娱乐市场欣欣向荣,市场管理尚需加强》,载于《中国发展报告》1993 年。

74. 马立诚:《交锋三十年——改革开放四次大争论亲历记》,江苏人民出版社 2008 年版。

75. 祝艺凌:《肯德基在中国发展的战略研究》,载于《中国证券期货》2011 年第 3 期。

76. 林曼洁:《面对美剧的流行与文化入侵的思考》,载于《文教资料》2013 年第 13 期。

77. 伊北、苏合:《风尚六十年:中国流行热潮 1949～2009》,中国经济出版社 2010 年版。

78. 何群:《文化生产及产品分析》,高等教育出版社 2006 年版。

79. 赵玉忠:《文化市场概论》,中国时代经济出版社 2004 年版,第 12～15 页。

80. 傅才武、宋丹娜:《文化市场演进与文化产业发展:当

代中国文化产业发展的理论与实践研究》，湖北人民出版社 2008
年版。

81. 范周、杨乔：《改革开放四十年中国文化产业发展历程
与成就》，载于《山东大学学报》（哲学社会科学版）2018 年第
4 期。

82. 车树林、王琼：《"新常态"下文化产业制度创新：现实
困境与路径选择》，载于《南京大学学报》2018 年第 3 期。

83. 《专家论坛　文化产业的集团化及面临的问题》，引自
《中国文化产业发展报告》，社会科学文献出版社 2005 年版。

84. 《关于印发〈关于加快推进事业单位人事制度改革的意
见〉的通知》，中国政府网，2000 年 7 月 21 日，http：//www.
gov. cn/gongbao/content/2000/content_60418. htm。

85. 中共云南省委：《云南省人民政府关于进一步加快文化
事业改革发展的若干意见》，2004 年 7 月 29 日，http：//www.
cpll. cn/law2663. shtml。

86. 王立：《我国文化体制改革历程的回顾与启示》，载于
《长春工业大学学报》（社会科学版）2010 年第 1 期。

87. 刘爽：《文化体制改革与政策创新》，上海交通大学硕士
学位论文，2011 年。

88. 《宏观视野　我国文化体制改革历程的回顾与启示》，引
自《中国文化产业发展报告》，社会科学文献出版社 2005 年版。

89. 江蓝生、谢绳武主编：《2001～2002 年文化蓝皮书：中
国文化产业发展报告》，社会科学文献出版社 2002 年版。

90. 谢宏忠：《基于文化多样性视野的大学生价值观导向研
究》，福建师范大学博士学位论文，2010 年。

91. 郑红娥：《中国的消费主义及其超越》，载于《学术论
坛》2005 年第 11 期。

92. 陈昕：《救赎与消费：当代中国日常生活中的消费主
义》，江苏人民出版社 2003 年版，第 4 页。

93. 晏民春、杨桂元：《近十年我国城镇居民消费结构研究》，载于《统计与信息论坛》2004 年第 2 期。

94. 国家统计局：《中国统计摘要（2002 年）》，中国统计出版社 2003 年版。

95. 国家统计局：《中国统计年鉴（2001 年）》，中国统计出版社 2002 年版。

96. 徐雪平：《批判与反思——法兰克福学派大众文化批判理论研究》，华中师范大学硕士学位论文，2008 年。

97. 李春华：《大众文化与文化体制改革》，文化论坛网，2005 年 11 月 23 日，http：//www. ccmedu. com/bbs12_4390. html。

98. 陈立旭：《当代中国文化产业发展历程审视》，载于《中共宁波市委党校学报》2003 年第 3 期。

99. 李明：《中国大众文化消费结构研究》，中国书籍出版社 2017 年版。

100. 杨晓光：《文化消费对中国文化发展的影响》，吉林大学博士学位论文，2006 年。

101. 雷光华：《WTO 与中国文化产业发展研究》，湖南大学博士学位论文，2005 年。

102. 中国文化产业论坛（南京）：《2001～2002 年中国文化产业蓝皮书总报告（节选）》，新华网，2002 年 5 月，http：//www. js. xinhuanet. com/subject/wenhua/fz01. htm。

103. 张晓明、胡惠林、章建刚：《中国文化产业的发展及对策》，载于《中国经贸导刊》2002 年第 4 期。

104. 胡攀：《大力发展文化产业满足文化消费需求》，载于《重庆邮电学院学报》（社会科学版）2004 年第 3 期。

105. 蒋述卓：《消费时代的文学商业化彰显创造性的丧失》，腾讯网，2014 年 5 月 13 日，http：//cul. qq. com/a/20140513/010796. htm。

106. 秦朔：《中美杂志比较研究》，载于《大市场》（广告导报）2002 年第 2 期。

107. 徐斌：《文化事业与文化产业的界定：一个经济学分析》，江西财经大学硕士学位论文，2004 年。

108. 李康化：《文化消费：扩大内需的有效路径》，载于《中国文化产业发展报告》2003 年。

109. 尹继佐：《培育上海城市精神 2004 年上海文化发展蓝皮书》，上海社会科学院出版社 2002 年版。

110. 张晓明、惠鸣：《全面构建现代文化市场体系》，社会科学文献出版社 2014 年版。

111. 江泽民：《加快改革开放和现代化建设步伐，夺取有中国特色社会主义事业的更大胜利》，共产党新闻网，2008 年 9 月 23 日，http：//cpc. people. com. cn/GB/64162/134902/8092276. html。

112. 江泽民：《在中国共产党第十五次全国代表大会上的报告》，人民网，1997 年 9 月 18 日，http：//cpc. people. com. cn/GB/64162/64168/64568/65445/4526287. html。

113. 江泽民：《全面建设小康社会，开创中国特色社会主义事业新局面》，人民网，2002 年 11 月 14 日，http：//cpc. people. com. cn/GB/64162/64168/64569/65444/4429125. html。

114. 李鹏：《政府工作报告——1993 年 3 月 1 日在第八届全国人民代表大会第一次会议上》，载于《人民日报》1993 年 4 月 2 日。

115. 《中共中央关于加强社会主义精神文明建设若干重要问题的决议（1996 年）》，中国文明网，2016 年 2 月 15 日，http：//www. wenming. cn/ziliao/wenjian/jigou/zhonggongzhongyang/201602/t20160215_3144989. shtml。

116. 《中共中央关于制定国民经济和社会发展第十个五年计划的建议》，共产党新闻网，2000 年 10 月 11 日，http：//cpc. people. com. cn/GB/64162/71380/71382/71386/4837946. html。

117. 韩永进：《中国文化体制改革 32 年历史叙事与理论反

思》，中国艺术研究院博士学位论文，2010 年。

118.《湖北年鉴 2005（总第 17 卷）》，湖北年鉴社 2005 年版。

119. 田豆豆：《开放市场 多元投资（文化体制改革试点经验）》，人民网，2005 年 8 月 5 日，http：//www. sina. com. cn。

120.《总类 文化事业发展概况》，湖北年鉴社 2003 年版。

121. 陈立旭：《当代中国文化产业发展历程审视》，载于《中共宁波市委党校学报》2003 年第 3 期。

122. 程恩富主编：《文化经济学通论》，上海财经大学出版社 1999 年版，第 382 ~ 329 页。

123. 刘永梅：《中国文化产业发展研究》，西南大学硕士学位论文，2007 年。

124. 陈立旭：《当代中国文化产业发展历程审视》，载于《中共宁波市委党校学报》2003 年第 10 期。

125. 于文华：《加入世贸组织对中国文化产业的影响和对策》，载于刘玉珠、金一伟主编：《WTO 与中国文化产业》，文化艺术出版社 2001 年版，第 2 页。

126.《传媒改革 30 年大事记》，载于《传媒》2008 年第 11 期。

127. 许慧宏、吴声怡：《我国文化产业发展的分析》，载于《科技和产业》2005 年第 3 期。

128. 雷光华：《WTO 与中国文化产业发展研究》，湖南大学博士学位论文，2005 年。

129. 陶喜红：《中国传媒业市场结构演变研究》，中国社会科学出版社 2013 年版，第 60 页。

130.《中共中央关于加强和改进宣传思想工作，更好地为经济建设和改革开放服务的意见》，法律教育网，1992 年 9 月 3 日，http：//www. chinalawedu. com/falvfagui/fg22016/11609. shtml。

131. 张志勇：《国退民进》，载于《中华工商时报》，2010 年 8 月 27 日，http：//www. sina. com. cn 选自《中国往事 30 年》，张志勇著，经济日报出版社 2009 年版。

132. 纪红坤：《中国民营企业企业文化现状与发展研究》，哈尔滨工程大学硕士学位论文，2006 年。

133. 《中华人民共和国 2002 年国民经济和社会发展统计公报》，国家统计局网站，2003 年 2 月 28 日，http：//www. stats. gov. cn/statsinfo/auto2074/201310/t20131031_450865. html。

134. 陶喜红：《论媒介融合在中国的发展趋势》，载于《中国广告》2007 年第 6 期。

135. 孙向辉、黄炜、胡正荣：《2004 我国广播电影电视年度发展报告》，人民网，2005 年 3 月 11 日，http：//media. people. com. cn/GB/21963/22064/3237060. html。

136. 《国务院办公厅转发信息产业部　国家广播电影电视总局关于加强广播电视有线网络建设管理意见的通知》，载于《河南政报》1999 年第 11 期。

137. 上海文广新闻传媒集团发展研究部：《为何"制播分离"在中国电视业成了一个迷思?》，人民网，2007 年 12 月 19 日，http：//media. people. com. cn/GB/40628/6675346. html。

138. 刘沙：《电视剧融资与投资模式探讨》，载于《中国广播电视学刊（京）》2005 年第 8 期，第 40～42 页。

139. 《燃〈激情〉，唤〈英雄〉》，新华每日电讯 2002 年。

140. 《央视聚焦文化改革发展：探索全新创作和营销模式》，中国新闻网，2011 年 10 月 25 日，http：//www. chinanews. com/cj/2011/10－25/3411678. shtml。

141. 黄志杰：《体制改革为中国电影松绑》，载于《瞭望东方周刊》2010 年第 38 期，第 22 页。

142. 张元：《关于当前深化电影行业机制改革的若干意见》，国际在线网，2004 年 12 月 14 日，http：//news. cri. cn/gb/3821/2004/12/14/1329@391358. htm。

143. 《中国电影年鉴 1997》，中国电影出版社 1998 年版。

144. 《关于改革故事电影片摄制管理工作的规定》，正保法律教育网，1995 年 1 月 5 日，http：//www. chinalawedu. com/falvfagui/fg22598/25326. shtml。

145.《电影管理条例（2001 年）》，中国政府网，2001 年 12 月 25 日，http：//www. gov. cn/gongbao/content/2002/content_61864. htm。

146. 联合国教科文组织：《2000 年世界文化报告》，北京大学出版社 2002 年版。

147. 新闻出版总署计划财务司：《2003 年全国新闻出版业基本情况》，载于《出版经济》2004 年第 6 期。

148. 田萱、王慰：《新闻业管理体制改革的基本走向》，载于《新闻知识》2004 年第 2 期。

149.《国务院关于中国出版集团转制为中国出版集团公司并授权管理国有资产等有关问题的批复》，中国政府网，2004 年 3 月 25 日，http：//www. gov. cn/xxgk/pub/govpublic/mrlm/200803/t20080328_31860. html。

150.《2000 年全国新闻出版业基本情况》，全国新闻出版统计网，2007 年 1 月 10 日，http：//www. ppsc. gov. cn/。

151.《2003 年全国新闻出版业基本情况》，全国新闻出版统计网，2007 年 1 月 10 日，http：//www. ppsc. gov. cn/。

152. 庹祖海：《文化市场管理的使命变迁》，载于《中国文化报》2008 年 9 月 3 日。

153. 吴爱明、朱国斌、林震：《当代中国政府与政治》，中国人民大学出版社 2010 年版。

154. 刘薇、缪立平：《"童趣"之路：国际化合作 本土化运作——访童趣出版有限公司》，载于《出版参考》2001 年第 11 期。

155. 郝振省主编：《中国新闻出版改革开放 30 年》，人民出版社 2008 年版，第 48 页。

156. 新闻出版总署对外贸易经济合作部：《设立外商投资印

刷企业暂行规定》，中国政府网，2002 年 1 月 29 日，http：//www. gov. cn/。

157. 谭晓雨：《中国传媒业的经营与发展报告》，国泰君安证券研究所，http：//www. gtja. com/i/。

158. 《第 11 次中国互联网络发展状况调查统计报告》，中国互联网络信息中心网，1997 年 12 月 1 日，http：//www. cnnic. net. cn/。

159. 原文化部：《艺术表演团体》，中国网中国国情，2012 年 11 月 1 日，http：//www. china. com. cn/guoqing/2012 – 11/01/content_26974851. htm。

160. 贾江华：《历史与逻辑：中国外交战略发展 30 年》，郑州大学出版社 2008 年版。

161. 李建军：《从数据看 2003 剧团剧目现代题材多》，载于《中国文化报》2004 年第 9 期。

162. 原国家旅游局：《2000～2008 年中国旅游业统计公报》，百度文库，2013 年 11 月 18 日，https：//wenku. baidu. com/view/97e4d012f18583d0496459d3. html。

163. 张向荣：《我国旅游标准化现状及对策研究》，载于《世界标准化与质量管理》2006 年第 2 期。

164. 中国国际贸易促进委员会：《2004 年中国会展业经济年度报告》，载于《中国对外贸易》2005 年第 2 期。

165. 朱立文：《中国会展城市备忘录》，中国海关出版社 2003 年版。

166. 《江泽民在中国共产党第十六次全国代表大会上的报告》，中国政府网，2008 年 8 月 1 日，http：//www. gov. cn/test/2008 –08/01/content_1061490_7. htm。

167. 连玉明、武建忠主编：《中国国力报告》，中国时代出版社 2006 年第 1 版，第 255 页。

168. 刘畅、白瀛：《文化产业已成中国新增长点》，载于

《人民日报》（海外版）2006 年 1 月 10 日第 4 版。

169. 李舫：《文化产业呼唤"中国创造"》，载于《人民日报》2005 年 11 月 2 日第 5 版。

170. 孙国荣、鲁世山：《社会主义文化大发展大繁荣的价值分析》，载于《理论建设》2008 年第 4 期。

171. 高迎刚：《当代中国公共文化建设的历史回顾与现状分析》，载于《艺术百家》2013 年第 6 期。

172. 文化部：《关于支持和促进文化产业发展的意见》，金锄头文库网，2003 年 9 月，https：//www. jinchutou. com/p－16245680. html。

173. 《中共中央关于加强党的执政能力建设的决定》，人民网，2004 年 11 月 17 日，http：//www. people. com. cn/GB/40531/40746/2994977. html。

174. 胡锦涛：《高举中国特色社会主义伟大旗帜　为夺取全面建设小康社会新胜利而奋斗》，人民出版社 2007 年版，第 33、36 页。

175. 周正刚：《论文化"两区分"理论的形成与贡献》，载于《马克思主义研究》2010 年第 10 期。

176. 原文化部：《关于印发〈文化建设"十一五"规划〉的通知》，中国政府网，2006 年 10 月 17 日，http：//www. gov. cn/zwgk/2006－10/17/content_415028. htm。

177. 《2006 年文化政策选编，文化建设"十一五"规划》，引自《中国文化年鉴》，新华出版社 2007 年版。

178. 丁涛：《主持人的文化产业价值分析》，载于《新闻爱好者》2012 年第 16 期。

179. 陈庚、傅才武：《关于文化产业作为城市支柱产业的思考》，载于《长春市委党校学报》2007 年第 1 期。

180. 马多：《现代文化市场体系建设中若干问题的探讨》，吉林财经大学硕士学位论文，2014 年。

181. 《文化体制改革5周年，以创新实现繁荣发展》，搜狐网，2018年6月27日，https：//www. sohu. com/a/237798406 _ 100183465。

182. 杨文华、纳夏：《云南发展民族文化产业的理论与实践》，载于《云南社会科学》2015年第1期。

183. 《2012年文化产业统计数据解读：向支柱产业迈进》，中国新闻网，2013年8月29日，http：//finance. chinanews. com/ cj/2013/08 – 29/5221149. shtml。

184. 胡惠林：《论文化体制改革》，载于《中国文化产业评论》2004年第3期。

185. 傅才武、陈庚：《三十年来的中国文化体制改革进程：一个宏观分析框架》，载于《福建论坛》（人文社会科学版）2009年第2期。

186. 韩永进：《中国文化体制改革历程的回顾与启示》，载于《中国文化产业发展报告》，社会科学文献出版社2006年版。

187. 傅才武、陈庚：《我国文化体制改革的过程、路径与理论模型》，载于《江汉论坛》2009年第6期。

188. 《杭州市文化体制改革成效显著》，载于《杭州日报》2006年9月4日，http：//www. hangzhou. com. cn/20060801/ca1183219. htm。

189. 《中共十六大以来中国文化体制改革成就综述》，中国新闻网，2011年10月12日，http：//www. chinanews. com/cul/ 2011/10 – 13/3385402. shtml。

190. 蔡武：《中国已全面完成国有文化单位转企改制》，中国经济网，2012年10月25日，http：//www. ce. cn/culture/gd/ 201210/25/t20121025_23785871. shtml。

191. 刘阳：《文化体制改革——乘风破浪启新程》，中国共产党新闻网，2012年10月17日，http：//cpc. people. cn/n/ 2012/1017/c83083 – 19288244. html。

192. 习近平：《决胜全面建成小康社会 夺取新时代中国特

色社会主义伟大胜利——在中国共产党第十九次全国代表大会上的报告》，新华网，2017 年 10 月 27 日，http：//www. xinhuanet. com//2017 - 10/27/c_1121867529. htm。

193. 魏鹏举：《中国文化产业投融资体系研究》，云南人民出版社 2014 年版，第 27 页。

194. 侯贵文、栗志刚：《文化软实力研究述评》，载于《理论月刊》2008 年第 9 期。

195. 赵才欣：《有效教研：基础教育教研工作导论》，上海教育出版社 2008 年版。

196. 陆岷峰、张慧：《文化产业大发展的金融支持系统研究》，载于《江西财经大学学报》2012 年第 2 期。

197. 白永秀、吴振磊：《中国经济学演进轨迹：自七个历史阶段生发》，载于《改革》2009 年第 10 期。

198. 国务院办公厅：《文化体制改革试点中支持文化产业发展的规定（试行）》，中国政府网，2003 年 12 月 21 日，http：//www. gov. cn/zhengce/content/2016 - 09/21/content_5110267. htm。

199. 原文化部：《关于支持和促进文化产业发展的若干意见》，金锄头文库，https：//www. jinchutou. com/p - 16245680. html。

200. 原文化部：《关于鼓励、支持和引导非公有制经济发展文化产业的意见》，点网，2016 年 3 月 4 日，http：//www. zaidian. com/show/0311799204. html。

201. 国务院办公厅：《关于非公有资本进入文化产业的若干规定》，中央政府网，2008 年 3 月 28 日，http：//www. gov. cn/zhengce/content/2008 - 03/28/content_5680. htm。

202. 威海市发展和改革委员会：《关于文化领域引进外资的若干意见》，2012 年 5 月 18 日，http：//www. whdpc. gov. cn/art/2012/5/18/art_4196_255664. html。

203. 《中共中央　国务院关于深化文化体制改革的若干意

见》，人民网，2006 年 1 月 13 日，http：//politics. people. com. cn/GB/1026/4023638. html。

204.《国家"十一五"时期文化发展规划纲要（全文)》，中央政府网，2006 年 9 月 13 日，http：//www. gov. cn/jrzg/2006 - 09/13/content_388046. htm。

205.《关于金融支持文化出口的指导意见》，科印网，2010 年 7 月 14 日，http：//www. keyin. cn/library/zcfg/hyfg/201007/14 - 307916. shtml。

206.《文化部文化产业投资指导目录（2009 年)》，人民网，2012 年 10 月 22 日，http：//artbank. people. com. cn/n/2012/ 1022/c209283 - 19344909. html。

207. 国务院:《关于印发文化产业振兴规划的通知》，百度文库，https：//wenku. baidu. com/view/752efa21ccbff121dd368388. html。

208. 杨国平:《我国文化产业政策的演进与发展逻辑》，载于《商业时代》2013 年第 28 期。

209. 中央宣传部、中国人民银行、财政部、文化部等九部:《关于金融支持文化产业振兴和发展繁荣的指导意见》，中央政府网，2010 年 4 月 8 日，http：//www. gov. cn/zwgk/2010 - 04/ 08/content_1576181. htm。

210. 中国人民银行:《2010 年金融机构贷款投向统计报告》，中国政府网，2011 年 1 月 26 日，http：//www. gov. cn/gzdt/2011 - 01/26/content_1793220. htm。

211. 陆岷峰、张惠:《文化产业大发展的金融支持系统研究》，载于《江西财经大学学报》2012 年第 2 期。

212. 许和连、郑川、吴钢:《后金融危机时代的全球文化产品贸易格局：社会网络分析视角》，载于《现代财经》（天津财经大学学报) 2014 年第 2 期。

213. 王双双:《文化对接金融　做大间接投资发力直接投资》，载于《中国出版传媒商报》2014 年 5 月 23 日，http：//

www. cnepaper. com/zgtssb/html/2014 − 05/23/content_28_1. htm。

214. 万晓芳:《设立文产专营金融机构是深化文化金融合作有效途径》,中国经济网,2014 年 3 月 29 日,http://www. ce. cn/culture/gd/201403/29/t20140329_2569064. shtml。

215. 《十八大以来文化金融发展综述:构建起多层次的投融资体系》,搜狐网,2017 年 10 月 11 日,http://www. sohu. com/a/197439573_161623。

216. 杨春丽、史萌:《浅谈文化企业的特性和发展对策》,载于《山东经济》2009 年第 3 期,第 141 页。

217. 孙志国、定光平等:《咸宁非物质文化遗产保护进展与对策分析》,载于《江西农业学报》2012 年第 7 期。

218. 《全国国有文化企业超万户》,中国经济网,2013 年 1 月 1 日,http://www. ce. cn/culture/gd/201301/01/t20130101 _ 23992080. shtml。

219. 《中宣部等 4 部门负责人就深化文化体制改革进行新闻发布》,人民网,2011 年 2 月 28 日,http://politics. people. com. cn/GB/1027/14025575. html。

220. 《文化体制改革迈出关键步伐　转企改制取得进展》,搜狐新闻,2011 年 2 月 28 日,http://news. sohu. com/20110228/n279573366. shtml。

221. 刘利成:《支持文化创意产业发展的财政政策研究》,财政部财政科学研究所博士学位论文,2011 年。

222. 《深化文化体制改革,开创文化建设新局面——中宣部等四部门负责人就深化文化体制改革进行新闻发布》,新华网,2011 年 2 月 28 日。

223. 财政部科教司:《文化体制改革中要加强国有文化资产管理》,中华人民共和国财政部网站,2008 年 6 月 25 日,http://www. mof. gov. cn/mofhome/jiaokewensi/zhengwuxinxi/lilunyanjiu/200806/t20080625_53453. html。

224.《全国文化体制改革工作会议在京召开》，文化发展论坛网，2008 年 4 月 11 日，http：//www. ccmedu. com/bbs2_60462. html。

225.《中共中央关于深化文化体制改革　推动社会主义文化大发展大繁荣若干重大问题的决定》，新华网，2011 年 10 月 25 日，http：//www. xinhuanet. com/。

226. 陈庚：《国有文化资产管理体制建构：理论范式与实践逻辑》，载于《学习与实践》2012 年第 7 期。

227.《中共中央关于深化文化体制改革的决定》，新浪新闻，2011 年 10 月 26 日，http：//www. sina. com. cn。

228.《2011 年中国股市十大热点题材》，东方财富网，2011 年 12 月 19 日，http：//finance. eastmoney. com/news/。

229. 文化部文化产业司"民营文化企业发展"调研课题组：《中国民营文化企业发展中的问题及政策建议》，载于《华中师范大学学报》（人文社会科学版）2007 年第 4 期。

230. 姜曼：《论中小型民营文化企业的发展现状及前景》，首都师范大学硕士学位论文，2011 年。

231. 成思行：《改革开放 30 年我国文化发展和体制变迁之路》，2008 年 10 月 7 日，中国共产党新闻网，http：//theory. people. com. cn/GB/49150/49152/8138622. html。

232. 蔡武：《中国文化产业有喜有忧》，载于《人民日报》（海外版）2010 年 4 月 29 日第 4 版，http：//paper. people. com. cn/rmrbhwb/html/2010 – 04/29/content_503964. htm。

233.《千帆竞发浪潮涌　百舸争流正逢时——十八大以来我国文化产业发展成就综述》，新华社，2017 年 5 月 11 日，http-tp：//www. xinhuanet. com//2017 – 05/11/c_1120957907. htm。

234. 柏定国：《湖南省民营文化企业发展状况调查报告2007年中国文化品牌报告》，中国市场出版社 2007 年版，第 434 页。

235.《浙江省文化产业发展规划（2010 ~ 2015)》，载于

《浙江经济》2011 年第 17 期。

236.《印刷包装等发展迅速　西安领跑文化产业》,慧聪印刷网,2010 年 9 月 28 日,http：//info. printing. hc360. com/2010/09/280945264891. shtml。

237. 陕西省发展和改革委员会发展规划处:《改革开放,快速发展的强大动力——陕西"十一五"经济社会发展综述之六》,2011 年 1 月 19 日,http：//www. sndrc. gov. cn/newstyle/pub_newsshow. asp? id = 1006073&chid = 100225。

238. 西安市社会科学院课题组:《西安文化产业发展报告》,引自石英、王长寿、杨尚勤:《陕西文化发展报告 (2009)》,社会科学文献出版社 2009 年版。

239. 陈冰洁:《价值链视角下文化企业竞争力影响因素研究》,南京航空航天大学硕士学位论文,2012 年。

240.《2017 年中国文化及相关产业增加值占 GDP 比重为4. 2%》,2018 年 10 月 10 日,http：//www. stats. gov. cn/tjsj/zxfb/201810/t20181010_1626867. html。

241. 王玲:《国际文化商品和服务流动趋势及中国文化贸易崛起——解读联合国教科文组织〈文化贸易的全球化:消费的转变〉》,载于《思想战线》2017 年第 4 期,第 144 页。

242. 商务部召开例行新闻发布会 (2018 年 2 月 8 日),商务部官方网站,2018 年 2 月 8 日,http：//www. mofcom. gov. cn/xwfbh/20180208. shtml。

243.《爱奇艺奇遇 VR 荣获 16 所高校智库颁发"2017 中国前沿文化科技产品"大奖》,搜狐科技网,2018 年 1 月 6 日,https：//www. sohu. com/a/215090091_99963355。

244.《康得新 3D 显示技术荣获"2017 中国前沿文化科技产品年度特别奖"》,搜狐科技网,2018 年 1 月 2 日,https：//www. sohu. com/a/214115570_608875。

245. 黄业:《"北京八分钟"震撼全场　向全世界展现魅力

中国》，千龙网体育频道，2018 年 2 月 25 日，http：//sports.
qianlong. com/2018/0226/2400063. shtml。

246. 韩元佳：《AI 和故宫牵手 "AI 文化遗产复原计划" 启
动》，北晚新视觉，2018 年 1 月 26 日，http：//www. takefoto. cn/
viewnews – 1388386. html。

247. 连晓芳：《"文化" + "科技"，生活更美好》，中国文
化报（数字版），2018 年 1 月 18 日，http：//epaper. ccdy. cn/ht-
ml/2018 – 01/18/content_221129. htm。

248. 蔡晓璐：《文化与科技走向深度融合》，中国社会科学网，
2018 年 4 月 20 日，http：//ex. cssn. cn/zx/bwyc/201804/t20180420_
4158432. shtml。

249. 范建华：《中国特色文化与特色文化产业论纲》，载于
《学术探索》2017 年第 12 期，第 114 页。

250. 赵娟：《［喜迎十九大　精彩广西关键词］广西：打造
优秀民族特色文化品牌》，广西新闻网，2017 年 9 月 27 日，ht-
tp：//news. gxnews. com. cn/staticpages/20170927/newgx59cad632 –
16558416. shtml。

251. 《多彩概况》，多彩贵州官网，2018 年 12 月 20 日，ht-
tp：//www. colorfulcity. cn/html/about/93/。

252. 王建生：《创新发展非物质文化遗产与民族特色文化产
业》，中国改革报官网，2018 年 9 月 27 日，http：//www. crd.
net. cn/2018 – 09/27/content_24736924. htm。

253. 《雷山县民族手工艺品产业发展市场前景好》，云南民
族服饰网，2018 年 8 月 10 日，http：//www. ynmzfs. com/templ/
news_det. html？categoryId = 2470&articleId = 345。

254. 《西塘汉服文化周：一场汉服文化的饕餮盛宴》，搜狐旅
游网，2018 年 10 月 31 日，http：//www. sohu. com/a/272426460_
383515。

255. 韩海兰：《西藏 14 家特色文化扶贫企业亮相海峡两岸

文博会》，五彩藏区网，2018 年 11 月 12 日，http：//www. sctv. com/wczq/dt/201811/t20181112_4007105. shtml。

256. 张艳鸣：《2018"一带一路"特色文化产业项目推介活动在清远启动》，中国新闻网（广东），2018 年 12 月 12 日，http：//www. gd. chinanews. com/2018/2018 - 12 - 12/2/401102. shtml。

257.《彝人古镇：如此特色小镇运营让 99% 的人都心动了!》，搜狐旅游网，2018 年 10 月 16 日，http：//www. sohu. com/a/259752736_100188964。

258. 王岚、谭玲：《江油：走中医药文化特色富民强镇之路——江油市战旗镇打造中医药文化产业园发展纪实》，四川新闻网，2018 年 11 月 23 日，http：//my. newssc. org/system/20181123/002558790. html。

259. 刘园香：《二月文化产业投融资复盘：超七成上市文化企业业绩预喜》，中国经济网，2018 年 3 月 2 日，http：//www. ce. cn/culture/gd/201803/02/t20180302_28315434. shtml。

260. 中华人民共和国原文化部：《中华人民共和国文化和旅游部 2017 年文化发展统计公报》，第 6 页。

261. 傅江平：《深圳文化产权交易所借助区块链技术推出新版文产商城系统》，中国质量新闻网，2018 年 12 月 6 日，http：//www. cqn. com. cn/zgzlb/content/2018 - 12/06/content_6542701. htm。

262. 党文婷：《深圳文化产权交易所推出首个文化金融产品》，光明地方网，2018 年 11 月 26 日，http：//difang. gmw. cn/sz/2018 - 11/26/content_32049826. htm。

263. 江苏省文化产权交易所：《"十省（市）文化产权交易所联盟"在武汉成立》，江苏省文化产权交易所官网，2018 年 7 月 30 日，http：//www. jscaee. cn/index. php？case = archive&act = show&aid = 500。

264. 成琪：《"促创新·兴文化"2018（首届）版权强国闵行论坛在上海举行》，中国经济网，2018 年 1 月 30 日，http：//

www. ce. cn/culture/gd/201811/30/t20181130_30915532. shtml。

265. 王成、张阿慧：《国家文创实验区首届文化产业版权论坛成功举办》，北青网，2018 年 12 月 24 日，http：//news. ynet. com/2018/12/24/1589365t70. html。

266. 中华人民共和国原文化部：《中华人民共和国文化部 2016 年文化发展统计公报》，第 7 页。

267. 中华人民共和国原文化部：《中华人民共和国文化和旅游部 2017 年文化发展统计公报》，第 7 页。

268. 张晶雪：《十八大以来文化金融发展综述：构建起多层次的投融资体系》，中国经济网，2017 年 10 月 11 日，http：//www. ce. cn/culture/gd/201710/11/t20171011_26496652. shtml。

269. 陈海辉：《南京文化贷款投放占比超 65%　南京银行用"鑫动"助推文化产业发展》，大众证券网，2016 年 10 月 29 日，http：//www. dzzq. com. cn/finance/34694421. html。

270. 傅才武：《国家文化消费试点城市政策思路与实践模式探索》，载于《人文天下》2017 年第 5 期，第 3 页。

271. 《武汉打造引导城乡居民扩大文化消费的新模式》，中国文化传媒网，2017 年 12 月 22 日，http：//www. ccdy. cn/chanye/201712/t20171222_1368037. htm。

272. 陈玉兰：《"文化消费试点城市"引爆文化消费》，搜狐政务网，2018 年 8 月 9 日，http：//www. sohu. com/a/246242849_99970774。

273. 中华人民共和国原文化部：《中华人民共和国文化和旅游部 2017 年文化发展统计公报》，第 6 页。

274. 《成功改造典范　旧厂房如何蜕变为文化创意产业园?》，赢商网，2015 年 9 月 6 日，http：//down. winshang. com/ghshow – 1438. html。

275. 李朋朋：《湘西土家族音乐文化在旅游产业开发中的传承与创新研究》，载于《贵州民族研究》2016 年第 7 期，第

94～97 页。

276. 石灿:《实地探访山东新媒体村,农妇做自媒体收入破万》,新浪科技网,2018 年 8 月 27 日,https：//tech. sina. com. cn/i/2018 - 08 - 27/doc-ihiixyeu0289974. shtml。

277. 孙山:《报告显示: 62.4% 成年国民在 2016 年进行过微信阅读》,中青在线,2017 年 4 月 20 日,http：//media. people. com. cn/n1/2017/0420/c40606 - 29222853. html。

278. 小日月:《掌生谷粒简直是广告清新王》,数英网,2016 年 12 月 6 日,https：//www. digitaling. com/articles/32938. html。

279.《文化产业 + 双创: 六大趋势助推形成经济发展新动能》,中国文化报 (数字报),2017 年 9 月 26 日,http：//epaper. ccdy. cn/html/2017 - 09/26/content_213405. htm。

280.《创客空间: 图书馆的空间再造运动》,搜狐文化网,2018 年 1 月 17 日,http：//www. sohu. com/a/217166160_280164。

281. 薛帅:《"互联网 +"为文化插上翅膀——第四届世界互联网大会文化分论坛观察》,中国社会科学网,2017 年 12 月 11 日,http：//ex. cssn. cn/index/skpl/201712/t20171211_3775932_1. shtml。

282. 殷国俊、陈伊丽:《文化事业建设不断加强 文化产业发展成绩显著——改革开放 40 年经济社会发展成就系列报告之十七》,国家统计局官网,2018 年 10 月 10 日,http：//www. stats. gov. cn/ztjc/ztfx/ggkf40n/201809/t20180913_1622703. html。

283. 张安:《泾县打造四大扶贫文化品牌,推动文化扶贫建设》,人民网安徽频道,2018 年 12 月 24 日,http：//ah. people. com. cn/n2/2018/1220/c374164 - 32433859. html。

284. 杨秀银:《黎平: 走出一条文化产业脱贫新路子》,人民网贵州频道,2018 年 6 月 8 日,http：//gz. people. com. cn/n2/

2018/0608/c194849 – 31681291. html。

285. 周月光、李珂:《儋州创新产业扶贫模式》,载于《海南日报》(数字版)2018 年 12 月 26 日,http：//hnrb. hinews. cn/html/2018 – 12/26/content_4_3. htm。

286. 姚斌、才让多杰、刁永萍:《产业扶贫:"三色班玛"的"三面出击"》,中国社会科学网,2017 年 12 月 6 日,http：//sub. cssn. cn/mzx/201610/t20161020_3243482. shtml。

287. 《"舞台共建,互联互通"——2017 丝绸之路国际剧院联盟发展论坛在穗召开》,搜狐文化网,2017 年 12 月 21 日,https：//www. sohu. com/a/211995574_802847。

288. 柯榜凯:《民间文化交流不只要"走出去"更要"走进去"》,中国日报中文网,2017 年 8 月 21 日,http：//cnews. chinadaily. com. cn/2017 – 08/21/content_30916953. htm。